晋商经营智慧

JINSHANG JINGYING ZHIHUI

张正明 张 舒／著

山西出版传媒集团

山西经济出版社

图书在版编目（CIP）数据

晋商经营智慧/张正明，张舒著．—太原：山西经济出版社，2014.9（2018.6重印）

ISBN 978−7−80767−819−9

Ⅰ.①晋⋯　Ⅱ.①张⋯ ②张⋯　Ⅲ.①晋商—商业文化　Ⅳ.①F729

中国版本图书馆 CIP 数据核字（2014）第 217671 号

晋商经营智慧

著　　者	张正明　张　舒
出 版 人	孙志勇
策　　划	董利斌　任　冰
责任编辑	任　冰
装帧设计	华胜文化

出 版 者：山西出版传媒集团·山西经济出版社

社　　址：太原市建设南路 21 号

邮　　编：030012

电　　话：0351−4922133（发行中心）

　　　　　0351−4922085（综合办）

E−mail：scb@sxjjcb.com（市场部）

　　　　　zbs@sxjjcb.com（总编室）

网　　址：www. sxjjcb. com

经 销 者：山西出版传媒集团·山西经济出版社

承 印 者：三河市元兴印务有限公司

开　　本：880mm×1230mm　　1/32

印　　张：7.625

字　　数：200 千字

印　　数：45001—50000

版　　次：2015 年 1 月第 1 版

印　　次：2018 年 6 月第 7 次印刷

书　　号：ISBN 978−7−80767−819−9

定　　价：26.00 元

前 言

　　犹太商人是世界著名的有大智慧商人。关于我国明清晋商，余秋雨先生说是"大手笔"商人，"与投机取巧小打小闹完全不可同日而语"（《抱愧山西》）。所谓"大手笔"，就是有大智慧的商人。

　　晋商经营智慧包括经营理念、经营价值观、经营精神、经营作风、经营术、经营制度等企业经营文化，而企业经营文化既是社会文化的一部分，同时受着社会文化的影响。

　　经营智慧对于一个企业来说，是企业经营发展的催化剂，如果一个企业不讲经营智慧，其发展必然要受到制约。

　　本书讲的是明清晋商经营智慧。晋商在明清时期是一个很有特色的商帮。在明清时期中国社会出现商人集团性组织——地方商帮，这是历史上没有过的事物。晋商经营智慧之魂，就是创新。晋商在明清时期创立的经理负责的两权分离制、股份制、联号制及山西票号等经营制度与经营方式等，都是晋商的经营智慧，它不仅是一种创新表现，

1

而且反映了明清时期中国社会产生了新的经济因素。不忘历史才能开辟未来，善于继承才会有所创新。所以了解明清晋商的经营智慧，对于现代企业有着一定的借鉴意义。

《晋商经营智慧》应山西经济出版社要求出版。但由于作者水平有限，总会有许多不妥之处，欢迎读者批评指正。

作　者

2014 年 12 月

目 录

闻名世界的晋商

一、被"自夸于世界人之前"

1912 年 10 月 30 日晚 7 时许，北京德昌饭店里，觥筹交错，座无虚席，大德玉等 22 家山西票号在此设宴欢迎海外归来的梁启超先生。酒过数巡，梁氏即席演讲道："鄙人在海外十余年，对于外人批评吾国商业能力，常无辞以对。独至有此历史、有基础、能继续发达的山西商业，鄙人常以自夸于世界人之前。"（《饮冰室文集》）梁氏所说之山西商业，即指明清时期，也就是 14 世纪中叶到 20 世纪初之山西商业。梁氏何以如此高度评价明清时期的山西商业呢？原来明清晋商有如下不凡之处：

1. 资本最雄厚的商人

明朝嘉靖年间，声势显赫、家财万贯的内阁大学士严嵩的儿子严世蕃，一次在家中与众宾客煮酒论"天下富家"，以其"积资满五十万以上方居首等"，结果有 17 家被列入，其中"山西三姓，徽州二姓"。据史家研究，明清晋商其资本从明前期积累，到中后期已有相当规模。明人沈思孝说："平阳、泽、潞豪商大贾甲天下，非数十万不称富。"（《晋录》）明人宋应星说：（在扬州）"商之有本者，大抵秦、晋与徽郡三方之人。"（《野议·盐政议》）明人林希元说：（在南京的山西商人）"挟资大者巨万，少者千百。"（《林次崖先生文集》卷 2）明万历时曾任内阁大学士的蒲州人张四维之父张允龄"盐长芦，累资数十百万"，其妻兄官宣大总督的王崇古也是蒲州人，王氏家族所营"盐在河东"，与张允龄"相与控二方利"。由于山西商人富名在外，以致在南京发生了利用商人贪财心理，诈骗山西商人钱财之案。据冯梦龙《智囊·杂智部》载：万历三十四年（1606），南京有山西商人开绒货店于三山街，有客偕一道士留定银一大锭购买绒货，自是以催货为名频频到店。后谎称店屋有秦始皇所藏千金，商人信之，约午后共掘之，俟深夜，发至五尺深，并无所见，天已大明，忽门外督府驾到，商人跪伏于地，督府曰："闻秦皇埋金为足下所发，其富敌国，某特奉贺。方今边饷告匮，诚以数万佐国家之急，万户侯不足道也！某为足下奏闻。"商人叩称无有，而客与道士言："埋金实有之，但不甚多。"商人不能白，惧祸，馈三千金求免，并还订货之银，由是绒业遂废。

入清以后，随着商业经营活动的扩大，晋商资本又有大幅度增加。据《清高宗实录》卷 1257 载："山西富户，百十万家资者，不一而足。"惠亲王绵愉说："伏思天下之广，不乏富庶之人，而富庶之省，莫过广东、山西为最。夙闻近数月以来，在京贸易之山西商民报官歇业回家者，已携资数千万出京，则山西之富庶可见。"（《明清晋商资料选编》）著名的山西大盛魁商号，极盛时有员工六七千人，商队骆驼两万头，其资本十分雄厚，声称其资产可用 50 两重的元宝铺一条从库伦（乌兰巴托）到北京的道路。咸丰时，广西道监察御史章嗣衡奏称："山西太谷县之孙姓，富约两千余万，曹姓、贾姓富各四五百万，平遥县之侯姓、介休县之张姓富各三四百万，榆次县之许姓、王姓聚族而居，计合家资约各千万，介休县百万之家以十计，祁县百万之家以数十计。"（《军机处录副》）清人徐珂在《清稗类钞》中称："山西富室，多以经商起家。亢氏号称数千万两，实为最巨。"这位平阳亢氏，据近代学者邓之诚先生考证："康熙时，平阳亢氏、泰兴季氏，皆富可敌国，享用奢靡，埒于王侯。"（《骨董琐记全编》卷3）邓氏所讲的季氏，是江南季沧苇，为扬州两淮大盐商。亢氏与季氏一样是扬州大盐商。在扬州还有"南安北亢"之说，南安是指当时扬州的盐务总商，亢氏与安氏齐名，可见亢氏在扬州财势之雄厚。亢氏还拥有大量田宅，在其原籍平阳府"宅第连云，宛如世家"。亢氏扬言"上有老苍天，下有亢百万，三年不下雨，陈粮有万石"。据说，亢氏原在平阳府开设有一大典当铺，后来有人在亢氏当铺附近也开设了一家当铺。亢氏眼见他人与自己竞争很不甘心，决心挤垮这家当铺。于是，每天派人到这家当铺中典当一个金罗汉，典价银1000两，连续典当了3个月，这家当铺的主人着了慌，忙问典当人何以能有这么多的金罗汉要典当。来人答道："我家有金罗汉500尊，现只典当了90尊，尚有410尊金罗汉要拿来典当哩！"这家当铺的主人听了大吃一惊，急忙向来人施礼，询问来人的东家，才知是平阳府巨富亢氏。当铺主人自知不是亢氏的对手，只好托人与亢氏协商，请将金罗汉赎回，自己关闭当铺远走高飞了。此传说姑且不去考证其真假，但也从一个侧面说明了亢氏是个大富商。清人徐珂在其《清稗类钞》中还对除亢氏以外，光绪时资产在三十万两以上的山西富商予以列表排列。兹抄录如下：

姓	资产额	住址
侯	七八百万两	介休县
曹	六七百万两	太谷县

乔	四五百万两	祁县
渠	三四百万两	祁县
常	百数十万两	榆次县
刘	百万两以上	太谷县
侯	八十万两	榆次县
武	五十万两	太谷县
王	五十万两	榆次县
孟	四十万两	太谷县
何	四十万两	榆次县
杨	三十万两	太谷县
冀	三十万两	介休县
郝	三十万两	榆次县

其实徐氏对山西富商极盛时资产的估计，并不完全。如祁县富商乔氏，极盛时在全国各地有票号、钱庄、当铺、粮店等二百多处，加上流动资金及土地不动产，估计资产在千万两以上。祁县富商渠源祯曾在其住宅和三晋源票号窖藏大量银两，估计在百万两以上，后人一次就挖出窖藏银三十万两。

大体说来，明代山西富商资产一般为数十万银两，清代则达数百万两到千万两以上，其资本之雄厚，堪称为最。

2. 经营行业多，足迹"遍天下"

明清晋商经营行业很广泛，有"上自绸缎，下至葱蒜，无所不包"之说。从其经营行业来看，大致有盐业、粮食业、棉布业、棉花业、丝绸业、茶业、绒货业、颜料业、煤炭业、铁货业、木材业、烟草业、药材业、纸张业、干鲜果业、饮食业、书业、鞋业、典当业、玉器古玩业、油业、铜业、洋货业、杂货业、账局、票号业等。其活动范围遍及华北、华中、江南、西南、西北、东北各地，北京、天津、张家口、汉口、南京、苏州、广州、成都、重庆、杭州、开封、洛阳、沈阳、长沙、济南、上海等商埠是活动比较集中的地方，西北新疆古城、伊犁、塔尔巴哈台，西南打箭炉、理塘、巴塘，东北宁古塔、墨尔根（今嫩江），东南台湾、海南岛等边陲海岛都有晋商足迹。有人说：凡有麻雀飞过的地方，都有晋商的足迹。当然，此乃形容之语，但也可见其足迹之广。

明清晋商还积极开展国际贸易。早在明代，已有山西商人"兴贩于海外"（光绪《襄陵县志》卷22）。明末崇祯十四年（1641）有晋商拟乘船私贩人参到日本。入清后，随着恰克图对俄贸易口岸的开辟，在长达两个多世纪的对俄贸易中，主要是山西商人在经营。他们以中国之茶叶、丝织物等易俄之毛织物（如哔叽、绒货、毛毯等）。道光时，中俄恰克图国际贸易进入全面发展时期。道光二十年（1840）到三十年（1850），俄国对华贸易占其对外贸易总额的60%以上，而恰克图是主要贸易口岸；对俄贸易占中国输出总额的16%—19%，仅次于对英贸易，其贸易口岸主要是恰克图。恰克图成为与南方广州遥相呼应的中国北方对外贸易口岸。山西商人还走出国界，"远贾安息"（今伊朗），并深入到俄国莫斯科、多木斯克、赤塔等地设号经营。清乾隆时，以山西介休范氏为代表的山西船帮在对外贸易中是当时国内最大的洋铜商，时有洋铜船15艘，范氏就有六七艘。他们把中国的丝绸、瓷器、茶叶等商品运销日本，同时把洋铜等日本商品贩回中国。由于晋商积极开展国际贸易的活动，从而扩大了国外市场。

3. 执中国金融界牛耳

清后期，晋商创立了东方独有的山西票号业，并一度执中国金融界牛耳。山西票号，又称汇兑庄或钱庄，是清后期产生的一种金融信用机构。开始主要承揽汇兑业务，后来也进行存放款等业务。山西票号的产生有着深刻的社会背景和历史条件。

（1）社会商品经济的发展对货币金融提出了新要求。中国的封建社会经济，到明中叶以后，由于社会生产力的发展，国外白银流入的刺激，商品货币经济有了较明显的发展。这种发展延续到清代前期，特别是康熙、雍正、乾隆时期。当时，国内政治安定，农业生产发展，商品货币经济较前更活跃。商品经济的发展，对货币金融提出了新要求，促使封建金融机构开始突破单纯兑换范围，逐步过渡到信贷阶段。另一方面，埠际贸易的开展，使商品流通幅度扩大，出现了不同地区债务清算和现金平衡等问题，于是需要汇兑专业化。

（2）社会商品货币经济已有所发展，为金融业的发展提供了一定条件。清初，对赋役规定银米兼收，后来除了部分漕粮外，几乎全部征收银两。17世纪后，清朝征收赋役和发放薪饷，一律用银两，而且货币地租也有所发展。

（3）早期金融组织账局、账庄的出现为票号的产生创造了条件。雍正时期，我国北方已经出现与商业发生借贷关系的金融组织，称账局，又称账庄。账局主要分布在北京、天津、张家口、太原等商埠，经营者多为晋人。由于贸易的扩大和交换的需要，乾隆时期已出现经营兑换钱业的钱庄。乾隆后，钱庄业务发生变化，渐从银钱兑换向信贷转化。典当业从清嘉庆、道光以来，由于部分商业资本转化为高利贷资本，使高利贷资本异常活跃，其中最典型的是典当铺。康熙三年（1664），全国有当铺2万多家，其中山西人开办的就有4695家。清人李燧说："典当铺江以南皆徽人开办，江以北皆晋人开办。"（《晋游日记》）由上可见，在票号产生前已经出现了因商品货币经济发展而产生的各类金融机构。

（4）镖局运现已不能适应越来越扩大的货币交割需要。所谓镖局，以"雇佣武艺高超的人，名为标师傅，腰系镖囊，内装飞镖，手持长枪（长矛），于车上或驮轿上插一小旗，旗上写明师傅的姓，沿途强盗，看见标帜上的人，知为某人保镖，某人武艺高强不敢侵犯。重在旗标，故名标局"。也就是说，镖局是由武艺高强人保证安全运送现银的机构。但是嘉庆、道光以来，由于社会动荡，土匪四起，镖局运现已不安全，而且费时，费用又高。在这种情况下，以经营汇兑为主的票号应运而生。但是票号何以由晋商首创呢？其原因有三：一是晋商资本积累比较雄厚。二是晋商多从事长途贩运，资本用量大。为了适应营销活动需要，于是在账局基础上产生票号。三是晋商商号遍布各商埠，为解决商号之间资金调拨和结算需要，产生了汇兑形式的票号。山西票号产生的年代大体在道光初年，第一家票号是山西平遥日升昌票号，此号原为西裕成颜料庄。嘉靖后期，发生了白莲教大起义，加之自然灾荒不断，社会很不安定。西裕成颜料庄总经理雷履泰在征得财东的同意后，将颜料庄改组为专营汇兑的票号。日升昌票号成立后，营业繁荣，业务发展。到道光三十年（1850），已在北京、苏州、扬州、重庆、三原、开封、广州、汉口、常德、南昌、西安、长沙、成都、济南、张家口、天津等地设立了分号。在日升昌票号的带动下，山西商人纷纷效尤投资票号，到光绪九年（1883），山西票号已达30家，并按其总号所在地形成了平遥、祁县、太谷三大帮，其分庄遍布全国各工商业城镇，其营业范围主要是汇兑和存放款业务，起初以商号和个人为对象，时称"汇兑天下"。咸丰以来，山西票号又为清政府大量汇兑公款。据统计，光绪三十二年（1906）七月，清政府户部外存放银共693万两，其中30%存放在山西票号。也就是说，山西票号掌握着清政府财政部门三分之一的款项，以致山西票号一度执中国金融界牛耳。

4. 开创了中国人在海外开办银行的先河

清光绪三十三年（1907）六月十日，日本神户市《神户新闻》、《又新日报》各自登出了一条引人注目的广告——中国合盛元银行在神户开业。所谓合盛元银行，即山西合盛元票号在日本开设之分号。合盛元票号总号设在山西祁县，其财东郭嵘、总经理贺洪如、分庄经理申树楷等都是颇有远见的商人。早在光绪二十年（1894），山西祁县合盛元票号为了发展汇兑业务，先在安东（丹东）设立分庄后，又在当时被俄国势力控制的朝鲜新义州设立代办所，开始了国际汇兑业务。光绪二十六年（1900），新义州代办所改为合盛元支庄。光绪三十年（1904），日俄战争爆发。次年，俄国战败，被迫放弃在朝鲜的特权，并与日本在东京召开会议重新划分势力范围。合盛元在夹缝中求生存，求发展，先后在四平、哈尔滨、齐齐哈尔、黑河等地设立分庄，并进而向日本本土发展。合盛元票号总经理贺洪如说："查我国何祇有通商银行一区，近来户部、信成二银行均甫开办，然调盈济虚，商界获益，已非浅显。惜仅推行于内埠，未能增设于外洋。况我国之在东西洋及南洋群岛从事工商业者实繁有徒，且近岁留学欧日之学生不下万人，因无本国银行，其存放汇兑无不仰人鼻息，困难杂出，遗恤漏卮。"（《山西票号史料》）合盛元票号要在日本设分庄，可谓有胆有识。但是，日本政府并不轻易允许外国人在其领土上设立银行，尤其对华商百般刁难。为此，合盛元数次派员赴日，多方奔走，在清政府驻日大使和旅日侨胞、留学生的帮助下，终于在光绪三十三年（1907）四月三十日在日本神户设立了合盛元神户支行。开业之际，合盛元在日本报纸上登载了广告。半年后，合盛元票号又在日本东京、横滨、大阪及韩国仁川设分庄。是年合盛元在《大公报》登载《合盛元创设日本东京、横滨、神户、大阪各处支庄告白》称："启者，近来环球大通，商务争盛，而国家特设专部鼓励讲求，惟我商人亦须及时起发，以图扩充。乃观各国银行来吾邦开设者甚多，其晋之汇业一途亦与银行所司无异，然独不能出洋半步，良可慨也。有鉴于此，因特选派要人，提出重款，先至东洋各处创设支庄。"合盛元票号在日本从事国际汇兑，向外商提供金融信用，对侨胞特别是留学生给予特殊照顾和优待。光绪三十一年（1905）清朝废除科举制，中国留日学生曾达到 8000 余人。合盛元票号从在日本开办支庄以来，一直承担着留日学生的学费汇兑业务。日本外务省档案馆现仍保存着明治四十一年（1908）由合盛元票号汇兑中国留日学生学费的档案资料。合盛元票号不仅为留学生汇兑学杂费，还对海外侨胞给予汇兑等照顾和优待。应当指出，合盛元票号不惧风险，远渡重洋设立支庄，开创了我国金融机构向海外设庄的新纪元。

5. 对近世中国社会的发展产生了一定影响

商业资本在封建经济发展的历史进程中具有特殊的地位。它对旧经济的解体和新经济的产生起着积极的作用（不是决定性的），而这个作用发展到被人觉察的程度，则是在封建生产方式发展的后期。晋商正是处在这样一个历史时期的中国最大的一个地方商帮。因此，它在这个时期对中国社会的发展产生着一定的影响。对此,我们可以从以下三方面分析。

　　首先,促进了城镇的发展。商业依赖于城市的发展,而城市的发展也要以商业为条件。晋商的经营活动,对于中国城镇的兴盛,特别是边陲城镇的兴起,起过特殊的作用。例如塞外包头城,原本无城,是山西祁县乔姓商人先在该地开设复盛公商号,后又增设复盛西、复盛全等商号,乾隆时期逐渐形成城镇,致有"先有复盛公,后有包头城"之说。恰克图地处蒙古土谢图汗北境,色楞格河东岸中俄分界处,其地初为荒野,自雍正五年(1727)作为中俄互市之地,晋商云集,市肆喧闹,商业茂盛。18世纪末,该城有商店100余家,其中较大商店有37家。库伦(乌兰巴托),康熙年间有山西商人来此经商,到咸丰时期,从东营子到西库伦,商号皆为晋商开办,使库伦成为蒙古地方的商业重镇。乌里雅苏台蒙语为乌杨柳,本非集镇。清初随着清军势力向西推进,山西旅蒙商人随军而进,乌里雅苏台的商业也随之渐兴。科布多原本荒凉,晋商最早在此经商,乾隆时期发展为"城有市场,商贾骈集"之城镇。多伦诺尔昔时仅七个水泡子,随着晋商往来频繁,商务渐盛。归化城(呼和浩特)是晋商集中地之一,著名的山西大盛魁商号总号就设在此,乾隆时期归化城已发展为内蒙古地区第一大商业城镇。张家口原是一片荒野,入清后始为南北交易之所,"贾多山右人",乾隆时期张家口已发展成为"塞上商埠"、"塞上皮都"。巴里坤由于"商贾毕集,晋民尤多"而成集镇。西宁城设号经营者多为晋商,著名的山西商号有晋益老,以致西宁城有"先有晋益老,后有西宁城"之说。东北的卜奎(齐齐哈尔),清代是蒙、汉、达斡尔族贸易的据点,这里"商贩多晋人,铺户多杂货铺",成为东北新兴城镇。朝阳县也是在晋商的推动下而兴起,故有"先有山西曹氏商号，后有朝阳县"之说。

晋商对于内地城镇的兴盛也有着推动作用。如九边之首的大同，原只是军事重镇，但由于山西商人在这一带经商，使大同"繁华富庶，不下江南"。晋南的运城，元代尚是一村落，元末始建城，是河东盐治所在地，也是山西盐商的老窠。随着明清山西盐商的活跃，运城日渐繁荣，到清代前期已是"商民辐辏，烟火万家"，"晋省一都会"。平遥、太谷、祁县原只是晋中的一般县城，清代山西票号兴起，由于这三个县城是山西票号总号所在地，因而三县城也成为当时著名的金融城市。平遥县城中"厘肆纵横，街衢皆黑垠，有类京师，盖人烟稠密之故"。太谷县"商贾辐辏，甲于晋阳"。美国人罗比·尤恩森在他所著的《宋氏三姐妹》一书中称太谷为"中国的华尔街"。北京、天津、上海、重庆、南京、汉口等商埠，也是晋商集中活动的地方，这些城市的繁荣和发展，晋商同样起到了推动作用。

其次，对于中国近代工业的产生起了一定的推动作用。明清时期，曾有一些晋商将其积累起来的资本投向生产领域，开始向早期资产者转化。如明代曾有位晋商先是贩运、收购松江棉布，后发展到自己投资开设工场，招募工匠，从事染色加工。清乾隆四十九年（1784），新疆古城北瑚图斯地方，有山西商人刘通聚集千余人在该地私开金厂。乾隆五十一年（1786），山西榆次商人郭君玺曾在顺天府与人合伙开煤窑。乾隆五十四年（1789），山西商人王延辉曾在延庆府属黄土梁地方开采铅。清末，山西蔚盛长票号曾在河南道口开印刷厂和南阳桑场发放贷款。不过上述投资，由于资料缺乏，情况不详，性质也不够明显。而晋商对山西近代工业的投资却比较明显，晋商确实对山西近代工业的产生做出了一定贡献。

山西最早的民族资本近代工业是由富商渠本翘创办的。光绪十八年（1892），山西当局开办火柴局，开创了山西近代官办工业的先河。光绪二十五年（1899），火柴局改由山西商务局接管，但营业不佳。光绪二十九年（1903），渠本翘以银5000两作价接管，渠又拉同乡乔雨亭入伙，更名为双福火柴公司，从此官办工业转为民族资本工业企业，山西第一次出现了私人近代工业企业。光绪三十三年（1907），山西商人、士绅组织了保晋矿务有限总公司，集资20万股。从此，山西有了具有相当规模的民营采煤近代企业。山西最早的电灯公司由山西襄汾县商人兼地主刘笃敬于宣统元年（1909）创办。山西商人还投资近代铁路建设。如山西同蒲铁路奏准商办后，于光绪三十四年（1908）公推刘笃敬总理铁路建设事务，由山西票号商认股60万两，其他各商认股40万两。后来，山西同蒲铁路终于在1933年建成，成为山西南北交通一大动脉。

二、天时、地利、人和

那么，明清晋商何以能取得如上所述的赫赫业绩呢？《三国演义》中诸葛亮曾对刘备说："将军欲成霸业，北让曹操占天时，南让孙权占地利，将军可占人和。"晋商之兴盛，也正是占有天时、地利、人和之故。社会学家费孝通先生说："用现代话来说，就是历史机遇（天时）、地缘地利（地利）和人的素质（人和）。"从"天地人"三才入手，确可理解晋商兴盛之原因。费先生还说："晋商正赶上18世纪中叶，西方现代商业势力大举入侵之始，从此直到解放，中国一直是个列强逐鹿的大市场，国内商业和金融势必随着发展。他赶上了这班车。"（《晋商的理财文化》，《读者》，1996年5期）笔者以为，晋商之兴盛确是遇到过历史机遇，并抓住了历史机遇，敢于创新，得以发展。但西方现代商业势力的大举入侵，却是使晋商衰落的一个重要因素。据笔者考察，晋商在其所处的明清时代，前后遇到过五次较大的历史机遇，其中有四次抓住了机遇，得以运用经营智慧，施展才能，取得长足发展。这五次历史机遇是：

晋商遇到的第一次历史机遇是在明初。朱明建国后，为巩固其政权，曾多次出兵塞外追击元蒙残余势力。永乐时期，朱棣曾五征漠北，并迁都北京，以加强对北边的政治、军事领导，元蒙势力在明朝的军事压力下，被迫北归。后来由于统治权力削弱和内部争权夺利，逐渐分化为鞑靼、瓦剌、兀良哈三部。鞑靼是成吉思汗后裔，居大漠南北；瓦剌又称厄鲁特，为蒙古别部，在鞑靼西，居天山南北；兀良哈也是蒙古别部，居黑龙江南，大兴安岭东。明代蒙古各部虽无统一政权，不能有统一的行动计划，但由于是单一的游牧经济，"人不耕织，地无他产，锅釜衣缯之具"，都要仰仗中原，而明政权对蒙古各部又采取严密的防范政策，限制蒙古各部与中原各地的交往，故蒙古各部出于掠夺财物的需要，经常南下扰边，使明朝的统治受到严重威胁。正统十四年（1449）七月，瓦剌部也先"自寇大同"，还在土木堡俘获了御驾亲征的明朝英宗皇帝朱祁镇。而明朝方面，从宣宗（朱瞻基，朱祁镇之父）以后，已经"今非昔比"，再无力出征漠北，只好改为防御。于是采取了以下三条防御措施：一是重新修筑长城，加强北边军事防御设施。二是疏通南北运河，使南粮北调，以供京需和边饷。三是沿长城线设立军镇，驻扎军队，作为防止蒙古军南下的军事防线。《明史·兵制》载："初设辽东、宣府、大同、延绥四镇，继设宁夏、甘肃、蓟州三镇，而太原总兵治偏关，三边制府驻固原，亦称二边，是为九边。"九个边镇由东到西，沿长城线一字排开，形成一条防御屏障。据统计，明朝政府在九边布置有 86 万军队。俗话说："兵马未动，粮草先行。"这么多的军队和马匹需要大量的军饷才能维持，从而形成了一个庞大的军事消费区。最初，明政府以屯粮、民运粮及"开中制"作为解决边镇军饷的主要手段。但是，屯粮自洪熙年（1425）以来，由于当地豪强和高级军官私占屯田和私役军丁而遭到破坏，民运粮由于税粮和运输负担过重而大受影响，最后只有"开中制"成为明政府解决边镇军饷的主要手段，而"开中制"的实施与商人有着密切关系。所谓"开中制"，就是由商人承办边镇需求的粮食等军需物资，官府给予商人的优惠是出让盐的专卖权。具体办法是：官府出榜招商，商人应招，输纳粮食等军需物资到边镇，换取盐引，凭引到指定盐场支盐，然后到指定地区销盐，从中获取利润。除了粮食外，各边镇对棉布、棉花的需求量也很大。具体数量，文献鲜于记载。若按86万边军，每个军士棉布二至四匹，棉花一斤半计算，年需棉布172万—344万匹，棉花129万斤。这样，商人除纳米形式外，还可通过纳布、纳棉等形式换取盐引。山西位于长城内侧，明代的北方边镇均在长城沿线，九边镇之首的大同及山西镇均在山西境内，宣大总督所辖宣府、大同两镇，宣府也邻山西。由于大同、宣府为重镇，布防军队最多，所需军饷也最多，开中盐引数量也最大。于是，山西商人以"极临边境"的优势，一俟明初"开中制"实施，便以其经营智慧，捷足先登，纷纷进入北方边镇市场，集粮、盐、布商于一身，兴起于商界。以上可谓明清晋商得天时抓住的第一次历史机遇。

晋商得天时抓住的第二次历史机遇是在明中叶。如上所述，明初行开中制，晋商以此为契机，集粮、盐、布商于一身而兴起。但是到明中叶，随着社会商品经济的发展，开中纳粮制已不能适应社会需要。弘治五年（1492），户部尚书叶淇变法，把开中纳粮改为开中纳银，即商人不再纳粮到边换取盐引，而改为纳银换引。同时，叶淇还提高了盐引值。这样各边镇饷额都有了很大的增加。据统计，嘉靖末年各边镇饷额达 560 万银两以上。显然，这是一个非常大的购买市场。如何利用这一市场，是摆在晋商面前的新问题。这里和明初的不同是：明初晋商凭借晋省"极临边镇"的地理优势，往边镇纳粟换引后，既可凭引支盐到内地各盐场充当盐商（又称内商），又可将盐引卖给内商只充当纳粮换引之商（又称边商）。但是开中纳银后，内商只要纳银即可换取盐引支盐，边商已失去原有的优势。面对这一新情况，晋商不失时机，运用经营智慧，改变经营方针，实行四个战略转移：即逐渐实现由盐业的边商转为内商，活跃于淮浙、长芦、河东等盐区；经营项目由盐、粮、布经营转为多业经营，诸如丝绸、茶、绒货、颜料、煤炭、铁货、木材、烟草、参、纸张、油、干果、杂货等，都成为晋商经营的重要商品；活动范围由纳粮开中地区转为向全国各地发展，在黄河流域、长江流域，以至国外，都留下了晋商的足迹；经营方式上在独资、贷金等形式上，出现了行帮、伙计制等组合形式，增强了商业竞争能力，于是从明中叶以来，晋商成为当时势力最大的一个地方商人集团。

晋商得以发展抓住的第三次历史机遇，是在清前期。入清以后，随着明末战乱的结束，蒙古、新疆、西藏内附，出现了中国版图空前辽阔的大一统局面。国家的统一，政治局面的相对稳定，随着社会生产力的发展，商品经济在明代原有基础上，又向前推进了一大步。同时，清政府在加速开发边疆地区经济方面，取得了实际成效。面对这一历史机遇，晋商以经营智慧，积极开拓创新。他们首先看中清政府推行的满蒙友好政策，立即积极开展旅蒙贸易，以长城沿边地区集镇为据点，循着通往蒙古各地的驿道，由近及远，由漠南蒙古逐步深入到蒙古各部。同时向西北地方发展开辟了一条由归化城、经蒙古草原乌里雅苏台、科布多，到新疆古城的商路，在边陲贸易方面取得了巨大成功。二是垄断恰克图国际贸易。恰克图是雍正五年（1727）开辟的中俄边境贸易城。嘉庆五年（1800）中俄双方贸易值达 1596 万卢布。当时，恰克图对俄贸易输出额占全国输出总额的 16%—19%，俄方恰克图对华贸易占其对外贸易额的 60%。所以，恰克图是与中国南端广州遥相呼应的北部外贸码头，而晋商始终垄断着清代恰克图的对俄贸易。三是扩大经营地区和项目。明代的晋商，活动区域基本上是"半天下"，清代则范围更加扩大，可以说是足迹"遍天下"。特别是在北部蒙古地区和西北地区尤为活跃，北京、天津、张家口、汉口、南京、苏州、广州等商埠则是活动比较集中的地方，同时还把脚足伸到了俄国、日本、中亚等地区。其营销商品也有了新的扩充，有绸布行、纸张行、裘皮行、油酒行、茶行、盐行、典当行、粮食行等。这样，清代前期的晋商，其商业经营资本就获得了长足发展。

晋商得以发展抓住的第四次历史机遇，是清道光年以后。中国的封建社会经济，到了明代后，由于社会生产力的提高，国外白银流入的刺激，"一条鞭法"的推行，商品货币经济有了较明显的发展。入清以后，康雍乾时期，国内政治安定，农业生产发展，商品货币经济较前更活跃。17 世纪后，清朝的征收赋役和发放薪饷一律用银，货币地租也有所发展。鉴于货币流通、资金调拨和结算的需要，山西商人又先人一步看出金融对商业活动的需要，就在账局、钱庄的基础上于道光初年以其经营智慧，首创以汇兑为主（后来也做放款业务）的山西票号，适应了历史发展的需要。

机遇的丧失则在清末。由于外国资本主义的入侵、封建政府的腐败与内乱外患的影响，山西票号在清末已呈衰落状态。适应时势、改革图存是山西票号存亡之关键。山西票号中的许多有识之士认清了这一新的形势，提出了改组票号的建议。但是由于一些财东及总号经理的顽固和墨守旧法，以致失去发展的机遇。例如，光绪二十九年（1903），北洋大臣袁世凯曾邀请山西票号加入天津官银号，但山西票号拒不奉命。光绪三十年（1904），鹿钟霖为户部尚书，奉谕组建大清户部银行。鹿也邀请山西票号加入股份，并请其出人组织银行，但山西票号总号既不入股，又不派人参加组建，致坐失机缘。后来，户部银行改由江浙绸缎商筹办，致江浙财团后来居上。不久，户部银行改组为大清银行，再请山西票号协办，无奈山西票号又不应召，致山西票号始终未能参与国家银行。光绪三十四年（1908），山西蔚丰厚票号北京分庄经理李宏龄认识到山西票号若不顺应潮流，及早改革图存，将在商界、金融界销声匿迹，改组票号为银行大势所趋。为此，他与票号商渠本翘筹划了改组票号的计划，同时联合京都的山西祁县、平遥、太谷三帮票号致函总号，要求改组票号为银行。但总号权威人物不仅反对票号改组银行，反而诬指李宏龄所议另有个人企图，致李等不能再有任何行动。宣统元年（1909），在京都、汉口、兰州、济南各埠的山西票号，又纷纷致函总号，要求改组票号为银行，无奈总号经理仍不为动，对各地之请束之高阁，改组的计划又告失败。辛亥革命发生，山西各票号毫无准备，放出之款无法收回，而存款者却纷纷来取款，山西票号蒙受严重损失，于是改组银行之议重提。1914年，山西祁县、太谷、平遥三帮票号联合向北京当局提出申办银行之请，时国务总理熊希龄深知山西票号与一般商业不同，对晋商之请给予支持，同意由政府出面担保，按照"商借商还"的办法，山西票号向奥商华利银行借款 200 万磅，期限 50 年，利息 6 厘，作为开办银行之资。不巧，熊内阁不日倒台，又逢欧洲爆发战争，贷款之事成为泡影。由上可见，清末山西票号适逢改组银行的历史机遇，但是他们一误再误，终于失去了这一历史机遇。

地利，就是占有地缘、地利优势。明代蒙古贵族与明朝政府经常发生战争，长城成为明朝政府防御蒙古贵族军队南下的屏障，而山西位居长城沿线，在明初实行"开中制"解决边镇军饷的时候，山西商人便以"极临边境"的地理优势，捷足先登，进入北方边镇市场，而兴起于商界。同时，山西背靠蒙古草原，南接中州，右连陕西，左屏河北，位处北方蒙古草原的单一的游牧经济区域和中原汉族广大农业、手工业区域之间。古代中原汉民族生产和生活使用的耕牛、皮毛，特别是战争中使用的军马，主要取之于北方蒙古地区，而古代北方游牧民族的衣、食、日用品主要依赖于内地汉民族的农业和手工业。由于山西位于这两个不同经济区域的中间地带，"路当孔道"，所以南北区域物资交换历来在山西十分活跃。大量的考古文物表明，从汉代起，就有着经蒙古草原通向中亚和北亚的两条商道：即东起辽东，经燕山、阴山北麓，西奔戈壁、阿尔泰山，走天山北麓到中亚；或经漠北高原、西伯利亚高原，到欧洲。有人称之为"草原丝绸之路"。自古以来山西商人在北方进行边境贸易，在南北农牧两大区域的物资交流和"草原丝绸之路"的国际贸易中，都担当着重要的角色。入明以后，明蒙关系虽然时好时坏，但南北的物资交流，却从未间断过。早在明永乐年间，明政府就设有辽东马市。宣德四年（1429），又建宣府、万全右卫、张家口堡马市。宣德九年（1434），再建山西水泉堡马市，与蒙古和女真族进行互市。马市有官市、民市之分。官市是明政府与各族间的交易，民市是各族人民之间的交易。明初民市规模小于官市，是官市的补充，但不可忽视其作用，而山西商人又充当着马市中的重要商人角色。明代仍有沿着前代开辟的经蒙古草原通向北亚和中亚的商道来进行贸易，而这些商人中不乏山西商人。可以看出，明代山西地理位置的特殊性，是明代山西商人以其经营智慧兴起的一个有利条件。

入清以后，山西地理位置、交通的优势，从清初即已引起当政者的重视。据《清世祖实录》载，早在顺治元年（1644），都察院参政祖可法、张存仁就向清帝进言："山东乃粮运之道，山西乃商贾之途，急宜招抚。若二省兵民归我版图，则财赋有出，国用不匮矣。"山西作为"商贾之途"，省内有许多重镇雄县，在当时皆居交通要道。黎城、壶关是晋东南通豫州的要道，康熙时设检以司之。乾隆时期，晋北五台山"凡官吏公役之外，拔世之士，商贾贩易之流，往来于晋省汾潞者，莫不由此而川湖河陕之游"，五台山成为南来北往者息肩驻辔枢纽之地，于是乃设十方院，行旅者甚便也。朔州"明初设卫，为云西要路，兵道协镇，驻跸于斯，粮饷商旅，多所经过，城关接连，室庐相望，颇称富庶"（雍正《朔平府志》卷3）。孝义县"民业勤苦谋食"，本地土产"物贱而货远"，有贩至陕西者。当地男女皆能纺织，棉布鬻於西北州县，棉花则从河北真定等处，经平遥、灵石、隰县而来。晋中的祁县也是通达四方的要衢，"祁西南道河东，通秦陇，东南逾上党，达中州，北当直省孔道，固四达之衢也"（乾隆《祁县志》卷2）。介休县属的张兰镇，为"孔道要区"，嘉庆时"商贾复四方辐辏，俨如大邑"。晋南的平陆"北距条山，南濒大河，地当水陆之冲，值八省通衢，自虞坂以下，依山凿径，绵延百余里，扼关陕咽喉，由晋入豫者道所必经，故皇华冠盖之络绎仕宦，商旅之辐辏，纷至沓来，不胜纪计"（光绪《平陆县续志·艺文》）。平阳府也是"汾水下游可通舟楫"，"陆路则方轨并进，南下风陵渡河即中州之陕洛，关中之三辅，四通八达，无往不宜"。运城既是巡盐治所，宇盆聚集，商贾辐辏，"往来者莫不道经於其地"。

清代版图辽阔，陆路交通主要靠以北京为中心的驿站网络，通连四面八方，按定制百里一站，每一驿站均备有夫、马、车、船，一般省份，驿站上百，最少的也有十至数十，均由各地方官维持，虽然驿站主要是传达中央政府政令的邮传之路，但客观上也成为商旅之路，成为连接各省府州县的交通干道。清代设在山西境内的驿站有 125 个，较明代的 58 个增加了一倍多，在全国由明代的第七位上升到第五位。这 100 多个驿站的设置，对山西境内及与外省经济联系具有重要的意义。

值得一提的是，清政府在蒙古、新疆和东北地区设置的驿道台站，对于晋商到这些地区扩展商业势力，起了极为重要的推动作用。由山西始，经杀虎口、归化城、库伦，至恰克图；由山西始，经归化城、赛尔乌苏、乌里雅苏台、科布多、古城、乌鲁木齐、伊犁或塔尔巴哈台；由山西始，经张家口、库伦，至恰克图；由山西始，经喜峰口、山海关，至东北各地；由山西始，经西安、成都至西南各地；由山西始，经河南，至江南各地。

人和，即人的素质，人与人之间的关系。它包括文化、生活等各个方面。孟子曰："天时不如地利，地利不如人和。"（《孟子·公孙丑》）可见人和之至关重要。关于晋商之人和，实乃本书之宗旨及内容，将在下面各章中分别研讨。

▣ 经营理念与精神 ▣

一、商业经营价值观

中国古代商人吸取了儒、法、兵、道诸家文化的良性影响，创造出具有中国传统文化的货殖文化，这一文化在明清时期独树一帜的山西商人身上更集中更典型地体现出来，反映了传统文化对商人经营理念的价值导向作用。明清晋商气质的塑造及其对包括商业活动在内的周围事物所持的观点与看法，主要有以义制利观、儒贾相通观、经商爱国观、谋略竞争观、用人唯贤观、修身正己观等。

1. 以义制利

孔子说过：富者可以求，就是执鞭贱职，吾亦愿为。司马迁则说：天下人热热闹闹都为谋利而来，天下人拥挤来去都为谋利而往。有千乘兵车的诸侯，万家大夫的侯爵，百户封地的贵族，尚且以贫穷为忧愁祸患，更何况一般的平民百姓呢？也就是说，人们为了生计，在商业活动中赚取利润是天经地义的事。但是在如何赚取利润，在利和义的问题上，人们却有不同的看法与做法。这就是狡诈和欺骗的奸商行为，公平与诚信无欺的经商之道。按伦理道德标准，人们把前者称为奸商或贪贾，后者称为良贾或廉贾。奸商、贪贾唯利是图，不择手段，他们把追求金钱作为人生唯一的和最终目标，他们为了金钱可以寡廉鲜耻，丧尽天良，什么仁义道德统统抛在九霄云外，他们的生意经是"若要发，狠心刮"，"吃掉别人，就是为了不被别人吃掉"，"人不为己，天诛地灭"，其道德实质是唯利是图和损人利己。为了追求高额利润，他们投机倒把，弄虚作假，尔虞我诈，坑害买主。莎士比亚笔下的威尼斯商人夏洛克就是为了追回欠款，要从安东尼奥身上割下一磅肉，这个故事将高利贷商人的蛇蝎心肠刻画得淋漓尽致。在明清之际，有"放京债者，山西人居多，折扣最甚"，其放债利息"皆八分加一，又恐犯法，惟立券时，逼借钱人于券上虚写若干，如借十串，写作百串"。但是在晋商中占主流的却是良贾和廉贾，他们主张勤俭、诚信经商；他们通过其辛勤劳动，获得合法商业利润；他们在经商活动中，主张以伦理道德为先，见利思义，讲求"君子爱财，生财有道"；"诚招天下客，义纳八方财"；"仁中取利真君子，义中求财大丈夫"。这种以义制利的观念对晋商能长期雄踞商界起到了良好的作用。明代著名晋商王文显经商40余年，取得了巨大成功。他以经商经验教诲其子弟说："善商者，处财货之场，而修高朋之行，是故虽利而不污……故利以义制。"（李梦阳《空同集》卷44）晋商认为：高明的商人虽利而不污，他们是先义而利，以义制利。清代著名的山西介休县商人范永斗，就是由于"与辽左通货财，久著信义"，而受到清政府的垂青，后来当上了皇商。其孙范毓馪也颇重义气，康熙时官办铜商有王某亏帑83万银两，既死，无法还帑，范毓馪代王某"按期如额赔偿"。光绪年间，山西祁县富商乔氏、渠氏开办的票号，因一时发行钱帖子（银票）过多，人们怕钱帖子落空，纷纷挤兑，在此危难情况下，乔氏、渠氏为保其票号信誉，求援于太谷县富商曹氏，曹氏出于"义"字，慨然答应，让曹氏的锦生润票号代兑现银，从而平息了挤兑风潮。后来，渠、乔二位也处处帮助曹氏。正是这种以信义为先的思想，使山西商人之间既有平等竞争，又有相互支持，从而形成了晋商的整体形象。祁县著名富商乔致庸曾将其经商活动总结为三点：第一是讲信；第二是讲义；第三才是讲利。可谓对晋商先义后利、以义制利经营智慧中价值观的概括与总结之语。

2. 儒贾相通

对于儒和贾，明清社会上的一般看法是："儒为名高，贾为厚利"，认为儒贾追求的目标不一致。但在山西商人中却产生了儒贾相通的观念，如明代蒲州商人王现说："夫商与士，异术而同心。故善商者，处财货之场，而修高明之行，是故虽利而不污。善士者引先王之经，而绝货利之途，是故必名而有成。故利以义制义，名以清修，各守其业，天之鉴也。"（李梦阳《空同集》卷44）同时，山西商业"虽亦以营利为目的，凡事则以道德信义为根据，大有儒学正宗之一派，故力能通有无，济公私……近悦往来"（颉尊三《山西票号之构造》）。而且，晋商认为行贾者，可习儒，儒也可贾，贾可仕，仕可不失贾业。明代蒲州商人王瑶，就是"经商而讲义，贩运而手不离书简"。明代蒲州商人杨光溥，"生而秀慧，有立志，幼治《周易》，日夜思考，用心甚苦，以家累未能卒业，然志在读书，虽挟资远游，不论到何地，必带书籍，遇到绝美词句与体会，必定记录，久而成书，题名为《日用录》"。蒲州商人韩玻，尤好观古今书籍，即使外出贩运，能以心计经商获利，然必以义施，以廉受。蒲州商人沈邦良，幼年学习，进步很快，后以家务而服贾，或乘船到江南，或去陕甘，经商获利，但无论到何处必携带《小学通鉴》，时刻诵习，遇事常常引证。又工楷书，喜写近体诗，诗稿藏满箱中，

23

已成嗜好。清代蒲州人薛英贤"白天卖烟于市，夜则苦读"。还有一位明代代州盐商杨近泉，独喜与士人交往，相处深者，常为资助笔札费，后士子多科举而成显要官职者。江淮数千里都敬重近泉之名，没人敢以商贾小看他。一次有官吏视察盐务，问诸商事状，多不敢言，惟近泉对答如流，诸商人自谓不及近泉，共推近泉为盐商首领。蒲州盐商展玉泉，捐数百金，得授归德商邱驿丞，对所经营之长芦盐，命其子掌之，临行时，高兴地对其子说："我去做官去，有空闲时来看你。"展玉泉虽然花钱只捐了个小小驿丞，却受到了同业的羡慕，他们"荣其贾而能仕，仕而不失其世业"。河津县商人史记言，经商到运城，被众士子所辱，便发愤读书，后竟科举中万历年戊戌进士，知河南济源县。值得注意的是，晋商还在山西河东盐池附近创办了中国历史上第一所商人子弟学校——运学。该校始创于元成宗大德三年（1229），是专门接纳运销河东盐业商人子弟的学校。这所学校，在明清时期发展很快。由于经常发生冒充河东盐商子弟入学的现象，清雍正时曾下令清理当地商民籍贯，规定只准在户部注册为河东盐商的子弟方准入学。在最大的产盐区——两淮盐场，尽管后起之徽商势力已可与晋商相匹敌，但由于晋商神通广大，在两淮盐商中唯有晋商有商籍，而徽商无。如清代著名考据学家阎若琚，其父阎修龄于崇祯八年（1635）以"商籍"入淮安府学，其兄阎若琛、堂兄阎洞也以"商籍"入学，先后成为进士。阎若琚本人，也于清顺治八年（1651）以商籍入淮安府学。可见，明清晋商把儒与贾，士与商，视作"异术而同心"。他们的经营智慧是：儒可贾，贾可儒，儒贾相通。

3. 经商爱国

中国商人爱国的传统由来已久，早在春秋时期，弦高犒师就是一个生动的事例。郑国商人弦高，在往周都城洛阳做生意的途中，遇到准备突然袭击郑国的秦军，弦高知道郑国毫无准备，如果郑国被攻，必定要遭受严重损失。弦高出于热爱国家和人民的深厚感情，感到有责任帮助自己的国家，便一面派人回国报告，做好防备，一面将自己的十二头牛和四张熟皮革献给秦军，声称奉郑国国君之命来犒师，并说："贵军如想休息一下，我们将提供一天的粮草来接待；如果不想停留，我们将代为警卫一夜，护送贵军过境。"秦军统帅见到弦高犒师的财物，听了弦高的话，以为郑国已有所防备，偷袭难以成功，只好退兵，在返国途中，顺便灭了滑国。后来郑国国君要重赏弦高，弦高不仅未接受赏赐，而且迁往东夷，终生未返，表现了他的高尚情怀。弦高犒秦师是一种爱国行为，是对国家的强烈的责任感。这种爱国精神之可贵，就在于表现了高度的自觉性。明清晋商继承了经商不忘爱国的传统。明嘉靖三十三年（1554），山陕盐商为反抗日本海盗入侵，曾选善射骁勇者500名作为商兵，协助防守扬州。隆庆元年（1567），江苏松江倭寇压境，山陕诸商曾"协力御之"。清后期，英国某公司通过腐败无能的清政府获得了山西盂县、潞安（长治）、泽州（晋城）、平定、平阳（临汾）五处煤铁采矿权。光绪三十一年（1905），山西商人积极参加了山西人民的争回矿权运动，特别是山西祁县富商渠本翘出于爱国热情，多方奔走筹措赎矿银，山西各票号也全力以赴，旬日集银137.5万两，终于从英商手中赎回了山西的煤铁采矿权，保护了山西的煤铁矿藏资源，充分体现了晋商的经营智慧。现在，山西的煤炭资源能在社会主义建设中发挥积极作用，清代晋商功不可没。祁县乔氏在包头开办的复字商号，在日军占领包头后，制造假账，隐瞒现金，窖藏银洋十五六万元，终于瞒过日军，到抗日战争胜利后才把银圆从地窖里取出来。1919年山西掀起抵制洋货运动，山西商界先后成立了"山西商人自强会"、"太原商界抗日救国会"、"山西商界抗日救国会"，抵制日货，提倡国货，迫使当局在太原按司街兴建了土货商场，专门出售本国、本省商品。为了提高群众对土货的认识，商界发行"土货券"，购物享受九五折扣，形成购国货光荣、用洋货耻辱的风气，保护了本国商品。1935年秋，日商在山西倾销麻织衣用品，各商号均不购买，日商无法推销，一筹莫展。晋商还重视对子弟进行爱国教育。祁县富商乔氏后裔乔倜，中学毕业后值中日战争爆发，毅然投笔从戎，考入空校，曾驾机在其家乡飞行，家人为之欢呼。1937年秋，乔倜在与日军空战中壮烈牺牲。

4. 谋略竞争

以义制利代表了明清晋商的精神价值观，也是他们的经营智慧。但商品市场存在着激烈的竞争，所谓"与人相对而争利，天下之至难也"。山西商人把深谋略、通权变作为他们的竞争之道。明人张四维曾对其故乡蒲州（永济）人的经商谋略总结为："蒲俗，善贾者必相时度地居物而擅其盈，故其业有不终生变者，有不终岁变者，其有一业不变而世守之者。"蒲州商人王海峰，就是一位具有雄才大略的商人。当大多数人到陕西、甘肃、江浙、四川经商时，海峰却到山东青州（今益都）、河北沧州业盐。这个地区是明代长芦盐区，行销北直隶、河南漳德、卫辉等地。由于官僚劣绅的干扰，使这一盐区的运销不能正常进行，商人纷纷离去。王海峰认为经商就要人弃我取，人去我就。他经过调查研究，向政府提出了整顿长芦盐区的建议。后来，长芦盐的运销果然又繁荣起来，盐税收入比过去增加三倍多，王海峰成为长芦著名的大盐商。明人张四维评价他说："蒲州虽然多豪商巨贾，却少见像王海峰这样雄才大略的商人。"在商业竞争中，晋商主要注意了两点：一是加强自身联合。他们最初是结伙抱团，增强自身竞争力。他们先是实行伙计制，进一步发展为联号制。如祁县富商乔氏在包头开设有粮、油、茶、药、皮、绸、当、钱业字号十多家，但以复盛公商号为中心，形成一个集团性营业字号，基本控制了包头的市场。乔氏开办的大德通票号，在北京、上海、沈阳、天津、汉口等26个城镇设立有分号，各分号都须接受总号的业务指导，分号之间在情报沟通上都相互支持，在财政上可挪款相助，从而增强了该票号的市场竞争力。二是在竞争中求发展。如道光二十四年（1844），山西平遥县日升昌票号和蔚泰厚票号，为了争夺苏州业务，日升昌以各种手段迫使蔚泰厚苏州分号只可不做（蔚泰厚苏州分号寄北京分号第九十一次信），蔚泰厚总号便一面调拨银两支持苏州分号，同时向其他地区扩展业务。结果，二票号历经道光、咸丰、同治朝三十多年的竞争，却在竞争中得以发展，成为山西票号业中实力最雄厚的票号。

5. 用人唯贤

山西商人的经营智慧是视人才使用为立基创业之根本，主张"事在人为，得人者兴，失人者衰"（李宏龄《同舟忠告》）。其用人原则，可以归纳为三点：一是避亲用乡；二是择优保荐；三是破格提升。避亲，即用人回避戚族，包括财东与经理也不能荐用自己的亲戚，所谓不用"三爷"，即少爷、姑爷、舅爷。用乡，即录用本乡本土之人入号。从表象上看，似有排斥外省人才、保守封闭之嫌。

/经营理念与精神

但实际效用却是加深了乡人之间亲情上的维系。一方面，表示财东恩泽于乡里。另一方面，伙友的乡土观念和感恩思想也增强了企业的凝聚力，所谓"同事贵同乡，同乡贵同心，苟同心，乃能成事"。此外，同乡间最为知根底。择优保荐，凡录用人须有保证人推荐，被保荐者入号后倘有越轨行为，保证人负完全责任。这种择优用人制度，杜绝了人情干扰，优化了人员素质。破格提升，即一旦发现人才，就打破常例，破格提携，委以重任。在晋商中礼贤下士、招揽人才的事例很多。如祁县富商乔致庸，当山西票号业在商界兴起，眼看着财源滚滚流向他人时，他却因缺乏票号经营管理人才、无法开办自己的票号而着急。就在这时，蔚长厚票号发生了这么一件事：原蔚长厚票号福州分庄经理祁县籍人阎维藩，因给年轻军官恩寿垫支银 10 万两作为其升官活动费，受到总号的责难，并准备查处阎氏。不想恩寿官运亨通，不久就擢升为汉口将军，以后对票号带来的好处自在不言中，总号查处阎氏之事也就不了了之。但阎氏已为此心中不快，决心离开蔚长厚，另谋高就。乔致庸知道阎维藩是位票号经营能手，当他获悉阎氏有离开蔚长厚的心思时，就拿定主意要将阎氏拉过来为己所用。恰巧此时，阎氏要返乡。乔致庸认为时机已到，便命其子乔景仪在途中迎接阎氏。乔景仪用八抬大轿、两班人马在祁县子洪口迎接阎氏。这子洪口为交通要道，是阎氏返乡必经之地。乔景仪等人在子洪口一连住了几天，才等到阎氏。阎氏见乔景仪迎接他的盛况，先是一惊，当景仪将其父乔致庸请他相见之意转达后，阎感动不已。心想："自己在蔚长厚受到冷遇。乔家财势赫赫，富名远扬，能如此待己，可谓三生有幸。"乔景仪又请阎氏乘轿，自己则骑马驱驰左右，并说明此乃家父特地嘱咐。阎氏感到乔家如此敬他，十分难得，自己也应自谦，不能让比他年长的乔公子骑马。二人你谦我让，最后阎氏只好把衣帽放在轿内，算是代他坐轿，本人则与少东家乔景仪并马而行。这下可便宜了抬轿子的，16个轿夫轮换抬一空轿，抬起轿来如脚下生风。报信的则早已将阎维藩来到的消息禀告给乔致庸，待阎维藩来到乔家时，乔致庸已等候多时，迎入屋内，盛宴款待，极尽东家之谊。乔致庸见阎氏举止有度，谈吐有节，精明而不失稳健，自信而不失谦逊，谈起票号业务，真知灼见，如数家珍。致庸得知阎维藩年仅三十六岁，更是赞不绝口。两人越谈越投机，乔家当场聘阎维藩出任乔家大德恒票号总经理。阎氏也决心报答乔家知遇之恩，愿为乔家商业殚精竭虑，鞠躬尽瘁。从此，阎维藩主持大德恒票号26年。阎氏身怀雄才大略，善于经营，果然使大德恒票号业务繁荣昌盛，每逢账期，每股分红达到一万银两左右。在甲午战争、义和团运动、庚子事变、辛亥革命中，由于社会动荡，有不少商号、票号遭受影响而倒闭，而大德恒票号由于阎氏主持有方，每逢变故均能及时采取措施化险为夷。所以说，阎维藩为乔家商业的繁荣立下了卓越功勋，而乔家也确是慧眼识人才。还有一位掌柜马荀，也是由于乔家不拘一格提携，使乔家的商业取得成功。马荀原是乔家在包头开办的复盛西粮店下属一个小粮店的掌柜，马荀掌柜虽不识字，却善动脑筋，又能吃苦，在他的带领下这个小粮店生意十分兴隆。可是，复盛西商号却经营不善，连续两三个账期都是赔钱，反倒要粮店给复盛西贴补财务窟窿。而复盛西商号的伙友，虽然赔了钱，却待遇好、地位高；粮店伙友虽然赚了钱，待遇、地位都不能与复盛西相比。粮店伙友难免为此发牢骚。马荀经过深思熟虑，下决心在回家探亲时向财东乔家反映真实情况和意见。马荀是祁县姜堡人，离财东住地乔家堡仅五六里路程，但他求见东家心切，在探亲回家时先不回家，径直到了乔家堡。时值寒冬腊月，马荀不讲究穿着打扮，身披一件白羊皮袄，又是长途旅行，浑身尘土，到乔家宅院时竟被看门人当作乞丐拦在了门外。马荀急中生智，让门房赶快去禀报老爷，就说有一位马大掌柜从包头回来，有急事要面见东家。门房一听马大掌柜，不敢怠慢，急忙禀报。老财东乔致庸听说有人自称马大掌柜，不由得暗中发笑，因为还没有人敢在他面前自称是大掌柜，倒要看看这位大掌柜是何许人，便传话请进。马荀见到威名赫赫的财东乔致庸也毫不胆怯，他思路敏捷，声音洪亮，把复盛西商号与粮店的经营情况讲得一清二楚，并提出了解决问题的意见。乔致庸听马荀讲的有根有据，十分欣赏马荀之才。既是人才，岂有不用之理。又听说马荀千里迢迢从包头回家，却过门而不入，更是增加了对他的钦佩。时正逢腊月底，于是吩咐家人："备一份厚礼，套上我的轿车，先送马掌柜回家探亲。"马荀见此，知道事情有成，便风风光光坐上财东轿车回家去了。年底，包头复字号掌柜向乔财东汇报营业状况，乔致庸详细询问了复盛西和粮店的情况，知道马荀所言属实，便给包头掌柜作了交代，拨付马荀所在粮店一笔资金作为本钱，独立经营，由马荀全权处理粮店事宜。过了年，马荀得到准信，再也无心歇在家中，便提前来到包头主持粮店买卖，马荀成了真正的粮店大掌柜。粮店有时候需要掌柜签字，可他不识字，便请账房先生替他写好马荀二字，他照猫画虎来写，可字又难免写得缺胳膊少腿，竟把马荀写成了马苟，成了伙计们的笑料，他被戏谑称作"马狗"掌柜。不过这位"马狗"掌柜可真有本领，心算口算又快又准，业务经营生气勃勃，人又有德性，勤勤恳恳，在他主持粮店业务的数十年中，为乔家赚了大量的银子。（《晋商巨族二百年》）而马荀的成功，与乔家经营智慧，善于识人、用人唯贤观是分不开的。

6. 修身正己

中国古代思想家认为，培养人才之道是"修身、正己、齐家、治国、平天下"。修身正己，是使人具备治国、安天下重任的基本要求。明清晋商在这一传统文化的影响下，其经营智慧是，重视修身正己，严格要求自己。如山西盂县商人张静轩说："经商交结务存吃亏心，酬酢务存退让心，日用务存节俭心，操持务存含忍心。愿使人鄙我疾，勿使人防我诈也。……前人之愚，断非后人之智所可及，忠厚留有余。"在经商活动中，晋商也坚持修身正己。洪洞县商人王先谦在山东业盐时，经商以诚信为本，故"人咸谓君长者，多倚为重"，后来"累致万金"。临县人王子深，以开客店为生。一次，有客商住宿后遗金一袋，王收金待客，后客商啼还，王验证给之，客商以分其半，拒之，客商叩恩而去。清代泽州（晋城）人王文宇"贸易保定府完县，与葛东岗友善，东岗有子未立，惧其毁败，阴以白金 800 两付文宇，不令子知。东岗死，文宇督其子，俾其成立，将东岗所遗金还之"。清代汾阳人崔某，以卖丝为业，往来张垣、云中等地，一岁亏赔十余金，其主人偶有怨言，崔愧极，以刀自剖其腹，肠出数寸，气垂绝，说道：我贸易未能获利造成亏赔主人资本，实在有愧，故不欲生。由于晋商严于律己，为人诚恳忠厚，行商不欺诈，故人皆愿与之共事。晋商还就商号内上下级人事关系，提出了各自修身正己、严于律己的观念。如清代晋商《贸易须知辑要》写道：做掌柜、大伙计者不可自抬身价，目中无人。下边人如有不是处，亦应以理剖之，则上下欢心，无不服你。如若自以为尊贵，自夸其能，狂然自大，行出坐皆遣将之势，众人不但不服你，还要留下唾骂，这些做掌柜、大伙计者不得不思，不得忽视。至于小伙计、学徒，也要尽良心，严要求。

31

二、经营精神

我们知道，社会存在决定社会意识。从事商业活动，人的经营精神必定被社会经济的存在和发展的种种需要所影响，因此商人具有一些从事别的职业的人所不具备的精神特质。晋商经营智慧的精神世界是继承了中国传统文化精神，为种种社会存在所塑造，从而表现于经商活动和生活方式之中。晋商的经营精神，概括起来主要是：

1. 敬业精神

敬业，就是热爱自己所从事的事业，并为这一事业奋斗不息。敬，原是儒家哲学的一个基本范畴，孔子就主张人在一生中始终要勤奋刻苦，为事业尽心尽力。他说过："执事敬"、"事思敬"、"修己以敬"。（《论语》）北宋程颐则说："所谓敬者，主之一谓敬；所谓一者，无适（心不外向）之谓一。"（《二程遗书》卷15）可见，敬是指一种思想专一、不涣散的精神状态。敬业，是中国人民的传统美德。

在封建社会中，传统的观念是重儒轻商，在四民中以士为首等，商为末等。但明清山西商人却把商与士、农、工视为同等事业，都为本业，同样要敬。山西柳林县《杨氏家谱》称："天地生人，有一人莫不有一人之业；人生在世，生一日当尽一日之勤。业不可废，道唯一勤。功不妄练，贵专本业。本业者，所身所托之业也。假如侧身士林，则学为本业；寄迹田畴，则农为本业；置身曲艺，则工为本业；他如市尘贸易，鱼盐负贩，与挑担生理些小买卖，皆为商贾，则商贾即其本业。此其为业，虽云不一。然无不可以养生，资以送死，资以嫁女娶妻。……努力自强，无少偷安，则人力定可胜矣！安在今

32

日贫族，且不为将来富贵。"因此，在山西人中以商为荣渐成风气，特别是清代以来，甚至认为"有儿开商店，强如坐知县"。如山西榆次富商常麒麟说："子贡亦贤人也，吾从子贡。"子贡作为孔子的学生，经商后富可敌国，孔子赞他"经商有道"。常氏以子贡为榜样，自然不存在儒尊贾卑的问题。又如中国海外银行创始人申树楷，出生于祁县申村贫寒农家。在他的记忆里，祖父为维持全家生计不得不变卖房产，树楷也不得不辍学务农。但他生性聪颖，农忙之余仍手不释卷，其后又偶得良机，有幸入太谷商业学校半工半读，学识大进。十五岁，经人举荐入祁县合盛元票号。树楷从入号起，就暗下发家致富决心，不让祖父卖房度日悲剧重演。进号后，他兢兢业业，视号如家，刻苦钻研，很快对全号业务了如指掌，又很有见识，不久被提升为营口分号经理。光绪三十二年（1906）又携巨款赴日本创办银行。面对阻力，毫不动摇，终于在次年首创我国有史以来第一家海外银行。可见，晋商的经营智慧是把商业作为一项崇高的事业来对待，这是他们经商成功的一个重要因素。

2. 进取精神

进取就是敢于奋勇向前，能够开拓上进，所谓"天行健，君子以自强不息"（《周易》）。许多山西商人原本贫寒，他们的经营智慧就是靠"自强不息"的进取精神，白手起家而成大业。著名的旅蒙商号大盛魁称雄蒙古草原200多年，其创始人山西太谷人王相卿、祁县人张杰、史大学，原本都很贫苦。王相卿，幼年家贫，为生活所迫，到山西右玉县为人佣工，曾在清军费扬古部队当伙夫，服杂役。张杰、史大学也是为生活所迫，康熙时随着清军征讨噶尔丹部队做随军贸易，当时仅是肩挑小贩，蒙古人称为"丹门庆"（货郎）。后来三人合伙做生意，由于营业不佳，张、史二人只好暂时返回原籍另谋生计，留下王相卿独自坚持。过些时日，营业稍见好转，王相卿又把张、史二人邀来，继续合作。三人先开了一家名叫吉盛堂的商号，到康熙末年（一说雍正初年），吉盛堂改名大盛魁，设总号于乌里雅苏台，后迁归化城（呼和浩特）。在大盛魁财神庙座前陈列着一条扁担，两个木箱，一块石头。据说这是为纪念创业而保存。扁担是纪念创业人是以肩挑贸易起家；木箱，一说是创始人用的货箱，一说是装财物之箱；石头是创业时当作秤银子的衡器。大盛魁在初创时的困难可想而知。王、张、史三人以顽强不屈的精神，终于白手起家，使大盛魁由小到大，最后成为有影响的大商号。

山西商人经营智慧中的进取精神还表现在他们不畏艰辛，敢于冒险等方面。他们拉着骆驼，千里走沙漠，冒风雪，闯险阻，北走蒙藏，东渡扶桑，南至东南亚。山西商人在清代开辟了一条以山西、河北为枢纽，北越长城，贯穿蒙古戈壁大沙漠，经过库伦（乌兰巴托）、恰克图，深入俄境西伯利亚，到达欧洲腹地的国际商路。这是在我国古代丝绸之路衰落之后，在清代兴起的又一条陆上国际商路。山西商人还把触角伸到新疆伊犁、塔尔巴哈台等地，并进而"远贾安息"（伊朗）。山西商人早在明代已东渡日本进行贸易，这些事业的成功，没有非常的气魄与胆略是不可能实现的。经商犹如打仗，险象环生是常事。他们在外出经商时不仅会遇到天气环境之险，而且常常遇到被盗贼抢掠甚至丧失生命之险。山西榆次人秦必忠，早年经商，胆识异常。嘉庆时茶行初兴，北人赴南省办茶，舟楫风浪视为畏途，秦必忠却坦然处之，多年贩运，均获厚利。有一次南下，值水灾淹没十余县，在船上被困七十余日，后绕道广东而归，见者无不以重生为贺。虽经受此难，秦必忠南下经商仍然照旧，毫不畏惧。清朝嘉庆以后，社会不安宁，盗贼四出，商人经商很不安全，但山西商人并未因此而畏缩不前。清人徐继畬说："向来太（原）、汾（州）之盗皆谓出于交城之葫芦峪，口北之盗皆谓出于近边之蒙古，今则此两项人绝不干涉，皆山东人为之……河南、直隶人也间入伙……凡此之盗，皆山东骑马贼，散于各厅之村乡，店伙之黠恶者，暗与通线。客商往来银钱货物骡马，往往被劫。"杀虎口是晋商赴包头必经之地，此口有民谣称："杀虎口，杀虎口，没有钱财难过口，不是丢钱财，就是刀砍头，过了虎口还心抖。"尽管如此，山西商人并不因此退缩，而是越去越多，势如潮涌。这些都充分反映了山西商人在经营智慧中具有顽强不屈、不畏艰险的进取精神。

3. 团队精神

山西商人的经营智慧，很重视发挥群体力量。他们用家族宗法与乡里之谊彼此团结在一起，用会馆来维系，精神上崇奉关羽的方式，增强相互间的了解，通过讲义气、讲相与，讲帮靠，协调商号间的关系，来消除人际间的不和，逐渐形成了大大小小的商帮群体。

山西商人这种商帮团队精神，首先来源于家族间的孝悌和睦。如明代曲沃人李明性，青年时常感慨："夫为弟子壮不能勤力，将坐而食父兄乎？"于是"挟资贾秦陇间"，他在商场上"精敏有心计"而致富，又"内行周慎"，孝睦于父兄。介休冀氏马太夫人主持家政时，"族戚邻里之待以举火者，无虑数十百家，皆太夫人赞助成之"，"又待伙极厚，故人皆乐为尽力"（《松龛全集》卷2）。祁县乔映霞主持家政时，把其兄弟集中在一起，让练有武艺的九弟先把一双筷子折断，接着又让其一次折九双筷子，结果折不断。映霞让其九弟折筷，喻义众兄弟要团结互助。山西商人在发扬团队精神中，还注意量才使用，各尽所能。明代山西大同人薛纶，"其家世力田，兄耕弟贾，业盐于淮"。明代蒲州人王冕，早卒而遗孤二人，家无应门之仆，王冕妻奉姑抚孤，誓志不二。二子长大后，命长子服贾。曰：孤而无助，将门户是赖。授次子以儒业，曰：良人有志而未成，其负荷是在也。后长子克拓前产，次子以明经为诸生，卒立厥家。

其次，团队精神是经商活动中业务扩大与商业竞争的需要。随着山西商人活动区域和业务范围的扩大，商业竞争也愈来愈激烈。于是山西商人从家族到乡人间，逐渐形成"同舟共济"的群体。如明代蒲州人王氏，"其闾里子弟，受钱本，持缗券，以化居于郡国者，肩相摩趾相接也"。由此可知，从王氏那里得到资金的子弟很多。明代隆庆、万历年间，蒲州张四维家族、王崇古家族、马自强家族，都是大商人家庭，三家联姻为亲戚。张四维曾任礼部尚书兼东阁大学士参赞机务，王崇古官居宣大总督、兵部尚书，马自强曾任礼部尚书，三家的联姻，增强了其商业竞争实力。王崇古家在河东业盐，张四维之父是长芦大盐商，累资数十百万，张、王二氏联手，结成了盐商团伙，控制了河东、长芦两处盐利，具有一定的垄断性。在亲缘集团的基础上，晋商又逐渐发展为地缘组织。清朝乾隆末年，在典当业中已出现了所谓"江以南皆徽人，曰徽商；江以北皆晋人，曰晋商"的说法。"晋商"这一名称的出现，说明清代山西商人已逐步形成一个地域性的商帮。清后期，山西票号在国内八十多个城市设立了分号，从而形成了一个汇通天下的汇兑网络，也是以乡人为主体形成的山西商人群体。

山西商人的商帮团队精神在商业经营中的表现有三种形式：

其一是朋合营利和合伙经营。这是最初的群体合作经营形式。朋合营利就是一方出资，一方出力，有无相资，劳逸共济。合伙经

36

营是一个人出本，众伙而共商，也就是财东与伙计合作经营。一个财东可有许多伙计，故"估人产者，但数其大小伙计若干，则数十百万产可屈指矣"（《广志绎》）。看来，伙计制比朋合制规模大，伙计制是在朋合制基础上发展起来的。这一制度就其规模组织而言，在中国商业史上实无前例。不过，无论朋合制还是伙计制，都还是比较松散的商人群体。

其二是按地区形成商帮。这是在朋合营利和伙计制的基础上，以地域乡人为纽带组成的群体。山西商人在各地设立的会馆，就是这一地方商帮形成的重要标志。这种地域帮统称晋帮，但在山西内部又按各地区形成不同的商帮，如泽潞帮、临襄帮、太原帮、汾州帮等。清季票号兴起，又形成平遥、太谷、祁县三大票商帮。

其三是以联号制和股份制形成业缘团队组织。联号制是由一个大商号统管一些小商号，类似西方的子母公司，从而在商业经营活动中发挥企业的团队作用。股份制是山西商人在经营活动中创立的很有特色的一种劳资组织形式。股份制又称股俸制，"出资者为银股，出力者为身股"。股份又有正本和副本之分，银股和身股之别。所谓正本，即财东的合约投资，每股几千两到数万两不等，可按股分红，但无股息；副本又称护本，是财东除正本外又存放商号或票号的资本。身股又称顶生意，即不出资本而以人力顶一定数量的股俸，按股额参加分红。（关于身股制具体办法将在第三章叙述）银股所有者，在商号或票号享有永久利益，可以父死子继、夫死妻继，但对商号或票号的盈亏负无限责任。银股可以在一定的时间内抛出、补进或增添新的股东。所谓账期，即分红期。股份制的实行，劳资双方均可获利，极大地调动了全体员工的积极性，在商业企业经营中充分发挥了团队作用。

三、信仰与追求

　　德国社会学家马克斯·韦伯在探索西方资本主义产生的精神、文化根源时曾经提出这样的问题：他们（指商人）这种使自己食不甘味、夜不安枕的活动，意义究竟何在，他们为什么对自己拥有的一切永不感到满足，从而显得对任何纯粹世俗的人生观如此无动于衷？韦伯对"为了供养子孙后代"的回答并不满意，因为供养子孙后代是一个十分有限的目的，而那些资本主义精神气质的人将赚钱作为最终的人生目的，他们把永不停息地追求、积累和增加财富当作他们的天职，也就是人们所说的：他们是一伙拜金主义者。诚然，在中国商人中有一种人为了追逐高额利润抛弃一切理性、信仰、道德，不择手段，损人利己；或是极端吝啬，尽管拥有万贯家财，但不愿对社会、他人，甚至家人、亲戚做出自己应有的贡献。但是，大部分中国商人并不是这样，他们终生勤劳，尽管有这样或那样的世俗目的，然而这些目的常常同一定的道德原则和精神追求结合在一起，以致他们所具有的种种商业道德，也能够使他们为增加财富而牺牲自己的幸福。这种经营活动中的精神追求，在明清山西商人身上同样有所体现。

1. 兴创家业

　　家庭是社会最小的单位。西方社会以个人为本位，中国的传统社会则以家庭为本位。在中国，家庭不仅是人们生产、生活的最基本单位，也是人们生儿育女的社会组织。中国人不崇拜上帝，但崇拜创生万物的天地。从整体上看，是天地创造了世界上的一切；从个体来看，是男女结成夫妻组成家庭，延续了人类。因此，中国人眼中的家庭是最神圣的。在家庭关系中，提倡"孝悌为仁之本"。进而在社会关系上提倡齐家、治国、平天下，认为只有在齐家的基础上，才能治国，进而平天下。可见，家庭在中国的传统文化中占有崇高的地位。但是家庭的维系，基础是经济，也就是治生。山西商人就是在这样的思想基础上，把养家糊口放在首位，进而达到兴创家业之目标。有关明清山西人为生计而从商，进而创家立业的记载很多。如蒲州张允龄，祖父早逝，未几，父也去世，允龄年轻时已掌理家政，力勤攻苦，为治生而服贾远游，以慰两世孀母之心。定襄邢九如，少贫，年十四，父去世，家境益困，以母老弟幼，弃学就商，远行于京东之赤峰县，养母抚弟，勤劳四十余载，家道致丰。蒲州人席铭，幼时学举子业不成，又不喜农耕，说道：大丈夫不能立功名世，抑岂为汗粒之偶，不能树基业于家？于是历吴越，游楚魏，泛江湖，贸易起家，资产巨万，蒲称大家，必称席氏。创立家业，是晋商经营智慧所追求的一个目的。如果在这方面取得辉煌成就，不仅创业者在精神上获得极大的满足，而且在社会上能够得到很高的荣誉。

2. 宗教信仰

古人信神，中外雷同。其实，古人所崇拜的神，原本就是人所创造。一方面，是人们为了求福免灾、趋吉避凶，满足精神需要而创造；另一方面，是人们对大自然发生的现象尚不能认识和做出科学解释时而创造。中华民族从原始社会起就产生了与自己文化相适应的神话。汉末，在佛教东渐的刺激下，源于黄老之学并结合神仙家、谶纬家等系派，开始形成本民族的宗教——道教。道教在东晋以后盛行并进一步完善。明清晋商出于求财、趋吉、避凶的心理需

39

要，把各路神仙作为他们精神上的信仰与追求。因此，有不少山西商人是中国神仙的最虔诚的信徒。其中最常崇祀供奉的神仙主要有：

（1）关羽。关羽是晋商最普遍敬奉的神灵。关羽，山西解州人，东汉末三国初人。民间崇祀关羽，让关羽走上神坛，至迟在隋代已经出现。以后又经历代皇帝屡屡加封，到明清时关羽已上升到很高的位置。山西商人对关羽情有独钟，膜拜之至，还有如下原因：一是对崇祀有乡亲关系的关羽有着荣誉感。《三国演义》中有关关羽的故事，在民间妇孺皆知。关羽被后人誉为"攻略盖天地，神武冠三军"，又被尊为关圣帝君，故山西商人把神化的又有乡亲关系的关羽加以崇祀，有着非常的荣耀感与自豪感。二是祈求神威广大的关羽降福保平安。山西商人经商活动范围很广，常常会遇到天灾、人祸等许多意想不到的困难，在心理上非常希望得到神威广大的关羽庇佑，消灾降福。因此山西商人在其足迹所至的大江南北、水陆码头、交通要津、商业城镇建设关帝庙，以便朝拜神灵，求得保佑。三是以关羽的信义来规范商业行为。山西商人的经商活动需要一种精神支柱，而关羽被人们誉为最讲"信义"的神灵，因此，山西商人以关羽的"义"来团结同仁，摒弃"见利忘义"、"不仁不义"等不良观念与动机。以关羽的"信"来取信于主顾，摒弃欺诈行为。山西商人不仅在家中、店铺中供奉关羽，而且在各地的会馆中为关羽修殿盖宇，其目的就是请这位神威广大的神灵，日夜监督他们的精神世界和商业活动，同时从关羽身上吸取无穷的正气力量，使商业活动立于不败之地。如河南南阳赊旗山西会馆有碑记载：雍正时有的商号改换戥秤，大小不一，是以全行商贾齐集会馆关帝庙，公议秤足十六两，戥依天平为则，公议之后，不得私下更换戥秤。犯此者，罚戏三台。如不遵者，举秤禀究官治。山西商人齐集关帝庙议事，以关羽的信义来衡量和规范商业行为，关羽在山西商人的精神世界里有很大影响力。

在山西商人的影响下，其他地方的商人对关羽的崇祀也渐成风气。正如清史学者郭松义所说："明清以来，山西商人又遍布全国，当时各地的许多祀关坛庙，就是由山西商人出资修造的，其他商人受其影响，相互效仿，因此形成风气。"（《中国史研究》，1990年3期）

（2）财神。财神在民间有文财神、武财神之说。文财神一说是比干。据《史记·殷本纪》载：比干是殷纣王的叔父，为人忠耿正直。比干见纣王荒淫失政，暴虐无道，常常直言规谏，纣王不但听不进去，而且越来越讨厌这位叔父，再加上妲己进谗言，纣王对比干又厌上加恨。一次，比干又强谏，纣王大怒，说："我听说圣人心有七窍，今天我倒要看看你的心是不是七个窍！"说完，命人当场将比干开膛挖心。由于比干是位大忠臣，心地纯正，率直无私，后人对他很尊敬，民间便传说：比干怒视纣王，自己将心摘下，扔于地上，走出王宫，来到民间，广散财宝。他虽然没有了心，但因吃了姜子牙的灵丹妙药，并未死去。因为他没有心，也就没偏向，办事公道，故后人将他信奉为财神。另一位文财神是春秋时代越国的范蠡。范氏原为越国大臣，在越王勾践被吴王夫差灭国后，范蠡为越王出谋划策，越王卧薪尝胆，最终打败吴王夫差而复国，成就霸业。当越王论功行赏时，范蠡却隐姓埋名到齐国经商去了。他很善经营，三次发大财，却三次把钱财分给穷人，把金钱二字看得很淡薄。后来，范蠡在陶邑定居下来，自称"陶朱公"。由于范蠡善于聚财，又能散财，受到人们的尊敬，被崇祀为文财神。关于武财神，有二说：一说是道教中的赵公明。赵氏原为虚构人物，传说是汉代张天师之徒，张天师炼丹成功，分丹与赵食之，赵遂成仙。张天师

41

命他守坛，故又称赵玄坛。在小说《封神演义》里，赵公明又成了
峨眉山道仙，他武艺高强，有黑虎、铁鞭和百发百中海珠、缚龙索
等法宝。后来，姜子牙遵照元始天尊旨意封神，赵公明被封为"金
龙如意正一龙虎玄坛真君"，辖招宝、纳珍、招财、利市四神，专司
"迎神纳福，追捕逃亡"，赵公明遂成为后人尊奉的财神。另一说武
财神是关羽。关羽是一位全能神灵，财神是其功能之一。由于人们
追求、向往美满、富裕的生活，认为有财神掌管着财富的分配，于
是财富被神化，人们希望财神保佑自己发财。在商业活动中，商人
希望获取最大利润。晋商与其他商人一样，崇祀财神，希望财神保
佑他们生意兴隆，财源茂盛。

（3）真武大帝。原称玄武大帝，北宋时为避真宗名讳改称玄武
大帝。民间又称"玄天大帝"、"荡魔天尊"。玄武在道教中声威显
赫，地位仅次于"三清"和"玉皇大帝"。人们对玄武的信仰很早。
在上古神话中，玄武本名玄冥，是水神。这位水神即鲧。西周以来，
二十八星宿之说开始兴盛。二十八宿即二十八个星座，分为东南西
北四方，每方各辖一神，统称四方之神。东方为青龙，西方为白虎，
南方为朱雀，北方为玄武。传说明初朱棣起兵南征，因玄武是北方
之神，曾祈玄武保佑，朱棣起兵成功，便大建玄武庙，致玄武香火
日盛。玄武是北方驱邪保护神，晋商崇祀玄武（真武）大帝是很自
然的。

（4）火德真君。火在我国起源很早。火，作为神灵，以炎帝为
帝、祝融为神、燧人氏为先火。古典小说《封神演义》又以罗宣为
"南方三气火德星君"。火，给人类带来光明、温暖，促进了人类文
明的发展，同时火也给人类带来火灾，因此人们对火是又敬又怕，
晋商崇祀火神，是为了保佑平安，不致遭受火灾之险，特别是烟、

布、炉行，多祀火德星君。

（5）菩萨尊神。菩萨尊神是指四大菩萨，即释迦牟尼、文殊、普贤、观音。晋商崇祀菩萨，特别是经营油、粮、盐行的晋商，把菩萨作为保护神予以供奉。

（6）马王爷。即马神，又称马祖、马王爷。在古代，马匹是交通、作战的重要工具。人们对马由感恩到崇祀，是很自然的事。对马的神化也很久远，古典小说《封神演义》中殷王子殷郊被人们尊为马王，书中描绘殷郊有三只眼，青面獠牙，发似朱砵，三头六臂，手持方天画戟，番天印、落魂钟等法宝。民间传说马王爷有三只眼，概源于此。明清晋商足迹遍天下，马不仅是重要交通工具，还是驮载货物的重要工具。因此晋商供奉马王爷，以求人畜平安。

（7）炉神。山西业铜、铁、锡、炭的商人，均需炉火，故崇祀炉神。晋商所崇祀之炉神是太上老君，即老子。老子是道教创始人，能炼丹炼汞，有一座八卦炉。《封神演义》称："能工巧匠费经营，老君炉里炼成兵，造出一根银兵戟，安邦定国正乾坤。"因此，老子是晋商崇祀的行业之神。

（8）酒仙尊神。酒在没有文字记载以前就有了。而杜康是古代传说中最善于造酒者，晋商中经营酒业者，供奉杜康为祈祷酒神保佑其酒业兴隆。

（9）葛、梅二仙。晋商中颜料行崇祀的行业神。传说有一梅姓人不小心摔在泥地，染脏了白布衣服，脱下衣服在河中洗时，发现衣服不但洗不白净，反而成为黄色，人皆说好。梅便把此事告诉好友葛，二人便寻思如何改变布的颜色。一次他俩把白布染黄挂在树上，突然刮来一股风把布吹落在草地，等他二人发现时黄布已变成了花布。他们认识到奥妙就在青草上，于是把青草捣烂，放入水缸，

43

再投入白布，就染成了蓝布。又一次在染蓝布时，二人边干边饮酒，葛氏不小心喝酒过猛，将酒呛吐入缸内，布又被染成鲜蓝色。后人为纪念葛、梅二人发明染布的功绩，便尊为染业祖师，俗称葛、梅二仙。

此外，晋商中供奉的行业之神还有：纸行供奉蔡伦，油漆裱糊行供奉吴道子，修鞋行供奉孙膑，肉行供奉张飞，票号行供奉金花圣母等。

3. 积德行善

乐善好施、积德行善是中国人民的传统美德。对德，孔子多有论述，他说"为政以德"、"君子怀德"。也就是说，为政者当以德性为本。晋商的经营智慧，同样把积德行善、乐善好施作为他们的精神追求。如明代有陕西三原人陈海，贫而坐法，山西蒲州商人范世逵见之，怜其旅困，为之出资赎。未几，陈海窃范氏重资亡去，人皆责之，范氏说：此人吾与之恩厚，偶利迷，尔稍语，当自来，已而，果然。明代山西马邑商人覃表用"好义喜施，里中称为善人"。明代襄陵人高瓒，嘉靖初年，贾游江淮，值岁大灾，目击心怆，而高瓒也病危，遗言于子说：死无所嘱，唯出金买粟赈此饥饿，九原瞑目。明代沁水商人张希鲁，少商游，万历丙戌值大旱，输粟千石，诏建坊旌之。清代永济人刘向楠，业商致富，于村中设义学，贫族子弟后多成就。光绪三四年（1877、1878），岁歉，又输粟数十石，赈村人，各给银两使谋生，赖以全活。芮城石蕴辉，以贸易起家，深明大义，焚借券赈济。临猗人张映斗，家贫服贾到翼城，渐殷富，有友人欠银 1300 两未还，当即取契焚之。有人以所营之业抵债，而其母老而无养，映斗取契付还其人。盂县人张炽昌，贸易关东，平生性气慷慨，曾出资建迎辉门外关帝庙。祁县人阎成兰，行商朔平、归化等地，辛苦备尝，然存心爱物，喜义行，乾隆时曾出资修建井陉大桥。灵石县张佩，贸易直隶，闻母失明，弃商归养。以经商所获之利，建桥修路，输金赈贫，又设义茔二所，以待村中之贫而无地葬者。稷山县刘世英，业贾致富，凡修桥、筑路、浚沟洫，皆独任其劳。上述晋商之恩厚待人、好义喜施、赈济灾荒、修建寺庙、筑路修桥等积德行善之举，乃是晋商在精神上的一种追求。

经营智谋与商风

一、独特的经营术

春秋末越大夫范蠡，协助越王勾践灭吴后，乘船浮海至齐国，改名陶朱公，他尊计然（其先晋国亡公子）为师，治产经商为巨富，十九年中三致千金。陶朱公是中国先秦时期的著名商人，明清山西商人则是近世称雄商界之商人，其经营术更有独到之处。他们"栉风沐雨，以炼精神，握算持筹，以广智略，其深藏若虚也，有良贾风，其臆及屡中也，有端木风，持义如崇山，杖信如介石，虽古之陶朱不让"（榆次常氏《常氏家乘》）。晋商在经营智慧的商术上，有如下七个方面均有独到之处。

1.善于审时度势

余秋雨在《抱愧山西》一文中说："最能显现出山西商人目光的莫过于一系列票号的建立了，他们先人一步地看出了金融对于商业的重要，于是就把东南西北的金融命脉梳理通畅，稳稳地把自己放在全国民间钱财流通主宰的地位上。这种种作为，都是大手笔，与投机取巧的小打小闹完全不可同日而语。"余氏此话言之有理，由于晋商经营智慧，目光远大，能够审时度势，有大手笔，才能称雄商界五个多世纪。如前所述，他们在明初看到北方边镇市场的出现，捷足先登，充当边商，而兴起于商界。入清以后，他们看出清政府推行满蒙联盟政策后，旅蒙商业大有可为，又最先深入到蒙地，成为最大的旅蒙商，并控制了恰克图对俄国际贸易等等，这些都是善于审时度势的结果。在晋商的个人或商号的经营活动中，善于审时度势，同样很重要。如平遥县人赵德普，原是读书人，咸丰八年（1858）经人介绍入协同庆票号，很快受到票号经理孟子元的赏识，破格起用，出任苏州分号经理。按照惯例，开设新庄，总号理应提供一些铺底资金。但赵德普分析了苏州的商业形势后，竟然不拿总号资金，仅携两名伙友，就到苏州挂牌开张，并很快打开了局面。不久，兰州分号因政局动荡出现艰难局面，赵德普又在此危难之际受命调任兰州分号经理。到任后赵氏心不慌，神不乱，分析了国内形势后，积极妥善处理票号与政府的关系，使票号不仅在兰州站稳了脚跟，而且乘势在凉州、肃州、宁夏、新疆迪化（乌鲁木齐）建立了分号，大大拓展了协同庆的业务。后来，赵德普被任命为负责协同庆四川方面的总务。赵氏又经常往来于成都与重庆两号之间，协调两号关系，发挥各自特长，整整二十余年间，四川的业务居全号之冠。由于赵德普善于审时度势，在协同庆打了一个个漂亮仗，被本号中人称"常胜将军"。光绪十三年（1887），赵德普因经商有方被财东提携担任了总号经理。又如，洪洞人王谦先经营山东盐，累致万金，时盐运日弊，王审时度势，知已不可为，乃决计弃去。后山东盐务果益疲，商大困，人自危，而谦先谢业久，已不受其害，人皆服谦先远见。阳城王重新，性沉厚，饶智略，少贾于外，不数载，资雄一方。阳城王海，幼从父贾河南，才性颖敏，"智谋勇略雄一方"。以上事例说明，由于晋商善于审时度势，对市场做出正确的预测，开拓创新，独具慧眼，从而取得了商业上的巨大成功。

47

2. 能够灵活机动

市场行情瞬息万变，顾主的需要也不断变化，故商业活动必须灵活机动，善于组织顾客最需要的货物，从而达到购销两旺。例如：旅蒙晋商 200 余年长久不衰，有一条经验就是他们组织货源有针对性，营销方式灵活。蒙古牧民以肉食为主，喜饮砖茶，旅蒙山西大盛魁商号便自设茶庄加工砖茶。蒙古牧民喜欢穿结实耐用的斜纹布，大盛魁便大量组织货源，并将斜纹布按照蒙古牧民的习惯，拉成不同尺寸的蒙古袍料。蒙靴、马毡、木桶、木碗、奶茶用壶等是蒙古牧民的生活必需品，大盛魁便按照蒙古牧民的习惯要求，专门加工。因此，蒙古牧民只要见是大盛魁记商品，便争相购买。蒙古牧民是游牧生活，居住点不固定，分散而居。大盛魁便采用流动贸易形式，组织骆驼商队，深入到牧民居住的帐篷中交易。蒙古牧区货币经济不发达，大盛魁便采取以物易物和赊销方式，甚至到期也不收取现金，而以牧民的羊、马、牛、驼和畜产品、皮张等折价偿还。由于大盛魁经营智慧表现在货源组织上有针对性，营销方式灵活机动，方便牧民，所以旅蒙商大盛魁在蒙古草原的经商活动中取得了巨大成功。

3. 讲求薄利多销

明代蒲州人王文显，经商四十余年，足迹半天下，以商而富，其为商"善心计，识重轻，能时低昂，以故饶裕与人交，信义秋霜，能析利于毫毛，故人乐取其资斧"（《空同集》卷 44）。又如祁县乔氏，其在包头的"复"字商号，经营智慧是做生意不随波逐流，不图非法之利，坚持薄利多销，其所售米面，从不缺斤短两，不掺假，其所用斗秤，比市面上商号所用斗秤都要略让些给顾客，所以"复"

字商号在包头居民中颇有信誉，人们都愿意购买"复"字号的商品。晋帮商人在经营活动中，还总结了许多薄利多销的经验，归纳为商谚，如："不怕不卖全，就怕货不全"；"生意没有回头客，东伙都挨饿"；"能打会算，财源不断"；"买卖不算，等于白干"等。

4. 慎重对待相与

晋帮商人的经营智慧是重视稳妥经商，慎待"相与"。所谓"相与"就是同行业务共事的商号。所谓慎重对待，就是不随便建立相与关系，但一旦建立起来，则要善始善终，同舟共济。如山西祁县乔氏的"复"字商号，尽管资本雄厚，财大气粗，但与其他商号交往时却要经过详细了解，确认该商号信义可靠时，才与之建立业务交往关系。否则，均婉言谢绝，其目的是避免卷入不必要的麻烦之中。但是当看准对象，认为可以"相与"时，又舍得下本钱，放大注。对于已经建立起来的"相与"商号，均给予多方支持，即使对方中途发生变故，也不轻易催逼欠债，不诉诸官司，而是竭力维持和从中汲取教训。"复"字号认为，即使本号吃了亏，别的商号沾了光，也不能因此把钱花在衙门里。广义绒毛店曾欠"复"字号5万银圆，仅以价值数千元房产抵债了事。至于"复"字号下属商号，一旦停业时，则要把欠款全部归还，外欠的能收多少算多少。"复"字号的上述做法，使它在同业中威望很高，故许多商号能以与"复"字号建立业务关系为荣。又如榆次常氏天亨玉商号，该号掌柜王盛林在财东将要破产时，曾向"相与"的大盛魁商号借银三四万两，并且让财东把在天亨玉的资本全部抽走，天亨玉在无资金的状况下全靠借贷维持，仅将字号改名为天亨永，照常营业，未发生倒账，全凭着王盛林的人格信用。1929年大盛魁商号发生危机时，王盛林认为该号受过大盛魁"相与"的帮助，不能过河拆桥，不顾一些人的反对，仍然设法从经济上、业务上支持大盛魁，帮它渡过难关。

当然，在经营活动中，晋商也难免同相与者发生赊账、讨债之事。对此，晋商也有许多经验，如："赊账者，要看其为人如何，家道如何，如人有信义，家道好，不妨赊账。但时下有一种奸人，花言巧语屡次骗你，把便宜与你讨，与你不计较，他此等行事，是想让你赊欠与他。你看他来的脱洒，大概只说他是好人，就赊与他，一上了他的钩，再已难脱，可慎思之。向人讨账者，如欠主诚实相商，不可琐碎多言。如欠主狡猾支吾者，一次闲话，二次累，三次发作，再四不可放过门，拿着他要钱，他若说今日不就要道后日，就依他，及至后日再往要之，其实又无，他又拿别的话来推托，未能就手，还要担待五天，及至五天，又不相干，彼言实在要迟一个月，事则图活，决不失言，说不妨，就迟一个月，三十日也是个月底，初十也是个月初，他如果没话可说，定日子等到期，务要使彼取讨，就是大雪大风必定要去的，即使他不能推诿，如此一步紧一步，他才着力作法还银。"以上可谓晋商经营智慧中对相与者讨债之法。

5. 重视商业信息

孔子说："赐不受命，而货殖焉，臆则屡中"（《论语》）。就是说，端木赐未接受官府的任命，而是以私人身份去经商，预测行情很准确。晋帮商人经营智慧，包括重视通过各种渠道了解市场信息、各地物资余缺及其他影响经营的因素，他们有商谚称："买卖赔与赚，行情占一半。"民国《太谷县志》载："至持筹握算善亿屡中，讲信耐劳，尤为谷人特色，自有明迄于清之中叶，商贾之迹几遍行省。"晋帮商人掌握市场信息，渠道有多种形式，当各地商号了解到市场信息后，便通过书函等形式，及时汇报总号，所以总号与分号之间一般是五日一函，三日一信，互通情报。在电信事业尚未发达前，书信就是商号上下联系、业务交往、互通情报的重要工具。晋商对于信件的传递、使用、管理，颇有独到之处，这也是他们掌握商业信息的重要途径。下面我们介绍一下晋商信件的使用与管理情况。

晋商对于信的管理很严格，大些的商号有专门的信房，来往信件都要编号，在信中注明"寄去××次之信"、"×次信收到"。如果是未编号的信也要在信件中说明。信件有正信、副信之分。信中还有约定好的暗语，以防失密。信件的寄送，一种是通过民信局。民信局是清后期出现的一种信件投递机构，这些民信局有天成局、天顺局、正大局、光裕局等，通过民信局的信先由寄信方付部分邮资，收到信后由收信方付剩余银两。对一些特快信，则要求按时送到，提前或迟到均有奖罚。如道光二十四年（1844）七月二十八日蔚泰厚票号北京分号寄苏州分号第三十八次信称："此信定于八月初十日晚间一准到苏，早到一天，加银二两，迟到一天，罚银四两，迟早到苏，寄信题明。京中先付伊脚力纹银十八两，下短银四两在苏找结。"另一种是托人或托商号捎送。所托之人并无固定，有时即办事之人。信的内容包罗相当广泛，略举如下。

（1）照会汇票收汇业务。如道光二十四年（1844）蔚泰厚票号苏州分号寄北京分号第八十八次信称："今收会去王兰史老爷京平足纹银三千两，立去会票一张，注定在京见票无利收付。"

（2）通知见信可借银与人。如上信又称："又带去咱无号信一封，内报伊会去之银，不敷其用，要向咱京局会借银一二千两。至日如伊不用则已，倘要用时，祈兄交付，教伊立票在苏，见票还咱，其会规看事而行。此位系署长洲知县，名锡九，进京引见，素日与

/经营智谋与商风

咱号交结甚厚，故而不便推却。以目下看其大势，颇有底里，谅不碍事。"

（3）通知可否做功名钱店生意信息。如道光二十四年（1844）蔚泰厚票号苏州分号寄京都分号第九十一次信称："再报苏地大势，功名及钱店生意，咱号概不能做分文，皆因日升昌、广泰兴等号，今年以来收揽从九监生，加色曹平……照此等实无花算，是以只可不做。"

（4）通知代办捐纳。如道光二十四年蔚泰厚苏州分号寄北京第七次信称："并封去周学浩兄由俊秀捐从九职，黄伟、司霭云二位由俊秀捐监生，履历各一张。"

（5）传达总号指示。如咸丰十年（1860）日升昌总号给汉口分号第六十六次信称："昨接成重两处来信，军务甚是紧急，成都左近四面贼匪扰乱不堪，兼之省城勒逼捐输，以滞生意之家，实难存站。平已寄信去矣。即着成伙速归重号，暂行躲避。至重地一二百里，亦是贼匪，搅扰人心，亦属惊惶。如再不妥，亦要迁动。祈见信之日，不可不做。"

（6）通知银两调动。道光二十四年（1884）七月，由于苏州放款月息为8厘，银根紧，北京为4厘5，蔚泰厚票号曾从北京调动银74000两运苏。是年该号北京寄苏州第三十八次信称："今伊逢吉动身，跟标车三辆，每辆装标箱八只，共计二十四只，计宝足银六万八千六百两……"

（7）信息传递。如道光二十四年（1884）蔚泰厚北京分号寄苏州第十一次信称："再有三月初间，广东有来京六百里之折，系因米利坚（即美利坚）国号相商欲进贡，占码头情形。彼时听及皇上已往外省有旨，至今未确是何主见。"

6. 善于对待顾主

晋商的经营智慧，非常重视善待顾客，对此在一些商谚中反映得很明显，如："宁叫赔折腰，不让客吃亏"；"买卖之道，和气生财"；"买卖不在仁义在"；"货有高低三等价，客无远近一样亲"；"和气生意成，冷言伤人情"；"卖货先看口，顾客不愿走"。清代晋商炳记《贸易须知辑要》，也记述了晋商接待顾客的规矩与方法，反映了晋商对待顾客的主张，内容非常丰富。兹摘录部分内容如下：

做生意，必须把生意放在心上，不可胡思乱想。……有云：心无二用。想心事，做生意遮掩，神情恍惚，即无讲究矣。

手里做着生意，还要耳朵听人说话，还要嘴里说着话，还要眼里联着事，所以做生意之人要"八面威风"。

人借你柜上戥子称银时，你切不可伏在他面前，望着他的银包，恐有遗失，你可站开些，俟他称过银子后，然后将戥子收过来可也。

替人夹银子，夹开必须放在柜上，切不可就放入他银包内，恐有讹误，慎之。

……

言谈，做生意之人不可缺也。与人闲坐，就是没话说，亦要四处搜寻出来话讲讲，叙叙寒暄，谈谈时语，才成活变伶俐之道也。说话第一要谦恭逊让，和颜悦色，言正语真，方成正人君子，但凡言语之中，不可形于讥，需检点留心……

交易，言谈不要太多，多则令人犯厌……

有女子堂客进店来买东西，切勿笑言相戏，趣话流连，外人看见就要说，彼若喊叫起来，你的脸面何存？总要正色……该卖则卖，不该卖则令别买，勿得自轻自贱，慎之。到底男女有别，授受不可亲也。

面生人进柜，须要请教尊姓台甫，尊府何处，次之问有何贵干，至此务要细细查问，还须访他同伴之人，必要问此位是何人，彼若应，则无妨。倘或竟有歹人冒同进店，你疑他伴，他疑你店之人，互相不问，真假难分，误事有之。昔有一人，同客进店，其店只当是随客之人，客只当店里之人，两下一依，后此人盗去银两，岂不是惜言两依之误也。

……

称钱与人，数钱与人，发货与人，付账与人，必须查而再查，算而又算，交代明白，手清讫，切勿乱虚慌张，糊里糊涂，则有错讹遗失之说也。

人来买物之银钱，既成，此时不可移动他的，俟停一刻再移，犹恐彼不来买，退还原银，不动则彼无多讲矣。

买者拿银同你买卖，问彼买何物，先言价值，次看银，再收用戥称，如色足平准则不必言，如色毛平轻，则除去所欠平色，计净银若干，货价该多少，多则退、少则添。

……

发货与人，务将原账一看，再将货单一看，然后照单发之，交点数目付讫存单核对。

……

做生意的人，无有大小，只要有钱问买卖物，他即是个花子，亦可交接。又道：生意人无大小，上至王侯，下至……乞丐，都要圆活、谦恭、和平、应酬为本。

做生意止可一人对买者交谈，切不可柜外买柜内物个个插嘴多言，则不成大方生意，如买者执意不能不添，转弯可着一人往前分剖几句，则生意成矣。但你若预先乱言杂语，你一句，我一句，及至到了不能转弯之时，无人接应，岂不是当成不成，无点排场耳。

在柜上做生意全要眼亮，第一要认识得人，如彼公道正直，出言有理，必公道待他，毋自欺也。你若妄言诳语，虚名寡实，彼看你举动轻净，则不信服你了。如那人本来粗俗，话语强硬，亦不必示弱与他，他若狼头恼望着你，你亦要威严望着他。但目今时时局变，他见你惧他，他只管强硬，越打越进，岂不是倚势强买，则生意取坏无点抓拿。又道：遇文王而施礼乐，遇桀纣而动干戈。

柜上做生意平心定气……和颜悦色，下气怡声，婉转相达，此乃生意乖巧之第一。你若气性暴露，肝气不平，那人暴躁，你更躁，岂不两下就有相打相骂之说……

做生意切不可前言不应后语，都要至诚确实。如何说起，如何说止，你若先三而后四，言语不一，则不相信你也。

店内生意人……一个一个做妥，交货自己拿定主意，总不要虚慌。某一笔该多少，某一笔该若干，算明查清，交付与彼，切勿见生意多，慌慌张张，失头忘尾，则有舛错多与。

做生意那人来……总要随机应变。如他批评你的货丑，你亦不可嫌他。他善批你，亦要善解。又道：褒贬是买主，说说是闲人。

买者进店，要看你货色好歹，可先将丑的与他看，彼说不好，再把次一宗与他看，彼中意就买，若再不中意，你说道：先生果敢买高货，其价不贱哩。买者看道，则高价买之。你若猛然先把高货与他看，他则不信，可不要费唇舌，宁可多费于那人，则信之矣。

说各货价钱者，多须留些退步，你若是先言其实价，买者未能实信。但目今之生意老实不得，多要放三分虚头，宁可到后再让，彼必信服的。你若说一个实在价，那人决不能增的，止有减的，可不是留有余地者佳。

……

做生意买者同你交易，必须把生意放在心上，同他对答怎长怎短，买与不买，切不可三心二意别处打盆。必须立于柜面，俟彼执意不买，方可做别的事。莫说买者还价不到，远抛高，就不理他，你不理他，买者则动气而去，如遇见性躁者还要同你相骂到底，还要细细推详划本划利卖得，卖不卖得，不可自误，过后悔矣。

生意也要慷慨大方些，泼绰些，切不可一做生意，格外苛，总要推多取少才有主顾投奔了。

……

生意都要自己修……不可自误，但价钱俱要公道。秤要准，货色要别选搭配。倘价高，须涨在人后，或价贱，就要跌在人前，才成生意之领旨也。

7. 商业宣传艺术

晋商的经营智慧，还在于十分重视商业宣传。由于受中华人文素质的熏染，无论匾额、招牌、招商幌子及广告宣传，晋商均体现了浓郁的民族特色。

其一，晋商十分重视商号牌匾，其商号门面看来比较朴实无华，但悬挂商号牌匾却是店店讲究，争强好胜。无论大小商号，都要在门面之上、屋檐之下，悬挂商号牌匾。牌匾有木制的、金属的、大理石的，不过木质精制者为多，上书之商号名称由财东、掌柜或请有名望的绅士出面，敬请书法家书写，再聘工匠镌刻。牌匾制作形式有凸形、凹形和平面裁线凸形三种。凸形，字凸起于表面，立体感很强；凹形则将字裁下，打磨圆滑，着色后由于光线的作用，层次分明；平面裁线凸形相对简易，即顺着字的外沿裁线，然后斜切字边滚圆。牌匾着漆也非常考究，大都是黑底金字，庄重华贵，灿然耀目。也有底靠木色，字涂石绿者，典雅古朴，别有情趣。商号老板为了求一名笔，往往不惜重金，而由哪一位名笔书写的牌匾，又往往会增加该商号的知名度与信誉。所以"金字牌匾"的含金量则成为商号老板的追求。如由山西临汾人开办设在北京的六必居酱园店的牌匾，传由明代大学士严嵩书写。山西太原清和园饭店、太谷广盛号药店匾额由明末清初大学者、大书法家傅山书写。清乾隆时，晋商字号书写者有名重全国的草书大家周衍，道光时有崇尚北碑不囿于馆阁体的杜大统。清末民初"华北第一笔"山西著名书法家赵铁山书写的有太谷"聚泰恒""聚古斋""广顺号""聚利川""聚盛长""广升誉""汇聚成"等。（《晋商史料与研究》）有的晋商字号牌匾请官僚书写，则是为了借助权势壮门面。民国初年某晋商在天津开一绸缎庄，经常受到当地地痞军警勒索欺压，后该商号请时任直鲁豫巡阅使的吴佩孚题写字号牌匾后，那些地痞军警就未敢再来捣乱。

其二，对店名也十分重视和讲究，有人总结为八句诗：

国泰民安福永昌，兴隆正利同齐祥；

协益长裕全美瑞，合和元亨金顺良。

惠丰成聚润发久，谦德达生洪源强；

恒义万宝复大通，新春茂盛庆安康。

又有清人朱彭寿，将所见商店名称连成七律一首：

顺德兴隆瑞永昌，元亨万利高丰祥；

泰和茂盛同乾德，谦吉公仁协鼎光。

聚信中通全信义，久恒大美庄安康；

新春正合生产广，润发涛源厚福长。

商店取名，多是上述诗中一二字或二三字。总的来说，晋商店名一是取吉祥茂盛之意。如山西平遥日升昌票号，意旭日东升、繁荣昌盛。聚和长、大德通、大德恒、锦泉汇、晋泉涌等，则是吉祥、招财、进宝之意。二是有独特含意。如晋商设在北京的六必居酱园店，其意是居民开门七件事：柴、米、油、盐、酱、醋、茶。这七件事是人们日常生活必不可少的，店内除茶外皆经营，故称六必居。祁县乔氏在包头开办的商号原名广盛公，后因经营失误，几乎倒闭，幸当地往来业户支持，将广盛公欠债延期三年后再归还，广盛公得到喘息机会，到第三年还账时，广盛公不但还清了借债，而且还有盈利。乔氏认为此乃复兴起点，便将广盛公更名为复盛公。由山西浮山县李姓在北京开办的都一处烧卖店，其店名来历更为有趣。最初，该店并无店名，只是一个小酒店。据说乾隆十七年（1752）除夕夜，乾隆帝携带两太监装扮成一主二仆进店喝酒，当得知该店尚无店名时，而在除夕夜仍然开门营业之酒店就此一处，便赐名为"都一处"。从此"都一处"名震京华，扩大业务，渐跻身于京师名饭店之列。

其三，文字招牌。这种招牌作用是宣传本号经营范围。如药材业在店铺门前竖一高两丈（约 6.7 米）有余，宽一市尺（约 0.33 米），厚一市寸（0.03 米）左右的精制木牌，固定在两边凿有护槽的石头基座上，以铁箍箍紧，上面书写镌刻"本号自办川广地道生熟药材零整发行"字样，这叫"通天招牌"。所谓通天，其高度以超过商号之房檐为限。另外在门面两边还悬挂一副镶铜叶护角的长形木牌，四面分别书写"生熟药材"、"参茸饮片"、"丸散膏丹"、"妙应汤剂"等字样，黑底金字，或楷或隶，庄重高雅。在脂粉业也有通天招牌，上书"宝风长自制香粉糖面零整发行"字样。其他有文字招牌的有：典当店字号挂方形"当"字招牌，小押当则书刻"质"字；颜料杂货店悬一长方形招牌，四面分别书刻"山珍海味"、"香蕈云耳"、"颜料杂货"、"江南纸劄"十六字。酿造业酒坊门前悬挂一方孔圆周铜钱形木制招牌,一面写"闻香下马",一面写"酒美人和"。不论何种行业字号,招牌上的文字都十分工整规范。由于时人认为,连招牌都没有的商号,绝不会销售上好商品。所以,即使小商号,其掌柜也懂得在招牌上不惜花钱。

其四,招商幌子。招商幌子与文字招牌一样,是各商号招徕顾客的广告形式。幌子有实物与模型两种。实物幌子挂在商店门前的屋檐下。铁炉业悬挂一口小型铁质铸钟。瓷器店悬一对扣碗。旅馆饭店悬一笊篱,表示食宿方便。饭店悬一笼圈,圈周垂各色布条。油面店悬一油笼。醋酱坊悬一葫芦,上书"陈醋"二字。估衣铺悬一件成衣。皮坊悬一牲口套脖。剪刀铺悬一锡酒壶。铁器铺悬钩、链之类。花布行悬一块长方形花布。彩帛花悬两幅丝绸。毡店、席店、秤行则各悬一毡、席、秤物。模型幌子也置于店门前,其制作根据经营之实物大小夸张或缩小若干倍。如钱行悬铜钱模型,饼面铺悬挂表示烧饼的纸筋圆圈,车铺门前悬挂缩小的车轮模型。银炉店专门铸造银元宝,其门前雕制一石质大元宝。药材店门前悬一方角形垂两个木制丸药,中间穿斜方块膏药模型,下系一对木鱼,意思吃了本店药可痊瘉(全鱼)。北京鼓楼有一由晋商开办的恒泰烟袋铺,门前悬一木制大旱烟袋模型,油漆的白银嘴、黑烟杆,有五六尺长,十分醒目。北京人常说:"鼓楼前的大烟袋——一窍不通",即指此言。明末清初北京鲜鱼口有山西人杨小泉开的一家帽店,以帽子质量好而闻名京华。杨氏养一黑猴,人们对杨氏帽店不呼其名,而以养猴的呼之。日久天长,杨氏帽店以养猴儿的帽店出了名,人皆愿购其帽,后来黑猴与养猴的相继去世,杨氏后人便在店门前立一木制黑猴作为标志,招揽生意,于是黑猴帽店传遍京华。

其五，印刷广告。印刷术是中国的四大发明之一，木版印刷广告宋代已经出现。在山西襄汾县丁村明代院落，曾发现一块山西药材商人木制"珍珠拨云散"广告版型，其广告内容如下：

人和堂

山西平阳府太平氏专门眼科　发卖珍珠拨云散

一治云翳青蒙　凉水点
一治迎风流泪　舌津点
一治暴赤肿发　桑果水点
一治老眼昏花　舌津点
一治血肿贯人　凉水点
一治风火烂眼　凉水点
一治卷毛倒睫　香油调入
一治咽喉肿疼　竹筒吹入
一治痘风眼　凉水点
一治走马牙疳　米泔水洗
一治耳内流脓　竹甬吹入
一治雀朦逗瞖　擦患处
一治红白口疮　竹甬吹入
一治诸班痄症　擦患处　包管来回
甘草水洗　擦患处
药真价实　世不误人　言无二价
有人假充字号者　男盗女娼
丁秀生为记

清季，山西祁县合盛元票号曾在日本开设分庄，并在日本《神户新闻》、《又新日报》登载广告，广为宣传。合盛元在日本《神户新闻》所登广告内容是：

择于西六月十日开业

神户市海岸通三丁目

山西合盛元银行

神户支店

电话长二八番

在神户《又新日报》登载的开业广告是:

开业广告

今般大藏大臣，認可又受ヶ神户ン支店又新设シ愈本月十日又リ银行一般ノ业务又确实ン营业仕候、殊ン弊行ハ情，韩两国枢要ノ土地ヒ拾余个所ンコルレス、先ノ设置モ有之候ン付、为换，御取引等ハ特ン御便利ン御取极可仕候问、何卒御爱顾御引立ノ程奉恳愿候　敬白

清国山西省　合盛元银行　神户支店

神户市海岸通三丁目三十一番邸（电话二十八番）明治四十年六月

支配人　申培植

创立　　大清道光十七年　今ヨリ七十一年前

资本金　五十万两

积立金　六百五十万两

合盛元票号于光绪三十三年（1907）二月九日十日还在天津《大公报》登载"告白"，向国人宣传该号在日本开设支店，欢迎惠顾。其内容如下:

合盛元创设日本东京横滨神户大阪各处支庄告白

"启者近来环球大通，商务争盛，而国家特设专部，鼓励讲求，惟我商人亦须及时起发，以图扩充，乃观各国银行来吾邦开设者甚多，其晋之汇业一途亦与银行所司无异，然独不能出洋半步，良可慨也。（本号）有鉴于此，用特选派妥人，提出重款，先渡东洋各处，创设支庄，奈彼之政令，不准外人在东京私立所业，必报政府许可方可开办，于是自去秋冬渡，迄今半载，案牍冗繁，信札频寄，各署报告，其费固不待言，尚蒙我国领事及诸友谊从中维持，而日政府始允我号在东京、横滨、神户、大阪等处开设，凡我同胞此后东游日本及从彼回宗国者，如兑银洋各项兼托办事件，皆可竭力关照，额外克己，如蒙光顾小号，在中华各口岸俱有分庄，随地皆可接待，特缘远渡重洋，初创此业，恐未周知，故而登报声明，此启。

山西太原府祁县合盛元寓天津针市街嘉兴里内谨白

二、讲实际的经营作风

孔子说过：对于事业，以合宜为原则，依礼节实行它，用谦和的语言说出它，用诚实的态度完成它。晋商的经营智慧，贯彻了上述宗旨，从而在经营活动中形成了节俭、诚信、坚忍、谦和、稳健的作风。

1. 节俭

克勤于邦，克俭于家，是中国人一贯提倡的节俭作风。山西人一直保持着俭约风尚。明人沈思孝《晋录》载："晋中俗俭朴古，有唐虞夏之风，百金之家，夏无布帽；千金之家，冬无长衣；万金之家，食无兼味。"山西商人把"勤俭为黄金本"作为他们的经营原则来看待。明人谢肇淛在《五杂俎》中称：富商"江南则推新安，江北则推山右……新安奢而山右俭也。"王士性《广志绎》载："晋俗勤俭，善殖利于外。"《清实录》载康熙皇帝南巡时说："凤闻东南巨商大贾，号称辐辏，今朕行历吴越州郡，察其市肆贸迁，多系晋省之人，而土著者盖寡，良由晋风多俭，积累易饶，南人习俗奢靡，家无储蓄。"顾公燮说："自古习俗移人，贤者不免。山陕之人，富而若贫，江粤之人，贫而若富。"张四维《条麓堂集》载：明代蒲州人王恩，"幼失怙，拮据立门户，游货南北，足迹半天下，初岁业尝中耗，厉志经营，因能复其殖，尤慎于出纳，终其身未常有锱铢滥费，盖天性也"。乾隆《祁县志》载：清代祁县人郭干诚，"虑家贫，以生殖致饶裕，性俭约，不喜奢华"。定襄邢渐达"十五岁而孤……而自事生业，艰苦备尝，不辞劳瘁，自奉俭约……盖自服贾以还，一切货物往来，俱存宽厚"。这些例子都是晋商善于俭约自律的明证。

2. 诚信

衡量一个商人是否"良贾"，首先看他经商是否诚实不欺。孟子说过："诚者，天之道也；思诚者，人之道也。"在经商活动中，诚是基础，有了诚，信才能笃实。"民无信不立"，"言而无信，不知其可也"。可见，信是处世立业之基础，人际关系的美德。"言而信"，"言必信"，也是经商者必须遵循的准则。晋商的经营智慧表现在非常重视诚信，"经营信为本，买卖礼当先"，"童叟无欺，诚信为本"等商谚，都是经商重视诚信的经验总结，并作为商业道德代代相传。如祁县乔氏在包头开设的复盛公商号，做生意以诚信为

/经营智谋与商风

本，不图非分利润，在用户中威信很高，人皆愿购复盛公之商品。有一次，复盛油坊运大批胡麻油往山西销售，经手伙友为贪图厚利，在油中掺了假，掌柜发现后，立即另行换装，以纯净好油运出。虽然商号暂时受到损失，但诚实不欺，复字号所销之油成为人们信得过的商品，近悦远来，生意越加繁荣。太谷广升远药店，制作名贵中成药龟龄集、定坤丹，参非"高丽""老山"不选，茸非"黄毛""青茸"不用，故信誉著于市场，药品上只要见"广升远"三字，买主就信得过。祁县大德通票号存款户以山西本省最多，放款却多在外省。1930年蒋、阎、冯中原大战后，晋钞大幅度贬值，约25元晋钞才能兑换1元新币。当时大德通如果对存款户以晋钞付出，票号可以趁晋钞贬值之机发一笔横财。可是大德通没有这样做，并且不惜动用历年公积金，不让存款户吃晋钞贬值之苦，结果大德通票号信誉益著。

3. 坚忍

为了实现自己的奋斗目标，顽强不屈，百折不挠，不达目的，奋斗不止，这是晋商经营智慧中的又一精神品质，这一品质对于晋商的发展起了很大的作用。晋商经商坚忍不拔的事例很多，下面我们举一个晋商在清朝政府腐败、帝国主义势力侵略的社会环境下，在与俄商的茶叶大战中坚忍不拔、顽强奋战的事例。自从清雍正五年（1727）清政府和俄国政府确定把库伦（乌兰巴托）附近之恰克图作为双方商人的贸易点后，恰克图贸易日盛。嘉庆、道光（1796—1850）以来，中国从恰克图输往俄国的商品以茶叶为大宗，其业务皆为晋商所垄断。据统计，道光十七年至十九年（1837—1839）中国从恰克图每年输往俄国茶叶价值800万卢布，而俄国每年由恰克图向中国输出仅600万—700万卢布。第二次鸦片战争后，俄国以"调停有功"，胁迫清政府签订不平等的《中俄天津条约》、《中俄北京条约》，俄国政府不费一兵一卒，打开了侵略中国蒙古地区的通道，取得了沿海七口（上海、宁波、福州、厦门、广州、台湾、琼州）的通商权。同治元年（1862），俄国政府又据《中俄陆路通商章程》取得了通商天津比各国低三分之一税率等特权。自此，俄商得以享受特权，深入到中国内地攫取物产和推销其商品。同治五年（1866），俄国政府又强迫清政府取消天津海关的复进口税，即免征茶叶的半税，使俄商的贩运成本大幅度下降。据天津海关记载：咸丰十一年（1861）以前，一直是晋商垄断着湖北、湖南的茶叶贩运，他们将两湖茶叶经陆路运往恰克图销往俄国。但是从同治元年（1862）始，俄国商人已在上述地区建立茶栈，收购和贩运茶叶。由于俄商享有免除茶叶半税的特权，又是水陆并运（俄商的贩运路线是将茶叶用船从汉口沿江而下运至上海，再沿海运至天津，然后走陆路经恰克图贩运欧洲），大大节省了费用，所以俄商贩茶业务扶摇直上，从同治四年（1865）的1647888磅，到同治六年（1867）猛增至8659501磅。而晋商贩茶却由于清政府的限制，不能享受水路运输之便，并且要付数倍于俄商的厘金税收。例如，从湖北汉口贩茶至张家口需经63个厘金分卡，所付税金要比俄商多10倍，所以恰克图晋商对俄贸易受到严重影响。但是晋商毕竟是一支经验丰富、意志顽强、坚忍不拔的商界劲旅。他们"以其人之道，还治其人之身"，提出了"由恰克图假道俄国行商"的方略，即"俄商到中国来夺我商利，我华商也去俄国另觅新途"。恰值其时，沙皇俄国照会清政府，声称恰克图贸易日衰，要求开辟张家口为商埠和在该地设领事馆。张家口地邻京都，清政府担心被俄国辟为商埠和设领事后，危及京都安全和对蒙古地区的统治，便同意了晋商北上到俄国境内经商的计划，以阻拦俄国人南下辟张家口为商埠和领事的要求。晋商得到清政府批准后，便大力向俄国内地发展，他们以顽强不屈的精神，先后在俄国莫斯科、多木斯克、赤塔、克拉斯诺亚尔斯克、新西伯利亚等城市设立商号，与俄商展开了激烈的竞争。在晋商向俄国内地进军的第一年（同治八年，1869），即向俄输出茶叶11万担，俄商直接贩茶也是11万担，交手的第一个回合便与俄商扳成平局。到第三年（同治十年，1871）晋商每年输俄茶叶已达20万担，较俄商直接贩茶多一倍。晋商对俄贸易是走陆路，以运费较高的骆驼、牛马车等为运输工具，而俄商是凭借特权以运费较低的水陆并运来贩运茶，晋商俄商之间的竞争条件优劣十分明显，但晋商仍能在对俄贸易中占上风。如果不是清政府的腐败，晋商在以后的对俄贸易中不一定会失败。可见，晋商确是一支坚忍不拔、能征善战的商界劲旅。

4. 谦和

晋商经营智慧还表现在很重视"和气生财"，"以和为贵"，把谦和作为每个经营者必须信奉和遵从的信条。对于经商要谦和的理解不应过于狭隘，它当然首先是指做生意时态度要和气，但还有更深更广的含义，如友善对待各方人士，甚至包括商业竞争者，友善对待内部职工等。诚然，在现实生活中，不同阶级、不同阶层、不同集团之间有种种利害冲突，但晋商重视按照传统的伦理道德缓解矛盾和冲突，力求在不同阶级、阶层和集团的人之间建立和睦的关系，以求有利于商业的发展。他们特别重视在以下四方面建立和谐的人际关系。

其一，对客户和顾客。晋商虽无"顾客是上帝"之说，但实际上却真正做到了把顾客当"上帝"。晋商在《贸易须知辑要》中指出："但做生意的人，是无有大小，只要有钱问买卖物"，他即是个"花子"也可交接。所以生意无大小，上至王侯，下至乞丐，"都要圆活、谦恭、和平、应酬为本"。

其二，对同行或竞争对手。晋商对同行或竞争对手，同样主张"和为贵"，平等竞争，如无必要，不一定非置对方于死地，而一般是采取以帮来使对方渡过难关。榆次天亨玉商号在资金短缺、经营困难时，著名的大盛魁商号不但未拆其台，反而借给银三四万两，帮助其渡过难关。大盛魁商号的这一做法，使其名声大振，在商界威望更高。后来，大盛魁商号经营发生危机时，天亨永（天亨玉改名）商号不忘旧事，从经济上、业务上支持大盛魁，帮助它渡过难关。

其三，对待内部职工。晋商主张职工内部也要和谐友善相处。《贸易须知辑要》说：做掌柜、大伙计不可自抬身价、目中无人，对下属即使有不妥处，"亦以理而剖之，则上下欢心，无不服你，你若自己尊贵，自夸其能，狂然自大，目中无人……众不但不服你，还要留下唾骂"。东家对伙计，也要"替他揣摩"，"宾主相投，自然越处越厚道，可以成协力同心之家"。

5. 稳健

《周易·系辞下》称："惧以终始，其要无咎。"就是说，人们办事自始至终，都要谨慎小心，才能不犯错误。有人认为稳健谨慎是胆小怕事、保守畏缩，这是一个极大的误解。其实稳健是积极进取的一种方式，凡是办大事成大业者必须具备的素质，谨慎稳健不是优柔寡断、裹足不前，而是深思熟虑，做好充分的准备，稳扎稳打，逐步推进。因此，晋商把稳健作为一种应有的精神品质，反映了其经营智慧。他们不愿像赌徒那样，孤注一掷，要么发大财，要么破产。如晋商对待放款（即业务交往）的商号，都要在详细调查对方的资金、人员、业务状况后，才建立相与关系，在未了解之前是绝不建立业务关系的。晋商兢兢业业，认真负责，竭尽一切力量防止疏漏，以使自己立于不败之地。这样做绝不是保守短浅，而是精神最大限度地振作，其能力最大限度地发扬。

6. 服饰

晋商的经营智慧，还反映在对商业人员的服饰也十分注意，认为经营者着何服饰与业务发展有一定关系。其服饰有三个特点：一是因业而异。票号、钱庄、金银首饰、珠宝玉器、古玩字画等业，多接待富豪、缙绅、官吏及其眷属和文人墨客，所营物乃细货，营销人也应穿着阔绰。绸缎布匹、高档裘皮、嫁妆百货等业伙计，一年皆穿长衫，单夹更换。设在较大城市里的这类商号，买主多半是妇女，深谙顾客心理的晋商很注意站柜台人的服饰和仪表，令其穿戴入时，整洁潇洒，并多有固定理发师，每周理发一次，费用由柜上支付，俗称"包月"。粮油盐碱、日用杂货、铜锡铁器等行，为便于操作，则短打扮居多，有的加套袖或围裙就算是工作服了。二是入乡随俗。清代，深入到蒙古经商的晋商要讲蒙语、穿蒙服，以便与蒙古人做买卖。三是内外有别。站柜台者服装颜色主要是黑白灰蓝，款式不准标新立异，一般不能穿皮袍。外出时虽稍放宽，但也不能太随便。专门负责跑外的（类似采购或推销）要同各界人士交际，穿戴不限，并由柜上补助购置。"他们常陪客出入酒楼、戏院……许多生意就在这些地方成交"。（《晋商史料与研究》）

68

三、严格的管理制度

战国时，商鞅辅佐秦孝公在秦国变法。他为推行新法，先取信于民。据《史记·商君列传》记载，他在颁布新法之前，为守信不欺，特把三丈长的一根木杆竖立在国都南门，宣布：如有人将此木扛到北门者，赏十金。人们不知就里，不敢妄动。商鞅再次宣布赏五十金。有一个人冒险把木杆移到北门，商鞅立刻如数给赏，从此树立起他的威信，表明他言出必守、令出必行的决心，为新法取得成功创立了良好的开端。宋代王安石《咏商鞅诗》有句："商鞅能令政必行。"另一位战国时代思想家韩非子师承商鞅，也强调治国必须奉法，他说："国无常强，无常弱，奉法者强，则国强；奉法者弱，则国弱。"（《韩非子·有度》）用现在的话来说，就是重视法制，强调以法治国。同样的道理用在经营管理上，就是遵循既定制度，严格地执行制度，激励员工的积极性，创造更大的经济效益。在这方面，晋商不仅创立了许多行之有效的管理制度，诸如经理负责制、学徒制、号规、股份制、联号制、账簿制等，而且认真执行，起到了保证经商活动良性运行的积极作用。

1. 经理负责制

"得人者昌，政界固然，商界何不然。"这是山西蔚丰厚票号北京分庄经理李宏龄对票号用人制度，特别是对经理人选使用的经验之谈。晋商经营智慧认为，商号经理之聘用，唯才是举是关键。他们在这方面总结出了一套经验，形成了经理负责制。具体做法是：经理聘用之前，先由财东对此人进行严格的考察，确认其人有所作为，能守能攻，多谋善变，德才兼备，足以担当经理之重任，便以重礼招聘，

/经营智谋与商风

委以全权，并始终恪守用人不疑、疑人不用之道。一旦选中聘用，财东则将资本、人事全权委托经理负责，对一切经营活动并不干预，日常盈亏平时也不过问，让其大胆放手经营，静候年终决算报告，经理颇似"将在外，君命有所不受"，一切由经理处置。若遇年终结算时亏赔，只要不是人为失职或能力欠缺造成，财东不仅不责怪经理失职，反而多加慰勉，立即补足资金，令其重整旗鼓，以期来年扭亏转盈。正是由于财东充分信任经理，故而经理经营业务也十分卖力。且经理有无上之权力，不论是用人还是业务管理，均由经理通盘定择。但同人有建议权，大伙友对小事可便宜行事。逢到账期（三五年不等），经理向财东报告商号盈亏。经理在任期内，如能尽力尽职，业务大有起色者，财东则给予加股（人身股）加薪奖励。如不能称职，则减股减薪甚至辞退不用。据说，每届年终各地经理齐集总号汇报工作时，由财东设宴款待，盈利多者坐上席，财东敬酒上菜，热情招待；盈利少或发生亏损者居下席，自斟自饮，受到冷遇。如果二三年都居下席，用不着财东说话，经理也只有自请辞职了。

2. 学徒制

晋商对店员、学徒的录用十分谨慎、严格，这也是其经营智慧的又一体现。学徒年龄一般是15—20岁，身高五尺，五官端正，仪态大方，家世清白，懂礼貌，善珠算，精楷书，不怕远行，能吃苦。学徒入号，须有人担保。入号前，由主考人当面测试其智力，试其文字，通过者，择日进号。进号称请进，表示人才请人，前途不可量。入号后，总号派年资较深者任教师进行培养。培训内容包括两个方面：一是业务技术，包括珠算、习字，学习蒙古语、俄语等，了解商品性能，熟记银两平色，抄录信稿、记账、写信等。二是职业道德训练，主要有重信义，除虚伪，节情欲，敦品行，贵忠诚，鄙利己，奉博爱，薄嫉恨，幸辛苦，戒奢华，派往繁华商埠，以观其色，等等。晋帮商人的习商谚语说明了其对学徒要求之严。谚称："十年寒窗考状元，十年学商倍加难"；"忙时心不乱，闲时心不散"；"快在柜前，忙在柜台"；"人有站相，货有摆样"。在晋帮商人中还流传这样的学徒规矩："黎明即起，侍奉掌柜，五壶四把（茶壶、酒壶、水烟壶、喷壶、夜壶、笤帚、掸子、毛巾、抹布），终日伴随，一丝不苟，谨小慎微。顾客上门，礼貌相待，不分童叟，不看衣服，察言观色，唯恐得罪，精于业务，体会精髓，算盘口诀，斤秤流法，必须熟练，有客实践，无客默诵，学以致用，口无怨言，每岁终了，经得考验，最所担心，铺盖立卷，一旦学成，身股入柜，已有奔头，双亲得慰。"在晋商著作炳记《贸易须知辑要》中，还记述了学徒的许多规矩，现择录部分内容如下：

（1）学徒，第一要守规矩，受拘束。不守规矩，则不能成方圆；不受拘束，则不能收敛深藏。顽石须经琢磨，方成器耳。

（2）学徒，清晨起来，即扫地、掸柜、抹桌、擦椅、添砚池水、润笔、擦戥子、拎水与人洗脸、烧香、冲茶，俱系初学之。

（3）学徒，要站在柜后，照看柜里柜外，看人做生意，听人说甚话的买卖，彼此交谈问答，对答贯串，必须听而记之。

（4）客到，俟客坐定，即斟茶。双手之请茶奉过，退两步，再回头走。茶吃过，即奉烟，请烟。如客坐多时，再茶再烟。客去即将茶盅烟袋归于原处，不可东搭西撺。

（5）进柜学徒者，全在流动活泼第一，必须先学眼前一切杂事，谙练、熟猾、伶俐、精灵、目联耳听，手脚勤快。然则用心学人，戥子、银水、算盘必通。次之，听人言谈，学人礼貌。以上种种，

71

如是，方入生意之门。

（6）学徒，不可嘴快插言多嘴，如众人在一处议话，你可耳听，勿使眼望。又道：紧眼睛，慢开口。

（7）学徒，切莫嫌大人嘴啰嗦。他说你，则是教你做人，不然说你怎的。你若嫌他琐碎行于脸上，下次当说你也不说了。系小人不教不训，何以成人，你去思之。

（8）学徒，不要口钝怯，但凡戥子、银水、算盘、笔道、言谈、礼貌诸事，须要请教人：某老爹、某大爷，求指教、教导。切不可拙口钝腮，一言不发，犹如木头船。一如此者，学到老亦是不中用的。

（9）学徒，假如在店内二人，一人说你，一人不说你。反道说你者是坏人，不说你者是好人。岂不知不说你者，烂肚肠也。说你者，不只受人之托。嗣后你成人者，则知说你者是恩人，不说你者是坏人。初学者，不可不明辨此理也。

（10）学徒，切不可拗强。拗强者，蠢笨之根也。如那人指点你、说你，他必定比你高些，才能够说你。你若对嘴、对舌、翘鼻高，不肯服他，你的生意，就是学一世也是不能成功的。

（11）学徒，切勿嘴馋，或在灶上拈嘴拈食，或偷钱在外买东西吃，或要人的东西吃，如此者，不但无品性，且丧志。戒之，戒之。

（12）学徒，先要立品行。行有行品，立有立品，坐有坐品，吃有吃品，睡有睡品。以上五品，务要端正方成。体统行者，务须平身垂手，望前看足，而行如遇尊者，必须逊让。你獐头鼠目，东张西望，摇膊乱跑，卖呆望人，如犯此样，急宜改之。立者，必须挺身稳立，沉重、端严，不可倚墙、靠壁、托腮、咬指。坐者，务必平平正正，只坐半椅，鼻须对心，切勿抑坐、偏斜、仰腿、赤足，如犯此形，规矩何在。食者，必须容缓食，箸碗无多菜，须省俭，大可厌贪吞抢噎，筋不停留满碗乱，又还嘴齁鼻，扒手桌上，这样丑态，速速屏去。睡者，贵乎屈膝侧卧，闭目吻口，先睡心，后睡目，最忌者瞌睡岔脚，露膊弓膝，多言多语，粗声呼气，一有此坏样，趁早除之。

（13）学徒，要有耳性，有记才，有血色，有活气，此四种万不可少。有耳性者，则听人吩咐、教导。有记才者，学了的事就不能忘却了。有血气者，自己就顾廉耻了。有活气者，则有活泼之象，又是个生意脸蛋，而人人见了欢喜你、夸奖你，岂不美哉。

（14）学徒，要受教听说。你若受教听说，那人只管尽自己才情尽行教你，他心里都是欢喜的。你若不受教听说，教你一次、二次、三次，你终日不改，只是贪玩，那人不但不说你，反把高帽子与你戴。何也？你不受教，自然你就不喜人说了，那随你混去了，说你怎的。又道：久谏成仇。

（15）学徒，扫地先将水洒，可免喷灰。次之，一帚压一帚，轻轻而扫，毋使尘飞。再者，恐地下有银钱，拾起来交与店主，此乃试你之心，看你可爱银钱，切勿上腰私藏，慎之，慎之。倘有字纸，捡入纸篓。

（16）学徒，掸柜，务将灰掸于一处，然后吹之，恐有银末蘸于盘银之内。

（17）学徒，饭后闲暇无事，可以在柜上习学写字，如有事，切不可。圣人云：行有余力，则以学文。

（18）学徒，学习算盘，日间不可学打算盘，生意之家，忌白日打空算盘，务要在晚上，无事学习算盘，请教人指明算法，全要揣悟自省。

（19）学徒，一称戥子，将毫理清，拿定提好，勿使一翘、一

73

懒，总要在手里活便。称小戥子，务必平口。称大戥子，务必平眉，不可恍惚，高低标准，方可报数。看银水成色，整锭者，看其底脸，审其路数，是哪一处出的银子。但成色一样，细察要紧。如整锭无边者，销铅无疑。有云：有银无边，那是假。如疑惑，认不真者，剪开便知明白。块头者看其宝色、墙光、底脸、容口，纹银是纹银底脸，九五是九五底脸。如底脸不相符者，必须存神。又道：银无二色。如在墙光打闪滑头滑脑者，即剪开，则见铜矣。

(20) 学徒，说话要响响亮亮，高高朗朗，切不可糊里糊涂，说在肚里，使那人听不见。亦不可胡言乱道，嘻嘻哈哈，总要诚实妥帖，别只管笑话顽，我只当没有听见，才成学生意之道。

(21) 学徒，学得周年两载生意，有点眉眼，有点门路，就要硬着头任意在柜上勉强做生意，不可退后。如你做不下来者，自有旁人接应。你一回两回，胆大者就好向前做了。如你不向前，终是担心，何能展放，到甚的时候才能够做生意。又道：若要会，人前累。

(22) 学徒，一着你到街上买东西，或叫你到别店，有事将事办完，急速回店，切不可久耽搁，贪玩好嬉。如此者，就不把生意放在心上了。谨记，谨记。

(23) 学徒，初学者总要自己谨慎、小心、惧怯、怕人，不可放荡、轻狂。至嘱，至嘱。

(24) 学徒，一生意之家，务须早起。早起者，不但神清，而且气爽。柜内柜外，揩扫洁净，摆列齐整，亦是店面之光彩也。

(25) 学徒，在开张铺面之家，切不可在店内打盹、看书、伸腰、打呵欠、混闹、嘻嘻哈哈。

(26) 学徒，柜台做生意者，必须健身稳立，礼貌端庄，言谈响亮，格外神清，眼观上下，察人真伪，辨其贤愚，买物之人，则不轻视你了。

由上可见，学徒制内容十分丰富，制度很严格，从而培育了不少人成为晋商的骨干力量。

3. 人身顶股制

晋商以其经营智慧，在人事劳资上首创了人身顶股制。这是一项协调劳资关系，调动劳动工作积极性的办法。凡山西商号中的掌柜、伙计虽无资本顶银股，却可以自己的劳动力顶股份，而与财东的银股（即资本股）一起参与分红，但顶身股者不承担亏赔责任。总经理身股的多少，由财东确定，商号内各职能部门负责人、分号掌柜、伙计是否顶股，顶多少，由总经理确定。身股的多少按照每个人的工作能力和工作效率来确定。总经理一般可顶到一股（即10厘），协理（二掌柜）、襄理（三掌柜）可顶七八厘不等，一般职员可顶一二厘、三四厘不等，也有一厘以下的。但不是人人都能顶身股，而是有一定资历者方可顶身股。例如，大盛魁商号顶一二厘生意者，可管点杂事、接待客商等；顶三四厘生意者，可在柜上应酬买卖，但大事尚不能做主；顶五厘生意者，已有一定的经商经验，货色一看就懂，行情一看就明，生意能否成交，他敢一语定夺。顶七八厘生意者，已是商号的里外一把手，或来往于总号分庄之间盘点货物，核算盈亏，或奔波于天南海北，拍板大宗交易；顶九厘生意者，日常营业不管，专决断重大疑难。大盛魁比较特殊，没有顶整股的，最高九厘。山西商人通过上述做法，把店员个人利益与商号利益、财东利益紧密联系在一起。下层伙计和学徒为了登高位，多顶股份，努力为商号工作，使劳资关系得以协调。当然，顶身股也有弊端，如论资排辈顶股限制了及时发现人才等。

4. 订立号规

没有规矩，不成方圆。晋商的经营智慧还反映在其所制订的号规极严，无论经理、伙计、学徒，均须遵守。晋商有谚称："家有家法，铺有铺规。"其内容包括各分号与总号之间的关系、业务经营原则、对工作人员的要求等。例如休假制，一般规定号内职工由掌柜起，均为三年回家探亲一次（分号路远者，如东三省、新疆等地为五年一次），称为班期，住家半年，往返旅杂费由号中供给，如遇婚丧等事，视情况予以补贴，号内包括掌柜在内，一律不准携带家眷。下面是光绪十年（1884）大德通票号号规部分内容。

（1）在各分号之间，规定虽以结账盈亏定功过，但也要具体分析，如果本处获利，别的分号未受其害者，可以为功；如果只顾本处获利，不顾其他分号利益，甚至造成损害者，则另当别论。

（2）在业务经营上规定买空卖空，大干号禁，倘有犯者，立刻出号，强调生意之中，以通有无，权其贵贱为经营方针。

（3）对于工作人员，规定凡分号经理，务须尽心号事，不得懈怠偷安，恣意奢华；凡一般工作人员，强调和衷为贵，职务高者，对下要宽容爱护，慎勿偏袒；职务低者，也应体量自重，无得放肆。

（4）严禁陋习。规定不论何人，吃食鸦片，均干号禁。前已染此弊者，责令悔改。今后再有犯者，依号规分别处理。各分号难免有赌钱之风，今后不管平时过节，铺里铺外，老少人等，一概不准，犯者出号。游娼戏局者，虽是偶蹈覆辙，亦须及早结出，刻不容缓，严格禁之。

5. 账簿制度

账务是商人经营管理中的一个重要环节。晋商以其经营智慧，自然对账务管理非常重视。他们把管理账务者称为账房先生，其在商号中的地位仅次于经理、副经理。明末清初著名的思想家山西阳曲人傅山先生，曾帮助晋商创立龙门账。龙门账的要点是将商业中的全部经济事项，按性质、渠道，科学地划分为进、缴、存、该四大类，分别设立账目核算。所谓进，是指全部收入；缴，是指全部支出（包括销售商品进价和各种费用支出等）；存，是指资产并包括债权；该，又称欠，是指负债并包括业主投资。晋商一般是年度终了办理结算（即现在的决算），就是核实和整理一年的经营成果，以便向财东作交代。年结，就是通过"进"与"缴"的差额，同时也通过"存"与"该"的差额平行计算盈亏。如果进大于缴，就有盈利；否则，就有亏损。它应该与"存"、"该"的差额（即盈亏）相等。这四大类的相互关系，可用公式表示：

进 − 缴 = 存 − 该　　该 + 进 = 存 + 缴

每当办理结算时，便可运用上述会计公式来验算两方差额是否相等，并据以确定当年盈亏。这种双轨计算盈亏，并检查账目平衡关系的会计方法，被形象地称为"合龙门"，龙门账由此而得名。

晋商账簿，在旧式账簿中是组织较完备，登记较详密的一种。各商号账簿多至十几种，主要有万金账（东伙合办时合同、股利分配等）、流水账（借贷、汇款、杂支、汇费、利息、与各庄来往汇款）、老账（就流水分类记）、浮账（即活期存款）、汇兑账、存款账、放款账、各地往来总账、本埠往来总账等。下面是大德通票号记事和银钱账簿：

汇票号码账：各票号分号汇票一律由总号编制号码，三联单式，每到年终各分号将用过之汇票存根及正汇票、副汇票寄回总号。

承保账：记载承包亲友、商号名称。

进号账：记载工作人员进号日期等。

起程账：记载工作人员供职与休假日等。

衣资账：记载工作人员应得衣资数。

衣物账：记载工作人员自己所携带之衣物。

路费账：记载工作人员启程携带路费数额。

带物账：记载工作人员委托亲友捎带之物。

回家账：记载工作人员住家时日。

汇款账：记载商品名称、汇款数额、汇出日期、汇费额。

平砝账：记载各地银色、各业砝码大小。

流水账：各项收支均先记入此账分录。

万金账：往来财东姓名、资金数额，顶身股人员身股数额。

浮记账：记载存款、应收未收和暂时性存入、支出等。

各庄往来账：记各地分号往来数。

未到期票账：汇款尚未取走时记入。

同业钱铺账：记载收付数。

内部浮记账：财东、顶身股人员收支往来。

职工支使账：日薪资人员收支往来。

借贷账：记放款数。

收借账：记存款额。

缓期账：放款一时收不回的记入此账。

屡年账：记无希望收回之款。

加色账：记银色差次之数。

汇费账：记汇款所得之汇费。

收付利账：存付款得出利息账。

清抄账：年终决算清抄。

应支账：顶身股人员应支（借支）款。

未支账：从万金账拨来未支红利数。

杂使账：杂费日用开支。

现金账：动用现金出入数。

现换账：此账分为三种，即钱银现换账、钱洋现换账、银洋现换账。此账为票号内部换算货币使用之款。

晋商会馆的功能与性质

一、晋商会馆的产生与发展

会馆是同乡人在异地建立的一种社会组织。有人说：中国最早的会馆可上溯到明朝永乐年间。最初的会馆，主要是客籍异地乡人的聚会场所。山西人在异地建立会馆，最早约始于明朝隆万时代。据《藤荫杂记》卷六《东城》载："尚书贾公，治第崇文门外东偏作客舍，以馆曲沃之人，曰乔山书院，又割宅南为三晋会馆。"此贾公为贾仁元，字西池，山西万泉人，嘉靖四十一年（1562）进士，曾任兵部左侍郎，协理京营戎政，充经筵官。贾氏任京官时宅第在崇文门外，曾辟宅南为三晋会馆。当时的会馆规模较小，其功能主要是在京的晋籍士人的聚会场所。明代实施开中法以来，晋商以"极临边境"地理优势，捷足先登，逐渐成为明代最有势力的商人群体。京师是全国政治、经济、文化中心，晋商为活动方便而设会馆于京师。《创建晋翼会馆碑记》记述了原初设会馆之起因："历来服官者、贸易者、往来奔走者，不知凡几，而会馆之设，顾独缺焉。……虽向来积有公会，而祀神究无专祠，且朔望吉旦群聚类处，不可无以联其情而冷其意也。议于布巷之东蒋家胡同，购得房院一所，悉毁而更新之，以为邑人会馆。"（李华《明清以来北京工商会馆碑刻选编》）晋商会馆创始最早年代，约为明中后期。山西平遥颜料商建立的颜料会馆，清乾隆六年（1741），《建修戏台罩棚碑记》称："我行先辈，立业都门，崇祀梅、葛二仙翁，香火悠长，自明代以至国朝，百有余年矣。"按清乾隆六年（1741）上溯百有余年，当为明代万历后期天启初年。又《临襄馆山右馆财神庵三公地重修建筑落成记碑》载："吾乡自前明，即有山右会馆。"清乾隆三十二年（1767）《重修临汾东馆记》载："临汾为山右平阳首邑，其立馆于京师也，自前明始。"（以上均见李华《明清以来北京工商碑刻选编》）可见，晋商至迟在明代中后期已在北京设立会馆了。

入清以后，晋商设立的会馆有了蓬勃发展，大体上前后在京师设会馆有 70 处以上，与此同时，在国内各商埠集镇也先后设立了晋商会馆。这些会馆的设立，首先与当地商业、经济的发展和交通有着很大关系。以河南南阳赊旗镇山陕会馆为例来说，这里在明代尚是裕州（今方城县）兴隆店，也就是一个过路小店。在明代的河南地图上还无"赊旗店"。在清代的河南图幅上，才标出赊旗店。也就是从清代，赊旗镇才有所发展。原来赊旗店地处汉水支流的唐河上游，潘、赵二水环绕如带，由镇东北与西南流过，后二水合流，向南入唐河，唐河继续南流入湖北襄阳（今襄樊），最终汇入汉水，直通汉口；而北经方城、平顶山，可直达洛阳、开封，于是清代的赊旗店逐渐成为一个四通八达的水陆要冲，为两湖、江西、福建、安徽、河南、河北、山西、陕西九省通衢，也是北京通往云贵驿道的中间站，于是山陕等省商人纷纷到此建房设店，流寓定居，使赊旗舟楫车马，热闹非凡。粮食、棉花、食盐、布匹、煤炭、竹木、茶叶、桐油、生漆、药材、曲酒等各种物资汇集此镇贸易、储存、转运，形成一个物资贸易中心。当时，仅从事南北货物过往成交的过载行就有 48 家，故有"拉不完的赊旗店，填不满的北舞渡（位于赊

81

旗镇东北的一个水运码头)"之说，赊旗店迅速发展为"北走汴路、南船北马、总集百货"的繁华巨镇。而在赊旗店最活跃、最有势力的商人就是山西商人。他们最早来到赊旗店从事茶叶、绸缎、刺绣、木材、食盐、布匹等商品的南北转运，其中茶叶为晋商经营的最大宗商品。清人衷干《茶市杂咏》载："清初茶叶均系西客经营，由江西转河南运销关外。"此处"由江西转河南运销关外"，就是指由江西河口（今铅山县）运至河南赊旗店，再由此北运关外。山西茶商采买福建武夷山或湖南、湖北等地茶叶后，由水陆两路运抵汉口，由汉水至襄阳，转唐河北上达赊旗店，再改陆路，由马匹驮运北上，过平顶山、洛阳，渡黄河，入山西，经晋城、长治、祁县，到太原、大同，再经张家口或归化（呼和浩特），用骆驼，穿越戈壁沙漠，运至库伦（乌兰巴托）、恰克图，与俄蒙商进行贸易。赊旗店正是这条"茶叶商路"上的一个重要中转站。于是，山西商人为了适应贸易的需要，首先在赊旗店创建了晋商会馆。由上可见，晋商会馆在各城镇商埠的建立，是经商活动的需要。

随着经商活动的扩展，会馆的建立又有所发展。据不完全统计，晋商除在京师设立了许多会馆外，又先后在天津、山东聊城、馆陶恩县、东阿、济南、上海、江苏扬州、江苏南京、江苏苏州、江苏盛泽大馆圩、江苏盛泽西肠圩、江苏镇江、湖北汉口、湖北锺祥、湖北当阳、湖北郧西、湖北随州、湖北江陵、湖北公安、湖北沙市、浙江杭州、河南淅川、河南舜阳、河南洛阳、河南开封、河南赊旗、广东佛山、广东广州、湖南长沙、湖南湘潭、广西南宁、青海西宁、新疆巴里坤、安徽芜湖、安徽涡阳、吉林、沈阳、重庆、四川成都、四川灌县、福建福州、内蒙古多伦诺尔等地设有会馆，清代晋商会馆几乎遍布全国各行省、商埠。

晋商会馆的发展，不仅表现在大量建立新会馆上，而且更表现在会馆宏伟的建筑规模上。如开封的山陕会馆，由清乾隆年间山西旅汴客商集资兴建。道光时，陕商加入，易名山陕会馆。1933年甘肃商加入，又易名山陕甘会馆。该会馆建筑巍峨壮丽，布局严谨、装饰华丽，尤以砖雕、石雕、木雕精美绝伦，堪称"三绝"。会馆前有雕砖砌成的照壁，上嵌"二龙戏珠"、"八仙过海"及人物、山水、花卉、鸟兽等大大小小透空砖雕图画，尤其一对小巧玲珑的算盘和账簿，显露出会馆浓郁的商业气氛。照壁两边有掖门，左右为钟鼓楼。顺甬道北向有牌楼，飞檐相错，斗拱互交。牌楼后有正殿、配殿，均用琉璃瓦覆盖，翠碧辉煌。殿楼内外浮雕、透雕，造型生动优美，堪称清代雕刻艺术精品。馆内关帝庙有关关羽的雕刻比比皆是，如钟楼上有"关公斩蔡阳"的木雕，牌楼有"关羽封金"、"脱离曹营"、"过五关斩六将"等雕刻。牌楼下部抱鼓石有"狄仁杰登山望母"、"薛仁贵汾河湾夫妻相会"等雕刻。山西商人把乡土题材融于建筑艺术之中，使人触景生情，亲切异常。洛阳的山陕会馆始建于康熙五十年（1711）前后，道光时曾修缮。殿宇房间计有"中正殿五间、关圣帝君拜殿五间、殿前牌坊一座，对面舞楼五间、照壁一座、东西门楼四间、配殿东西各三楹，官厅各三间，香火僧住屋四院，山门三间，修廊二十间"。整个建筑面积达1000余平方米。其建筑形式是以中轴线为基准，左右对称，布局严谨，层次分明。殿堂采取台阶式上升的整体建筑结构，为我国传统的宫殿式建筑，集建筑、雕刻、绘画、陶瓷工艺为一体。正殿为九脊单檐，采取半拱挑脊、檐牙高啄，钩心斗角、雕梁画栋、鸟莘翼飞，镇脊兽有飞龙、麒麟、虎、狮、怪兽、马、牛、羊、鸡、狗，造型逼真，栩栩如生。殿顶四角，塑有韩信、庞涓、子都、罗成四将，传说以其四将虎威，驱赶妖魔鬼怪。这些人兽花卉造型全为浮雕石刻，铺以绿釉筒瓦，涂以彩色绿釉，屋顶罩泥达尺余。最令人惊叹的是檐下木雕，亭台楼阁，禽兽花卉，龙凤呈祥，麒麟送子等，上百件木雕，各有特色，精细之极。琉璃照壁为会馆中一绝，洛阳人称其为九龙壁，实为一座多彩釉陶和雕砖相结合垒砌而成的群体造型。照壁主体高7米，宽13.2米，基座高5米，其中心为二龙戏珠，八仙卫护，整个照壁自上至下有各种形态的龙23条。基座上有精美砖雕13幅，有人物、花卉、禽兽。在会馆正中院内，屹立着一对雄伟的石狮，狮身高2.2米，基座1.2米，雄狮掌下玩一绣球，雌狮掌下抚一幼狮，二狮对视，引人入胜。基座四周，亦刻有各种动物，更烘托出狮是百兽之王，一呼百应，一行百从之威武神态。洛阳的潞泽会馆，为清乾隆九年（1744）山西潞安府（今长治）和泽州府（今晋城）商人捐资而建。其馆舍重楼飞檐，气势宏伟。院内两对石狮，姿态威武，栩栩如生。南阳地区赊旗镇的山陕会馆，始建于清乾隆二十一年（1756），会馆占地5467平方米。会馆在兴建过程中，"运巨材于楚北，访名匠于天下"，烧制琉璃瓦的瓷土，用骡马从山西驮来。整个建筑分前、中、后三个院落，位于中轴线上的建筑，有照壁、悬鉴楼、石碑坊、大拜殿；两侧有铁旗杆、石狮、辕门、马厩、钟楼鼓楼、厢房、药王殿、马王殿、配殿、道坊院等。最先看到的是最南端的琉璃照壁，门仿照北京九龙壁建造，高20米、宽13米，照壁全部用彩釉陶瓷砌成，远看色彩炫目，金翠垂辉，近看金龙吐珮，玉凤衔接，二龙戏珠，鱼跳龙门。上有金阙银鸾，下有琼花玉萼。正中横书"义冠古今"，光彩夺目。两侧对联"经壁辉煌媲美富，羹墙瞻仰对英灵"；"浩气已吞吴并魏，麻光常荫晋与秦"。与琉璃照壁浑然一体的会馆前院，竖有铁木旗杆各一，木旗杆毁于战火，石座尚存；铁杆旗凌空而起，高达25米，2.5万余公斤，上置铁铸仙鹤欲展翅高翔，下有巨龙盘绕，栩栩如生，两侧东西辕门，底层为出入会馆通道，上层有城垛建筑，可攻可守，带有城堡特色。从琉璃照壁北行，就是气势磅礴的悬鉴楼，也称戏楼，高30米，东西宽18米，分上、中、下三层，檐飞斗拱，层层叠叠，环楼上下都有石雕木刻，雕工精细，生动逼真，在雄伟中见玲珑剔透，给人以巧夺天工的感受。楼后面北是戏台，由三根大方石柱把巨大的三层戏楼凌空擎起。与悬鉴楼左右陪衬的建筑物是钟鼓二楼。钟楼在东侧，悬大钟一鼎，钟高约1.67米，重1000余公斤，鸣时十里有声，人称"聚将钟"，亦称金钟报晓。鼓楼在西侧，悬大鼓一面，相传大鼓一击，山摇地动，人称"助威鼓"，惜原鼓已失。钟鼓两楼皆是两层起架，八角腾空，各用16根木柱支撑，顶盖琉璃，闪闪发光。登高远眺，令人赏心悦目，流连忘返。沿悬鉴楼北行，跨过在殿前3米高月台上的三座石牌坊，便是大拜殿，此为会馆主体建筑，由大殿和拜殿两部分组成。殿高34米，东西宽23米，南北长40米，庄严华丽，富丽堂皇。殿内雕梁画栋，彩霞灿烂，30多块匾额金光闪闪，熠熠生辉，名人书法刻于壁间，争相媲美。堂殿檐下大型彩色木雕，展示了《西游记》、《封神演义》等历史故事和传说的图案，人物千姿百态，栩栩如生。殿门左右置有《十八学士朝瀛洲》、《渔樵耕读》两座巨型石雕，刻画得花果繁茂，亭台流水，学仕赶渡，渔樵忙碌，形态生动，神情逼真。大拜殿两侧各有一座配殿，东侧名药王殿，奉祀唐代医学家孙思邈；西侧为马王殿，反映了商人对交通运输的重视。大拜殿后为春秋楼，楼高36米，南北长39米，东西宽28米，巍然挺立，威武壮观，惜楼被战火焚毁。苏州的全晋会馆，始建于清乾隆四十一年（1776），进入前厅，两侧各有一座专为迎客奏乐而建的亭阁式吹鼓楼，楼内各塑六尊吹鼓手，各持乐器，似有阵阵鼓乐从楼中飘出回荡。明式戏台是会馆建筑精华所在，戏台高出地面两米许，三面临空，飞檐高翘，戏台顶部采用半球形内旋式穹隆顶，在米红色的底壁上有 324 只黑色蝙蝠和 306 朵金黄色云头圆雕，由下向上斜行成列，相依相绕 18 圈，最终汇集到顶部的紫铜镜上，其建筑不仅十分精美，还运用声学原理，起到了聚音作用。多伦诺尔位于内蒙古高原南端，今属锡林浩特市管辖，是内蒙古和河北、山西的交通要冲，也是旅蒙晋商活动较早的地方。这儿不仅是牧畜及野兽皮毛集散地，而且盛产木材、鱼、碱等。乾隆十年（1745），旅蒙晋商在此修建了山西会馆（原名关帝庙）。会馆总面积 5200 余平方米，院分三进，大殿 4 座，附跨殿 6 座，还有排楼、山门、配门、戏台、钟鼓楼、神象殿等建筑物共计 95 间房屋。正门俗称"过马殿"，两头石雕雄狮矗立，东西各配有碑房一间。穿过正门为大戏台，戏台前两根圆柱雕刻彩画奇丽。戏台对面为两座"过殿"，过殿两侧配有对称长廊。穿过过殿为正殿，内塑关羽手持胡须像，左周仓横刀，右关平持剑。会馆两侧分别有跨院三进，房舍供和尚居住。院内假山池沼，小榭凉亭掩映在花木丛中，两座钟鼓楼小巧玲珑，环境甚是幽静。（《晋商史料与研究》）

晋商会馆的发展，还表现在严格的管理制度上。在晋商会馆中大多有值年首人秉公办事，他们轮流换班，均须协力举善，勿得徇情。又设有司事、住持、夫役及香工等管理会馆事务。据《汉口山陕会馆志》载，会馆管理条规定有 13 条，其内容主要是：

（1）所有收支账簿、房屋、家具、菜园、地基、应用人役，总归值年经营差委。

（2）会馆宜保持清洁卫生，平素日期不准闲人入内游览。

（3）不准外帮借馆演戏，如有徇情私借情事，从重议罚。

（4）馆内灯彩家具一概不准出借，如违者议罚。

（5）晚间十点锁门，如遇宴会灯戏十二点为止，除水龙救患外不得任意启闭出入，如违者立驱出馆。

（6）会馆重地灯火最宜小心，嗣后我各帮字号如遇在馆做会演戏，客散戏终主人务将庙院戏台一应灯烛亲查熄灭始准回号以昭慎重，如违议罚。

（7）馆内不论粗细货物，概不准在内晾晒，以昭肃敬。

（8）本馆司事、住持人等内不准留客过宿，在外不准支取银钱货物，自议之后倘私留客宿私赊货物一经知觉，逐出会馆，决不宽贷。

（9）水龙有备无患，倘有不测，一时出馆夫役人等酒资一切照章施行。

（10）供奉香火、长年神灯，乃住持应办之事，俟后逐日长香，务要敬谨供奉，每逢会期奉香献酒，自必住持侍奉，年节三天，僧人间有贪闲假手他人，殊属不恭，自议之后，住持二人轮流执香在殿侍候，以昭诚敬。

（11）凡选用馆丁务要小心谨慎，能干办事者充之，不得轻举滥进。馆之内外门巷每日打扫洁净，馆之社产市屋务听值年者调拨，催取租息不致稍懈。馆内不许容留闲人饮酒戏耍，致生事端。馆外街巷不许收荒摆摊赌博。馆役不得徇情容隐不报。如敢不守馆规，徇私偷懒，即行斥革。

（12）大会值年，从前十帮轮流，每年二号会办。今增汇业，每年四号。以祀产渐增，馆务紊繁。每年以四月初八日揭清所存银两，一切祭器祭物文契公文下首务期明悉周详毋延。

（13）招僧住持原为供奉香火，每日长香神灯，务要敬谨供奉，殿宇香案每日打扫，会期朔望倍加诚敬洒扫洁净在殿伺候，以便士商恭谒，平日不得随便出外游玩。

二、晋商会馆的功能

1. 联络乡谊

晋商会馆的一些碑刻，记载有设立会馆之目的。如在北京的山西临襄会馆，康熙五十七年（1718）《修建临襄会馆碑记》称："会馆之立，所以联乡情，笃友谊也。朋友居五伦之一，四海之内，以义相投，皆为兄弟。然籍同里井者，其情较洽。籍同里井，而于他乡遇之则尤洽。"又在北京的山西浮山会馆《重修浮山会馆碑》载："建祠立馆，固由前人之缔造，而兴废补缺，尤赖后人之经营，天下事大抵然也。京师为人文荟萃之地，商贾辐辏之区，不设公所，则观光贸易者，行旅甫至，不免有宿栈假馆之繁，即仕宦坐商，欲会同而联乡谊，亦未免参商卯酉矣，此会馆之设所由来也。"又在北京的山西临汾会馆《重修临汾会馆碑记》载："北京为首善之区，商旅辐辏之地。会馆之设由来久矣。揆前人创造之初心，非仅为祀神宴会之所，实以敦睦谊，联感情，本互相而谋福利，法意良美，至是多也。"（《明清以来北京工商会馆碑刻选编》）可见，会馆是"联乡情于异地"、"叙桑梓之乐"的同乡人活动场所。

2. 会聚公议之地

会馆是明清晋商"叙语之地，正可坐论一堂以谋商业之公益"。在北京的临襄会馆碑记称："燕都自古即为天下重镇，迄元明清三代，继续为京师，四方人士皆归焉。而各省经商者亦皆荟萃于此，历年既久，遂各筹同乡会聚公议之地。"北京的《河东会馆碑记》

称："每公会,在京同人远近咸集,拜祷之余,继以燕会。"(《明清以来北京工商会馆碑刻选编》)会馆是异地同乡商人会聚公议之地,所议内容包括商务、行规、会馆事务、祭祀演戏等。

3. 维护同乡或同行商人的利益

如山西在北京建有河东烟行会馆,乾隆时,由于"易州烟庄牙侩为奸,行中不通交易者几乎经年"(《明清以来北京工商碑刻选编》),后来依靠会馆力量与牙行交涉"卒获胜利"。山西在北京营销桐油的商人,则通过会馆借官府之力限制了牙行的勒索,于是在山西颜料会馆立碑为记。洛阳的潞泽会馆《老数目志碑》,则记载了嘉庆十九年(1814)潞泽会馆以商团名义,向当地税收部门交涉减少梭布税收的事情,此案历时一年,潞泽商人胜诉。又有晋省商人在京开设纸张颜料、干果、烟行各号等,夙敦乡谊,共守成规。光绪八年(1882)十二月,有牙行六吉、六合、广豫三店,突兴讹赖之举,凡各行由津办买运京之货,每件欲打用银二钱。众行未依,伊即在宛平县将晋商纸行星记、洪吉、源吉、敬记四号先行控告。光绪九年(1883)四月,有晋商干果行之永顺义、颜料行之全升李、烟行之德泰厚等,在大兴县将牙行呈控。五月内,经大、宛两县会讯断结,谕令纸张众行等,各守旧章,并不准牙行妄生枝节,须颁发告示,各持为凭。凡我同人,无不实深感激。"自今以往,倘牙行再生事端,或崇文门税务另行讹诈,除私事不理外,凡涉同行公事,一行出首,众行俱宜帮助资力,不可藉端推诿,致失和气。使相友相助,不起半点之风波。同泽同胞,永固万年之生业。"(《明清以来北京工商碑刻选编》)可见,会馆在维护同乡或同行商人利益上,发挥了一定作用。

4. 会馆内设市

据《山右临襄会馆为油市成立始末缘由专事记载碑记》载："油市之设，创自前明。后于清康熙年间，移至临襄会馆，迄今已数百年。该馆极宽敞，可容数百人，最宜建为商市。然实因管理得人，苦心筹划，力为布置，用多数之金钱，成宽阔之地基，使同行无不称便，实为吾油市之幸。"（《明清以来北京工商碑刻选编》）日本学者仁井田陞在 1942 年曾向北京油酒醋酱业同业公会常务董事张攀曾（山西临汾人）做过采访，其有关油市记录摘抄如下：

问：会馆与油市关系?

答：会馆同时是油市场地。

问：油市开业时间?

答：新历双日上午 8—10 时。

问：卖何种油?

答：香油、花生油、豆油、麻油、芝麻酱。

问：货从何处来?

答：从山西来。芝麻则从安徽、山东、北京、湖北、奉天来。

问：油市肇始于何时?

答：康熙时。

由上可知，这种会馆内设油市的形式，一直从康熙时延续到 20世纪 40 年代。

5. 公议行规之地

会馆是公议行规监督执行场所。如河南舞阳北舞渡晋商杂货行于乾隆五十年（1785）公议杂货行规并在会馆立碑为记。兹将行规摘录部分如下：

买货不得论堆，必要逐宗过秤，违者罚银五十两。

不得合外分伙计，如违者罚银五十两。

不得沿路会客，如违者罚银五十两。

落下货本月内不得跌价，违者罚银五十两。

不得在门外拦路会客，任客投至，如违者罚银五十两。

不得假冒名姓留客，如违者罚银五十两。

结账不得私让分文，如违者罚银五十两。

不得在人家店内勾引客买货，如违者罚银五十两。

不得在栈房门口树立招牌，只写某店栈房，如违者罚银五十两。

每年正月十五日演戏各家俱有齐备，如有违者不许开行。

有新开行者，必先打出官银五十两到店吃饭，俱要饭钱。

大清乾隆五十年岁次乙巳九月十七日

阆镇杂货行　同立

又道光八年（1828）在北京的颜料会馆制定行规称："前因行中往来交易，秤砝之说，多有扰古。因此公立行秤四杆，俱以交准，彼时来置银砝。后来人心屡有不顾，因而公议，新置银砝四块，每块重五十两分，派四城公用。日后行中交易，银价俱以新置银公砝直兑，决无异说。今因行中前有旧规，相油一事议定。外来之油，诚献行庙香资钱三钱，以备神前供用。立规之后，大家悦均。近来，人心狡猾，广有买卖之油，不以实数报行。倘有无耻之辈，不遵行规，缺价少卖，隐藏篓数，异日诸号查出，甘心受罚，神前献戏一台，酒席全备，不得异说。如若不允，改以狡猾，自有合行公论。倘然稽查不出，愧心乱规，神灵监察不佑。警之，戒之。"

6. 祭祀神灵之地

在异地经商的同乡在精神上需要有神灵的保护，这也是他们建立会馆目的之一，因此在会馆内供奉他们所崇拜信仰的神灵，定期祭祀是会馆的重要活动内容之一。有许多会馆是在先建神灵庙殿基础上发展起来的。如在北京的山西颜料会馆最先为关圣、玄坛、财神、真武大帝、葛、梅二仙庙宇，后来扩展为会馆。洛阳的潞泽会馆，最初为关帝庙。南京的山西会馆，先是乾隆年间把颜料坊的"关帝庙"作为办公地址，后将附近民房购买予以扩大，最后成为山西会馆。晋商会馆祭祀之神灵，最普遍的是关羽，因关羽是山西人，以义行天下，最受乡人崇敬，成为晋商之精神偶像。河南舞阳北舞渡山西会馆有一块《创建戏楼碑记》说出了山西商人敬奉关羽的原因，原碑记称：

山左有孔子道德高于万山，世人重其文也，然有文以为之经，必有武以为之纬。惟我关羽生于山右，仕于汉朝，攻略盖天地，神武冠三军，尤可称秉烛达旦，大节垂于史册，洵足媲美孔子，躬当武夫子称，护国佑民，由中达外，至今普天有血气者，莫不尊亲，三晋商贾贸易□□□上者凤托神庇无往不利，思仰答于万一弗□祀像以表诚前（以下字不清）

雍正八年十月中浣

除关羽外，就是财神及行业诸神。下面是北京的临襄会馆祭祀条规：

正月初二日，祭财神。

三月十五日，恭祭玄坛圣诞。

五月十三日，恭祭关帝圣诞。

六月二十二日、二十三日恭祭马王圣诞、火帝圣诞。

七月初一日，恭祭酱祖、醋姑。

七月二十二日，恭祭财神圣诞。

八月十八日，恭祭酒仙圣诞。

九月十八日，恭祭财神。

十月一日，祭神。

每岁阴历年终除夕日，恭祭列位圣神

对于各位神祇殿宇，均修建得十分宏伟，并悬挂着有众商号送的牌匾和对联。下面是汉口山陕会馆中部分神殿对联：

关圣帝：麟经炳千秋浩气弥纶江汉仕商钦宝训
　　　　鹤楼高万尺名区辉映晋秦桑梓肃明禋

魁星楼：东郊紫气冲霄汉
　　　　北阙文光射斗牛

财神殿：开财之源节财之流悉赖神功为主宰
　　　　爵以驭贵禄以驭富多由明德荐馨香

天后宫：圣德齐天颂来玉筒金函功操海宇
　　　　母仪称后睹此波恬浪静福惠苍生

七圣殿：沐麽麻异域皆歌仁且寿
　　　　隆祭典乡关永笃晋与秦

文昌殿：一十七世现身说法统智愚贤否悉皈化育
　　　　万千百年司録兴文普山陬海澨咸沐灵光

吕祖阁：点石得先生黄金佈地
　　　　飞身来上界宝剑横秋

泰山庙：体大物博祖阳气之发东方

云行雨施不崇朝而遍天下

地藏庵：锡杖用当年地狱内超升不少

金仙成此日藏府中显应无边

7. 聚酬演戏及各种庆典活动的场所

晋商会馆作为同乡人的组织，凡逢年过节时，同乡人常常在会馆欢聚一堂，聚酬演戏。有时在商业活动取得重大胜利时，也举办酬神和演戏的活动。凡山西会馆多建有戏台，汉口山陕会馆内就建有正殿、财神殿、七圣殿、文昌殿等四座戏台，河南洛阳的山陕会馆戏台建于清乾隆年间，戏台高 2.5 米，下面两侧为出入通道，屋顶为双层歇山斗拱，台宽 15 米，深 6 米，戏剧广场宽 20 米，长 35 米，可容数千人台下看戏。每逢节日喜庆，会馆礼聘山西梆子戏班来此演戏，锣鼓齐鸣，招来众多观众免费看戏。河南南阳赊旗山陕会馆，悬鉴楼戏台极为壮观。明末清初大书法家傅山手书"悬鉴楼"匾额挂在戏台正中，戏台分三层（是除北京皇宫畅音阁、颐和园、德和阁之外的国内唯一三层戏台），台高约 1.7 米，宽 12 米，中间有石柱支撑，台顶有双层四座大出檐。后翘屋角的单檐歇山式屋顶，最高处有 25 米，相当于今日的 8 层楼高。中间广场可容千人观剧，两侧厢楼以木柱隔成 50 间厢房，设有 500 个席位。整个戏台雄伟宏大，前后营建自嘉庆元年（1796）到道光元年（1821），用了 25 年的时间。日本学者仁陞田升在 20 世纪 40 年代曾对北京工商会馆进行调查，其所著《北京工商行会》中记述了山西临襄会馆三月十五日油盐合行春季聚酬演戏节目单，兹抄录如下：

剧目		演员	
天官赐福	全班合演		
渭水河			
日良关	方荣翔	董富连 孟昭元 李启贵	
双怕婆	冯玉仙	李益善 商四亮	
花蝴蝶	王少琴	吴德贵 范斌泉 张金元	全武行
滑油山	王盛茹 程天佑	王长寿 田长福	
打花鼓	刘玉荣	李益善 商四亮	
坐楼杀惜	郭少衡 董兰亭	吕长福 李文村	
辕门斩子	李慧芬	刘俊峰 张洪祥 张奎斌	
铁公鸡	姜铁麟	罗斌 于义亭	全武行

由早十钟开戏至下午七钟止戏

8. 帮助同乡的慈善机构

山西人在外经商者多，昔时交通落后，邮递不畅，在外闯荡，并不一定都能达到预想的彼岸，因各种灾难而在异地客死者不少，会馆则"专寄同乡、同业旅榇，不取寄资，俟购得冢地，再行代为掩埋，以成其善"，"以慰行旅，以安仕客"。一旦旅外之人，"横遭飞灾，同行相助，知单传到，即刻亲来，各怀公愤相救，虽冒危险不辞，始全行友解患扶危之谊"。每当乡人在外发生"疾病疴痒"，会馆便"相倾体恤"，提供钱财、药物。对年老失去工作能力者予以救济，对穷儒寒士也提供方便。同时，晋商会馆均购有义园（又称义地），以为同乡安置施榇。据北京《临襄会馆财神庵三公地重修建筑落成记》载："会馆义园置产地之建设，因之以起。意至美，法至善也。"此处即为乡人"停柩厝棺之所"。

三、晋商会馆的性质与价值

首先，晋商会馆是在异地晋籍商人的社会组织。晋商会馆均是由在异地的晋籍商人共议后自筹经费所建立。如在北京的山西盂县会馆，是该县经营氆氇商人共议建立的组织。氆氇是藏族民间手工制作的一种羊毛织品，可做衣服、坐垫、挂毡、地毡之类。又经同仁共议，定出兴建会馆集资办法，即每售一匹氆氇交一锭银子，经过9年的积累，到嘉庆二年（1797），终于购置一处民房，经修葺，成为最初的盂县会馆。汉口的山陕会馆，最初为关帝庙，始于顺治年间。康熙二十二年（1685），又在关帝庙的基础上正式创立了山陕会馆。咸丰时因遭兵燹毁坏，同治九年（1870）重修。我们从这次重修费用的筹集，可知会馆的建立完全是商人自行组合。据该会馆志载，修建费用经大众议定，两省字号在汉口作贸易者及过往之货物，均按货平允抽资，具体规定是：

水烟每箱抽厘4分，过载2分。

红花每包抽厘3钱，过载减半。

棉花每包抽厘5分，过载减半。

川丝每包抽厘4钱，过载减半。

白蜡每支抽厘3钱，过载减半。

杂货每价1两抽厘3厘，过载减半。

药材每价1两抽厘3厘，过载减半。

木菜茶桐油每价1两抽厘3厘，过载减半。

各货未经载明者每价1两抽厘3厘，过载减半。

陆陈每价1两抽厘3厘，过载减半。

汇兑银票不论收缴何庄出得汇费每千两抽厘2钱。

放银账者每千两挨期抽厘1两活期抽银2两。

红茶每箱抽捐5分。

三九砖茶每箱抽捐1分8厘。

三六砖茶每箱抽捐1分2厘。

二七砖茶每箱抽捐1分2厘。

半斤砖茶每箱抽捐1分2厘。

贡尖茶每包抽捐2分5厘。

千两茶每卷抽捐1分2厘。

百两茶每包抽捐1分2厘。

半斤贡尖茶每包抽捐1分2厘。

合茶每串抽捐2厘2毫。

皮包茶每包抽捐2分2厘。

洋庄茶每大箱抽捐5分，小箱抽捐3分。

以上集资，经25年共达27万余两，使修缮工程终于在光绪二十一年（1895）竣工。

其次，会馆的建立必须向官府申请立案，表现了会馆对封建政府的依附性。

再次，如前所述，由于会馆参与地方社会事务的管理，表现了商人与官府的相互依存关系。

复次，政府对会馆纠纷予以调解，如承认会馆财产等，以维护会馆利益。

由上可见，晋商会馆是在中国传统社会变迁中，既保存旧的传统，又容纳社会变迁，含有行业性质的封建商人社会组织。

晋商会馆的社会价值，可以归纳为如下两点。

第一，体现与传播了地域文化。晋商会馆的建立，使三晋地域文化得以与别的地域文化进行交流，产生一种新的地域文化。例如，琉璃瓦是山西的传统产品，在山西的一些庙宇建筑物中经常使用这种琉璃瓦，形成独特的建筑风格，而在河南的山陕会馆建筑物正殿、配殿中均使用这种琉璃瓦来覆盖屋顶，使这一会馆的建筑同时具有晋豫风格。又如，在晋商会馆中多建有戏台，逢时过节均要在此演出晋商的家乡戏剧，这种活动不仅对当地戏剧文化产生一定影响，而且使山西戏剧得以吸取异地戏剧文化，这种交流促进了两地戏剧文化的发展。再如，晋商会馆均崇奉和祭祀关羽，在晋商会馆的影响下，其他省的会馆也逐渐崇奉关羽，从而推动了关公文化的发展。复如，山西盛产汾酒，其制作技术好，历史悠久，汾酒是晋商会馆中聚餐宴席美酒，汾酒的制作技术也随之传到异地，在山东、甘肃、东北等地，多有晋人仿汾酒用高粱、豆、米为原料制酒，称之谓烧锅。西宁府以青稞酿造之烧酒，即山西商人传以山西杏花村汾酒酿造技术所制，致该地烧酒远近闻名。新疆代酒，也是山西客商传制作技术后所酿，清人祁韵士有诗赞代酒云："梨花淡白入杯香，十字帘前下马尝；轰饮不妨争姆战，岂知清绝绍兴良。"著名的贵州茅台酒，据说也是"清朝山西人经商于茅台镇，依汾酒制法而兴"（《祖国的贵州》，贵州人民出版社）。可见，由于晋商及晋商会馆在异地对山西制酒技术的传播，产生了一种新的酒文化。

第二，会馆推动了商人在彼此交流中走向融合。如山西商人与陕西商人，他们共同在各商埠建立了许多山陕会馆，形成了山陕商联盟，被人们统称"西商"。有时还有别的地方商人加入山陕联盟，如开封的山陕会馆，在光绪年间又有甘肃商人加入，最后形成山陕甘会馆。在四川灌县，先后有山陕、湖广、广东、四川、贵州、江西、福建等七座会馆，这些会馆之间经常进行交流、协调，在一些活动中配合行动，人们便把上述会馆统称"七省会馆"。重庆的八省会馆，有山西、陕西、广东、浙江、福建、湖广、江西、江南等，后来八省会馆共举年首，协调八省会馆之间的关系，并订立了协议，其内容主要是：①共同确定与修改帮规；②各帮新提议，须经八省年首同意；③帮会内发生争执，应由各省会馆内年首协调解决。可见，会馆在某种程度上促使各帮商人在彼此交流中走向融合。

由上可见，晋商以其经营智慧，创建各种商人会馆，是有识之举。在当时不仅发挥了会馆的特殊作用，而且对后期商会的建立有一定的启示意义。

晋商与政界

一、影响政府政策的制定

　　商人以盈利为目的，但政府制定和实施的政策，对商人的经营活动有着很大影响。因此，商人极力想以其财力通过结营仕宦或代理人（亲属、乡亲、观点一致的官吏）影响政府政策的制定。明中叶，晋商推动明政府与蒙古贵族议和开马市，就是一个比较典型的事例。蒙古地区是单一的游牧区，非常需要中原的粮食、绸布、铁锅、药材、茶叶等商品。但蒙明处于敌对状态，明政府对蒙古出于防范需要，限制中原的商品流入蒙境。自然，蒙古所产的牛羊及畜产品也难以流入中原，即便有时进行贸易也是朝贡式贸易，远远不能满足蒙古对中原物资的需要。因此，蒙古贵族统治者常常率军入关攻击明军，掠夺财物，这样明蒙双方就长期处于战争状态。隆庆四年（1570），蒙古首领俺答的孙子把那汉吉因女性问题与俺答发生矛盾，把那汉吉盛怒之下出走而投降明朝，因此引发了在处理把那汉吉问题上的朝政之争。饶仁侃、武尚贤、叶梦熊、赵贞吉等大臣主张采取强硬军事手段；王崇古、张四维、张居正等大臣主张议和开马市。宣大总督王崇古是议和的主要推动者，所以《明史》载："贡市之议崇古独成之。"王崇古的外甥吏部尚书张四维也是议和的积极推动者。张四维为了实现议和及开马市，曾设法联络内阁大臣高拱。《明史》载："俺答封贡议起，朝右持不决。四维为交关於拱，款事遂成。"由此可见，张四维推动高拱，形成张、高的联合行动。王崇古与张居正之间谈议和的书简也很多。这样，王崇古、张四维的"议和"说就得到了身居中央要职的内阁大臣高拱、张居正的强有力支持。到隆庆五年（1571）三月，议和派终于占了上风。明朝政府决定与蒙古议和，封俺答为顺义王，允许与蒙古通商贸易，即每年一次在大同、宣府、山西（偏关）三镇的长城以外开设马市（后来发展到在陕西、宁夏二镇也开马市，每月一次在长城的各关口也开设小市场）。其交易商品，除布帛、菽粟、皮货外，还有服装、针、线等杂货。隆庆五年（1571）四月，发生了御史郜永春弹劾王崇古、张四维之事。这一弹劾虽不直接涉及隆庆议和问题，但从弹劾时间来看，是对议和派的不满，涉及朝中权力之争。之后，兵部尚书郭乾辞职，次年五月首辅李春芳辞职。接着，高拱、张居正先后出任首辅，与王崇古、张四维有姻戚关系的杨博出任吏部尚书，反对议和的户部尚书张守直辞职，由山西籍官僚王国光就任户部尚书。可见，围绕议和问题在朝中出现的权位之争，以议和派占据上风而告一段落。当然，王崇古、张四维等在议和开马市问题上发挥了重要作用。但更应该看到，推动这一政策甚至影响朝中权位之争的背后，还有着以晋商为代表的商人的推动与影响。对此，我们从王崇古、张四维的家世及其言行中即可看出来。王、张均为山西商人家族，王崇古之父王瑶、伯父王现、长兄王崇义、从弟王崇勋、舅父沈廷珍、姐夫沈江等都是商人。张四维之母是王崇古的二姐，张四维的父亲张允龄、叔父张遐龄、弟张四教、岳父王恩、妻兄王海等也是山西商人。王氏、张氏均为大商，主要在沿边进行粮食、绸布、盐业等贸易，扩大与蒙古地区的贸易，将会给他们带来巨额

/ 晋商与政界

商业利润。因此,他们通过在朝中做官的亲人,影响朝中政策的制定,最终达到了明蒙议和与开马市的结果。正如王崇古在上疏中所说:"先帝既诛仇鸾,制复言开市者斩。边臣何敢故违禁旨,自陷重辟。但敌势既异昔强,我兵亦非昔怯,不当援以为例。夫先帝禁开马市,未禁北敌之纳款。今敌求贡市,不过如辽东、开原、广宁之规。商人自以有无贸易,非请复开马市也。"(《明史》卷222)在隆庆议和与开马市问题上,从上述奏疏中,看到了商人的影子,是晋商暗中通过朝中官僚影响了朝政的决策。

又如,明末,东林党人主张罢税、严惩税棍、革除积弊、兴工商业等。在东林党中有不少人是商人家庭出身,从其籍贯来看,山陕籍有51人,占东林党人的17%。而明清时代大商人多山陕籍人,故东林党的政治主张受到了商人的影响。当东林党人遭到阉党迫害时,商人对东林党人相当同情。天启六年(1626)三月十五日锦衣千户张应龙率缇骑到苏州逮捕东林党首领周顺昌时,在苏州的山西绛州籍大商人张国纪等"倡诸贾,欲缮贿缇骑,毋为忠介苦"(乾隆《绛州志》卷11《人物》)。也就是说,山西商人张国纪曾联络众商人,准备贿赂缇骑,以免周顺昌受苦。不难看出,商人对东林党人的同情与支持,表明了东林党人的政治主张反映着商人的利益。

二、支持政府的政治、军事活动及财政

政府的政治、军事活动,得到商人在财力上的支持,这在历史上屡见不鲜,而明清晋商在这方面的事例很多,有时发挥的影响也比较大。例如,清入关前,一些晋商即以张家口为基地,往返关内外,从事贩卖活动,同时为满族政权输送物资,甚至有传递文书的活动。据《清实录》载,天启三年(1618)时,有山东、山西、河

东、河西、苏州等处在抚顺贸易者十六人。清入关初，军费支出猛增，军饷筹措十分困难。清廷都察院参政祖可法、张存仁曾建言："山东乃粮运之道，山西乃商贾之途，急宜招抚，若二省兵民归我版图，则财赋有出，国用不匮矣。"（《清世宗实录》卷511）清朝在统一全国过程中及历朝大规模的军事活动中，大多得到过包括晋商在内的商人的财力支持。例如，康熙时，清政府在平定准噶尔部骚乱时，曾有晋商随军进行贸易。他们跟随清军深入到蒙古草原各地，贩运军粮、军马等军需物资。他们在清军的军事行动中为清军保证了后勤物资，同时还开展了与蒙古牧民的贸易活动。在这一活动中最著名的是山西介休富商范氏。战争中粮饷供给最关紧要，在向清军运送军粮中，由范毓馪任总办，弟弟毓馪任督运。康熙三十五年（1696）征讨噶尔丹时，马思喀大将军所率清兵只带有七日口粮，在昭莫多战役中，尽管清军取得胜利，但清军中仍有饿死的士兵，以致由于粮饷供给困难，无法继续深入追击噶尔丹军。当时，由政府官吏运粮不仅迟误，而且耗费过大，运一石米需银一百二十两。显然这是官吏经手舞弊侵蚀所致。后来，经过范毓馪的筹划核计，认为只需"三分一足矣"，于是范氏"遂以家财运饷万石"，"军费一如所计，刻期无后者"。当时范氏的运粮队是"出长城，逾瀚海"，"几千里大抵皆碛卤林莽，复绝人迹。而所谓瀚海者，积砂为海，绵亘千里，人乏为水，马绝刍牧，因而渴死半道者，枕尸相属也。又积雪苦寒，堕人肌骨"（乾隆《介休县志》卷12《艺文》）。在这样的艰险行程中，没有很严密的组织纪律和安排是难以完成任务的。当时范氏将粮饷运至军前，"三军腾呼"。雍正年间，清政府征讨准噶尔部噶尔丹策零继续用兵西北，范氏又以运粮卓有成绩，受到奖赏。后来，由管理户部事务的怡亲王允祥推荐，范氏又承担了北路军粮的运输任务。"计谷多寡，道路远近，以次受值"。据记载，范氏先后为清政府运送军粮百余万石，出私财支援军饷，为清政府节省费用600万两。又如同治时，左宗棠用兵新疆，山西票号先后借饷银863万两，支持了左的军事行动。

捐输在清代很多，当然其中有摊派成分。但无论如何，这种捐输对于缓解清政府的财政紧张，维持其统治起到了"输氧"作用。清政府捐输的名堂很多，数量也很大，因为山西商人富名在外，所以山西是全国捐输最多的一个省。如乾隆二十四年（1759），伊犁屯田，山西盐商等捐输银20万两，以备屯饷；乾隆三十八年（1773）金川用兵，太原等府州捐输运本银110万两；乾隆五十七年（1792）后藏用兵，山西盐商等捐输银50万两；嘉庆年间川楚用兵，山西盐商等捐输银100万两；嘉庆五年（1800）山西捐输银一百四五十万两。《清仁宗实录》卷11载：嘉庆时"晋省摊捐款项繁多……统计每年摊捐银八万二千多两。"咸丰初，管理户部事务祁隽藻上奏称："自咸丰二年二月起，截止三年正月止，绅商士民捐输银数，则山西、陕西、四川三省最多。山西共计捐银一百五十九万九千三百余两。"（《军机处录副》）山西商民捐银占全国捐银的37%，为全国捐输之首。同治三年（1864），又因新疆用兵，筹饷银，解运难，山陕商人又在新疆地方兑充大量军饷。清人徐继畬说："晋省前后捐输五六次，数逾千万。"（《松龛全集》卷3）

给政府垫借款，这是晋商缓解当局财政困难的又一方面。大体上从同治年开始，各省及税关应解京协饷，往往因款项不备，常由山西票号借支垫汇。如粤海关同治三年（1864）、四年（1865）上解京饷不备，在这两年中，分别由山西票号垫借总额的18%和27%。同治五年（1866），广东省财政拮据，由山西票号借垫汇解京饷15

万两，占该省应汇解京饷的 21%。光绪二十年（1894），清户部因财政拮据，分别向京都、汉口、广东的山西票号借银 124 万两。"庚子事变"，慈禧太后挟光绪帝逃出北京，在外逃期间，开支费用一时无有着落，相当困难，又由山西票号借给清廷银 40 万两，帮助清廷渡过了难关。

此外，生息银两是政府依靠商人解决财政困难的又一方式。所谓生息银两，是指政府将公款交给商人而获取利息，到一定时候再收回本金的一种放贷行为。晋商是清政府交存生息银两的主要对象。如乾隆二十一年（1756），山西当局将司库存闲款银 8 万两，交商以 1 分生息，五六年后，除归新旧帑本外，可存息本银 7 万余两，每年生息 8600 余两，足敷通省惠兵之用。

三、结托政府官吏

晋商在结交政府官吏方面颇有独到之处。其手法，一种是帮助穷儒寒士入都应试，直到走马上任。对于有希望科中之省试和入都应试者，其沿途川资，可由山西票号汇兑，川资不足，可由票号借款。对于有衔无职的官员，如果有相当希望、靠得住的人，票号也予以垫款，代他运动官职。既放外官，而无旅费赴任者，票号也可先行垫支。如道光二十四年（1844）蔚泰厚票号苏州分号致京都分号信称："又复开去王家言老爷三代单一纸，恐前信迟延，耽误伊功名大事。""今封去黄国校、朱锦文二位捐从九品职三代各一纸，查收递捐"。"今封去周学浩兄，由俊秀捐从九职，黄伟、司霭云二位由俊秀捐监生履历各一纸，查收递捐"。蔚泰厚京都分号复苏州分号信称："所有李北春兄等之功名，均已递捐，伊用过咱平足银一百四十七两零八分，黄伟、司霭云二位各用银一百四十五两零八分，周学浩、郑锡周二位各用银一百一十八两四钱。"（《山西票号资料集·书简篇》）票号替上述索取功名或官职之人垫付活动银两，乃是一种放长线钓大鱼办法，以后这些人一旦得志，对于票号所经营业务定能予以关照。二是代办捐纳和印结。咸丰时，清政府为筹措经费，大开捐纳，按虚实官衔等级定价，输银加封。"文官可至道台，武职可待为游击，京堂二品，鬻实官并卖虚衔，加花翎而宽封典。票庄乘机居间揽办，得利优于其他汇款"。已捐虚衔者，为了取得实职，还要靠票号为其打听消息，如某地官位有缺，如何运动，打通关节。已放实官者，为了取得更高一级的职务，亦请票号代办"印结"。所谓印结，实际就是一种签有印鉴的证明文书。票号上结尚书、郎中，下交门房、库兵，手续娴熟，能够办通捐纳。票号平时自亲兵至郎中，分别等级行贿，逢年过节必赠款送礼，腊月二十到除夕，每日两三辆轿车专门拉包送礼，自管事至老妈子，都有名单，按名赠送。对王公大臣，均在"相公"处殷勤接待。所谓相公地方，乃是布置精致、雅静，招待周到之处。因为王公大臣绝对不到妓馆等下流交际场所，因为这些地方高位者不敢涉足，所以就有了"相公"地方。当由票号打通关节取得实职后，这些人自然感激票号，于是个人存款、贿赂横财尽存票号，公款业务也照顾票号。票号对这些人的存款也代守秘密，一旦遇到查抄处分，票号均予保护，或转汇原籍支取。这样，官僚在票号的支持下，得到高官厚禄，票号则在官僚的庇护下得到了存款汇兑公私款项便利，扩大了营运资本，并得到了官僚的政治保护。三是加强与达官贵人的勾结。山西票号为了发展业务，又进一步加深与达官贵人的勾结。如大德通票号与曾任山西、四川巡抚的赵尔丰，九门提督马玉琨，山西巡抚岑春煊、丁宝铨都有密切往来。两湖总督端方曾在大德恒财东祁县乔家居住。

大德通票号经理高钰与赵尔丰关系甚密，赵调遣，高则随往。合盛元票号汉口经理史锦刚是两湖总督瑞澂的干儿子，总督府差役称史为"三少"，不敢直呼其名。张之洞任两广总督时，百川通广州分庄经理邢象宾是张府常客。袁世凯为了巴结北洋大臣李鸿章，在三晋源票号经理的精心安排下，使袁在票号账房得以拜见李鸿章。同治年间，左宗棠收降董福祥，对董的军饷调拨需有人经办，遂与蔚丰厚票号商议，由蔚丰厚派人在迪化设立分号，经汇和收存董福祥军饷。以上可见，票号与高级官吏形成了朋比为奸、互为利用的关系。

四、投之以桃，报之以李

晋商在财力上、物力上支持政府的政治、军事活动，又千方百计结交官吏，也就收到了"投之以桃，报之以李"的效果。其一是获取官衔，尽管大多是虚衔，但满足了抬高社会地位和名誉的愿望。如山西介休富商范氏，不仅当上了皇商，而且多人被清政府关照出任官职。据统计，范氏毓字辈和清字辈有20人出任官职。山西各票号财东、经理因捐输也被授予官衔。如日升昌财东李箴视议叙知府衔，介休县谦盛亨票号财东冀以和议叙知府衔并加一级，元丰玖票号财东孙郅报复郎中，蔚泰厚经理毛鸿翙赏给守御所千总衔等。其二是为其子弟争得了特权。如在山西运城一直开办有盐商子弟学校——运学。在扬州获得了商籍，使其子弟得以参加科举考试。美籍华人学者余英时在《中国近世宗教伦理与商人精神》一文中指出："明代扬州商籍有山西而无安徽，这便是政府优待山西商人而歧视徽商的明证。甚至在清代早期，山西商人在政治方面所取得的优势也依然没有动摇。"其三是承揽了大量代清朝政府浮存和汇解饷银的业务。如平遥协同庆票号北京分号张治达，善于酬酢，结识满汉大员很多。一次见旗人穆氏面有忧色，从二人闲谈中得知穆要活动福建将军一职，短缺活动银 6 万两，张答应穆氏由协同庆借支，穆氏非常高兴。不久，穆氏果然被任命为福建将军。穆到任后即向当地官员宣称："平遥协同庆资本雄厚，信用昭著，以后公私款项尽存该号。"穆又提出要拨 50 万银两交张治达，请他独立办票号。张氏不愿背离协同庆，便劝穆氏把 50 万两白银浮存协同庆。穆氏依言，全部存入协同庆。协同庆在穆氏身上完全收到了"投之以桃，报之以李"的效果。此外，山西票号承揽汇解京协饷数额也很大，如同治六年（1872）汇解银 455 万两，同治十一年（1872）汇解银 301 万两，光绪三年（1877）汇解银 292 万两，光绪十七年（1891）汇解银 533 万两，光绪三十二年（1906）汇解银 2256 万两，宣统三年（1911）汇解银 533 万两。山西票号汇解公款动辄数百万两到 2000 多万两，山西票号自然从中获得了大量利益。

具有商业烙印的晋商家族

一、晋商家族的几个特征

家庭是社会的基本细胞，也是社会的最基本经济单位。家族是指血缘关系明确，存在经济联系并通常同居一地的父系组织。晋商之家族不同于一般官绅家族，它是具有商业烙印特征的中国传统文化家族。

1. 重视家规与家风

在晋商大家族中，有些家族兴盛时间较长，子弟有前途者多，而有些家族则衰败得快，其中有一个重要原因，就是前者重视家规家风，后者家规弛、家风差，败家子弟也多。如祁县乔氏，其始祖乔贵发与秦姓在包头经商发迹后，秦某是在原籍筑房置地，过起财主生活，结果坐吃山空。加之秦氏子弟吃喝嫖赌，挥霍浪费，入不敷出，逐渐从包头商号内抽股出去，又全部花光，秦家抽出的股全由乔家补进，最后乔秦二家的复盛公十四个财股中只有秦家一厘二毫五。再说乔家发迹后，开始只是在旧院里盖了个像样的四合院。乔家创始人乔贵发深知，买卖有赚就有赔，既要赚得起也要赔得起，才能立于不败之地。在买卖兴隆时，便把赚下的银子积存起来，以备不测。他教导子女，要勤俭持家，绝不能奢侈浪费。到第三代乔致庸时代，乔家又制定了家规家法，约束子弟。其家规主要是：一不准纳妾；二不准虐仆；三不准嫖娼；四不准吸毒；五不准赌博；六不准酗酒。由于家教严，乔氏子弟基本上都遵照执行了上述条款。

在封建社会，豪门富贾大都是三妻四妾，大小老婆成群。然而乔家无一纳妾者。乔致庸一生娶了六房女人，全是续弦。第五代映字辈，乔映霞先后续弦杨、刘氏，与刘氏离婚后，一直未娶。乔映霄娶妻马氏，夫妻感情笃深，后马氏被匪徒绑票，营救不及，惨遭毒手，映霄终生未娶。乔映奎妻子只生有女无男，当时社会是男权至上，还有"不孝有三，无后为大"的封建礼法，按乔映奎的身份，讨个姨太太接续香火是顺理成章之事，但慑于家规，映奎未敢如此，只能过继侄子为自己顶门立户。

对待仆人，乔家也有独到之处。乔家对待仆人很宽容，不仅保证佣人吃得饱、穿得暖，还注意尊重佣人的人格。乔家用女仆只用老妈子（已婚妇女），不用小丫鬟（未婚少女）。给仆人的工资较优厚，逢年过节另有赏赐，把面、肉、柴、煤等按时发送到各佣人家中。对年老在家中服务多年的佣人则养起来，愿回家的每年发给一定数额的津贴，维持其生活。佣人偶有小的过失，也不恶语相侵，更不打骂虐待。佣人家如有天灾人祸，均热情相帮。因此，这些佣人多能对主人尽心尽力。有的佣人还代主人受刑蹲监。如光绪二十七年（1901）天旱无雨，由于邻村张庄与乔家堡共用一个渠引水灌溉，因用水先后次序发生矛盾，引发了两村人大规模的械斗。乔映霞时正年轻好胜，提了一支毛瑟枪出来为本村人助威，他本想摆摆威风吓唬一下张庄人，不想枪法不精，当场竟使一人重伤毙命。县官闻报，认为是巴结乔氏之机会，径奔乔府谒见。县官此举惹恼了张庄村民，认为县官偏袒，纠合群众，直奔乔府，县官自知理缺，怕激起民变，赶快乘轿而走，群众投石块砸县官之轿，县官仓皇回衙，无法向乔家讨好，只好照章办事，拘传凶手。杀人偿命乃天经地义之事，正当乔氏一家人急得团团转时，有一仆挺身而出，说："主人待吾等不薄，今日，主人有难岂能坐视，打架时吾也在场，就说人是俺打死，官司我去打，人命我去偿，也算跟主人一场。"乔映霞一听，有人愿代主受刑，急忙率晚辈下跪，说道："平日没看错你，真是好样儿的。你既有此心，就有劳你了。衙门上下我们花钱打点，保你受不了苦，尽量买个监候就好办了。设若不行，身后事自要妥帖安排，请你放心。"就这样，此仆果然代主服刑，乔氏对其家百般照顾，盖了一宅院，买了几十亩地。过了几年，恰遇光绪帝、慈禧后驾崩，大赦天下，此仆竟由死刑减等，最后被保释出狱。

乔家子弟对于家规基本能够执行，但在后期也有个别例外未能执行的。例如在不准吸毒上，就有个别子弟未能做到。映字辈乔映南，生性聪颖，文学修养较深，可惜娶妻太谷曹氏是个大烟鬼，耳濡目染，致映南也染上了吸毒。曹氏去世后，续弦太谷张氏，也是个烟鬼，致映南子女也染上了吸毒恶习，六位女儿中四个吸毒，独子仅活十九岁。乔家析产后，映南因吸毒破落潦倒，变卖家产，终至不支，于1939年去世。不过，总的来说，乔氏子弟均能恪守祖训，因而其后裔有成就者多。据了解，映字辈以下的人字辈二十人中，有大学生十二名，其中双博士一人、硕士三人，有两人留学美国，其余亦是中学毕业。他们并没有躺在祖宗基业上成为纨绔子弟，而是靠着自身的奋勉，各自开辟自己的事业与前途，且恪守祖训，无一人涉足政界，大多在金融界、教育界、科技界工作。从居住地看，他们大多住在北京、上海及昆明等地，少数在辽宁、海口等地。

2. 学而优则商

晋商家族有重学的一面，但他们具有以学保商、"学而优则商"的特点。如榆次车辋富商常氏，他们尊师重教，为子弟提供了优越的学习条件，但其目的不是"学而优则仕"，而是为常氏经商活动培养人才。九世常万玘、常万达兄弟在就学时，学习成绩优良，但学成之后未去参加科考，而是随父亲常威到张家口经商。由于常氏兄弟有文化，经商多谋略，后来常万玘创立"十大德"商号，常万达创立"十大玉"商号，成为晋商中的一支劲旅。他俩的堂兄弟常万育，读书"用力甚勤，人皆许其能远，母独命学陶朱术"，他经商二十年，很有成就。即使已取得功名的常氏子弟，仍以经商为荣。十二世常麒麟，已选拔贡，需赴京入国子监，但他弃儒为商。其子常继丰，少年就学时，辞章粹美，但他考入国子监，后又实授"游击"之后，仍然弃官经商。常氏子弟恪守"吾家世资商业为生计"的祖训，坚持以学保商，对商业的发展起了积极的作用。总的来看，晋商家族虽然重商，但也不是不重学，他们是商学结合，学中有商，商中有学，因而商人中不乏有学问之士。就连举人出身、任教二十余年、自命不凡的刘大鹏也承认："余于近日（在）晋接（触）周旋了几个商人，胜余十倍，如所谓鱼盐中有大隐，货殖内有高贤，信非虚也。自今以后，愈不敢轻视天下人矣。"（《退想斋日记》）

3. 为家族买官鬻爵提高社会地位

据山西巡抚哈芬、恒春、王庆云等奏折不完全统计，日升昌、元丰玖、志成信、协同庆、协和信、蔚泰厚等票号的财东和主要经理人员，都捐纳银两，买有各级职衔。据清档记载，太谷志成信票号财东贠亿，议叙员外郎、监生，着实赏给举人，仍留员外郎衔，并赏戴花翎；貟不铺议叙守备职衔，着注守备衔，作为贡生，以道员分发陕西分缺先补用，并赏戴花翎。太谷锦生润票号财东曹培滋，着以郎中不论单双月选用，并赏戴花翎。平遥日升昌票号财东李箴视，不仅自捐官衔，还给已死去的父亲、祖父、曾祖父捐衔，其兄弟七人及下一辈男子十二人均捐有文武头衔，李家的妇女均受封为宜人、夫人。平遥蔚字号首任经理毛鸿翙，从其父亲到玄孙五代三十一名男子均捐官"将军"、"大夫"，花翎顶戴，女子亦都为"夫人"、"恭人"。三晋源、百川通、长盛川票号财东祁县渠家：渠同海受武德骑尉守备衔、守御所"千总"；其子渠应璜，受朝议大夫、盐运使运同、直隶州州同；其孙渠长赢，受朝议大夫、盐运使运同，妻孟、罗、马氏俱奉"恭人"。大德通、大德恒票号财东祁县乔家：乔景僖受花翎员外郎，乔景侃受花翎四品附贡生，乔景信受花翎二品衔补用道员，乔景鑑受花翎员外郎，兄弟十人均受花翎顶戴。天成亨票号经理张河锦捐银450两，准为监生并赏给守御所千总衔。

4. 婚姻多不幸

清人纪昀说："山西人多商于外，十余岁辄从人学贸易，俟蓄积有资始归纳妇，率二三年一归省，其常例也。"（《阅微草堂笔记》）走口外，赴蒙经商是晋商的重要活动。清政府规定，旅蒙商在蒙古地方贸易一律不准携带家眷，不得与蒙古妇女结婚同居。各晋商商号也规定：从业人员包括经理伙计，都不得在商号所在地携带妻子家眷和结婚纳妾。商号还规定，探亲分为十年、六年或三年一次，每次三到四个月。因此，从十一二岁入号，到六十岁退休，一生中只有十多次回家探亲。在山西有许多有关年轻商人外出与妻子分别的民谣：

/具有商业烙印的晋商家族

半截瓮，栽蒜薹，绿绿生生长上来。

儿出门，娘安附，隔着门缝看媳妇。

白白脸，黑头发，越看越爱舍不下。

经商去，远离家，不如在家种庄稼。

又如年轻媳妇思念外出经商丈夫民谣云：

悔不该嫁给买卖郎，

丢下俺夜夜守空房。

要嫁还是庄稼汉，

一年四季常做伴。

由于商人重利轻别离，以致在山西有"旅蒙商的儿女少，妻子守活寡的多"的说法。清代后期，清政府对旅蒙商限制较松弛，有些旅蒙商从业人员在经营商号所在地纳妾、同居与嫖娼者日渐增多。光绪年间，归化城大盛魁商号有一掌柜，年已六十多岁，却娶了一个十六岁姑娘为妾。在他结婚时，有一对联戏道："二八佳人七九郎，梨花压在牡丹上。"在张家口、归化城、库伦、多伦诺尔等城镇，旅蒙晋商上至掌柜，下至伙计，嫖娼、包妓与蒙古妇女同居者已屡见不鲜。

清人纪昀在其《阅微草堂笔记》中记述了多例关于晋商常年外出引发的男女之事。如晋籍李甲，婚后外出经商，又转徙为乡人靳乙养子，因冒其姓，家中不得李甲踪迹，遂传为死。后李甲父母病逝，李甲妻无所依，寄食于母族舅家。其舅又携家外出经商，商舶南北，岁无定居，李甲久不得家书，亦以为妻死。靳乙谋为甲娶妇。会妇舅流寓于天津，念妇少寡，非长计，亦谋嫁于山西人，以后尚可归里。惧人嫌其无母家，因诡称己女。众为媒合，遂成其事。合卺之夕，以别已八年，两怀疑而不敢问。宵分私语，乃始了然。甲怒其未得实据而遽嫁，具诟且殴。合家惊起，靳乙隔窗呼之曰：
"汝之再娶，妇亡之实据乎？且流离播迁，待汝八年而后嫁，亦可谅
其非得已矣。"甲无以应，遂为夫妇如初，破镜重合。又有张一科，
携其妻就食塞外，佣于（山）西商，西商眤其妻，挥金如土，不数
载资尽归一科，反寄食其家。一科妻厌薄之，诟诨使去。一科曰：
"微是人无此日，负之不祥。"坚不可。一科妻一日持梃逐西商，一
科怒詈。妻亦反詈言："彼非爱我，眤我色也。我亦非爱彼，利彼
财也。""以财博色，色已得矣，我原无所负于彼；以色博财，财不
继矣，彼亦不能责于我。此而不遣，留之何为？"一科益愤，竟抽刀
杀妻，先以百金赠西商，而后自首就狱。又有一人亦携妻出塞，妻
病卒，困不能归，且行乞。忽有西商招至肆，赠五十金。怪其太厚，
固诘其由。西商密语云："我与尔妇最相眤，尔不知也。尔妇垂殁，
私以尔托我，我不忍负于死者，故资尔故里。"此人怒掷于地，竟格
斗至讼庭。

在方志中还记载了许多晋商妻子因丈夫外出经商，苦守一生的
悲惨事例。如明代永济人韩玻妻薛氏，玻商于淮以病殁，薛闻讣恸，
不欲生。弟媳劝慰说：嫂勿念无后嗣，我生男，即为伯后。薛泣谢，
最后孤寡度过一生。清代襄汾县王永珍妻刘氏，永珍贸易江南，客
死宿州，刘氏时年二十有三，闻讣哀恸几绝，继念室中无他亲故，
子义顺才一岁，逐日机杼为生。子稍长，教读书，刘氏守节二十七
载以病终。临汾陈万春妻，年十四嫁万春，十七时万春贸易于外，
不知去向。刘氏事翁姑，备极辛苦。临汾樊恪妻张氏，夫殁于商，
氏年方二十五，悲夫榇未归，朝夕啼哭。孤子三岁而殁，取侄为子，
亦殁。茕茕苦节，终生如一日。梁县妻李氏，年十八，夫殁于贾，
生子甫二月，妇矢志守节。昙曾植槐于庭，夫殁，妇纺织不离其处。

或问其故：此树吾夫所植，见树如见吾夫矣。后抚孤成立，寿八十五岁，其夫所植槐大数围，乡人呼为节孝槐。介休县侯懋功妻贾氏，婚八月，懋功即商于外，四载，客死在云中。榇既归，氏即饮酒未绝，姑力救之。临汾县孙起富妻王氏，富赴京贸易，病故，时氏年二十三岁，子仅二岁，家贫无依，氏坚志守节，针指度日，抚孤成立，三十一年而终。稷山县唐永槐妻程氏，永魁贸易西陲，音讯杳然，存亡未卜，氏矢志待之，虽冻馁交侵而终生不易其守，殁时年七十六岁。翼城崔氏，张宝成妻，年二十九，夫商西地，卒于途，氏闻讣一痛几绝，每日哭泣，誓不欲生，二十七日觅地自缢。翼城张氏，史左信妻，婚后四十日左信即入秦行贾，未几殁于凉州，氏誓不改适，苦节四十年。翼城马氏，牛应龙妻，应龙商殁于秦，氏誓不再适。闻喜薛氏，张学优妻，夫贸易河南，遂殁于外，子佩秀甫四岁，氏抚之。翼城王氏，王鸥歧妻，夫服贾山东，因染时症亡，时氏年十九，比夫柩归里，氏哀痛不已，出殡前，自缢于灵前。夏县樊云焕妻王氏，夫贸易五年不返，客死于外，氏年二十二岁，勉慰舅姑委曲承志，守节二十九年卒。

晋商在选择妻子的标准上，以贤德为首，目的是使他们能够集中精力外出经商。如祁县富商乔氏始祖乔贵发，当年在包头经商发迹后，年已三十多岁。他如果在包头结婚很容易，包头的姑娘他可任意挑选。但是他想：如果在包头结婚后祖宗坟头无人能代他常去祭祀，因此仍以在原籍找妻子为好。其次，他考虑本人常年外出不在家，需要找一个本分、贤惠的妻子帮他料理家务。乔贵发发迹后，恰巧有一个带一小男孩的年轻程寡妇借住在他的旧居，原来此女年轻时曾与乔贵发有些恋情，借住乔氏旧居后便常去乔氏祖坟代为祭祀，算是对借住房的还报之意。乔贵发见到此女，心想若娶个千金小姐，不仅需雇人侍候，还担心赚回钱来被她挥霍掉。如果娶了这个小寡妇，这些问题都不存在了。于是便决定与程氏结婚，结果富商娶了个小寡妇。可见乔贵发在婚姻问题上的讲实际与精明之处。

当然，一般来说，晋商中的富商大族，其婚姻也是考虑要门当户对。如祁县乔氏在成为富商大族后，其子弟多与另一些富商家族通婚。景字辈乔景僖妻曹氏为富商女，景俨妻赵氏为太谷同知赵某女。映字辈乔映霄妻马氏为富商女，乔映奎妻为大德恒票号掌柜之妹，乔映辉续弦为榆次富商常氏女，乔映璜妻马氏为富商马某女，乔映寰妻常氏为榆次富商常氏女，乔映庚妻阎氏为大德通票号经理阎维藩女，乔映南妻曹氏为太谷富商曹氏女。乔氏之女也多嫁富商。如乔景仪女、景偁女皆嫁榆次富商常氏，景俨女嫁太谷富商曹氏，景侃女嫁榆次商人书法家赵铁山等。

但是，这些富商大族的婚姻，并不因为有了钱就美满。如祁县乔映霞原配程氏，难产身亡。继娶杨氏，生子健，不久杨氏也去世。一次，映霞在津偶与刘菊秀邂逅。刘氏，天津人，协和医专肄业，护士。映霞在津因微疾入院，刘正在病房实习，二人相识，后成婚，生一子，二人一起生活了五年。遂因个性不合，时有口角，裂痕越来越大，最后离异。映霞痛不欲生，曾跳楼自杀，致髁骨断裂，终成跛脚。民国十年（1921）二月二十八日《民国画报》第 17、18 期载有《一封内容复杂的信》，披露了映霞与刘氏的婚姻内情：乔刘二人是 1917 年经人介绍结识，是年十一月二十日（农历）结婚，1918年 10 月 30 日生一子。刘之情人是美国麻省工大硕士林某。该报还登载了刘林之间的英文通信。但乔刘离婚后，刘并未嫁林，而是嫁给了北京某医生。文章指出："刘女士本不爱乔，是父母拿财产染她之心，才为势所屈。所以教会的牧师为了财产离经叛道了！堂堂

117

的硕士为了财产变成拆白党了！信教的妇女为了财产坠入地狱了！忠厚的男子为了财产受着痛苦了！财产究竟是好东西呢？还是坏东西呢？还是不会用财产呢？"该文作者结论道："父母财产不是享福之具，实是取祸之道。有志的男女不应收受父母之遗产，明白的父母，不应将遗产传之子女。"

看来，晋商为了谋利常年外出，给婚姻带来不少问题。特别是经商致富后，婚姻由于财富的关系，家庭生活也不一定美满。

5. 民宅建筑独具特色

山西商人的民宅建筑，比较集中地体现了我国北方民居建筑的独特风格。如襄汾县丁村有40多座院落，房屋300多间，均为明清民宅建筑。丁村原皆为丁姓一族，近代人口变迁，丁姓人仍居三分之二。丁氏从明代已开始经商，清代也以经商为主业。丁村人经商致富后，所兴建民居住宅，形成了今日之明清民宅建筑群。其建筑有明代住宅6所，房屋83间，清前期住宅16所，房屋272间，其余为清末建筑或年代不详者。丁村民居以四合院为主体格局，明清皆然，只在院落进数上有所变化。明代以单体四合院为主，入清以后二进院渐成主要程式。单体四合院如明万历二十一年（1593）民居，以正厅、厢房、倒座、门楼四部分组成，大门开于东南。入大院迎影壁折西进入内院，天井较宽阔，台阶踏石较低矮。清代的二进四合院，如建于乾隆十年（1745）的，顺轴线自南而北依次为影壁、倒座（明间开大门）、前院、中厅、后院、后楼，在前后院两侧对称的为东西厢房。丁村明清民居的厢房，一般为三间二室，即在房间做隔墙，平均为间半一室，房门各开于各自临隔墙一侧。室内依山墙筑火炕，靠后墙做灶台与火炕相连，烟道开于墙角内。火炕较大，约占一间面积，地面活动面积不到半间。由于明代有"庶民庐舍不得过三间五架"的规定，故明代民居正厅均为三间。入清后，厢房的平面沿明代，正厅则乾嘉以前与明代无异，道光始正厅出现"明三暗五"的格局，即外观为三开间厅堂，室内实际为五间。开门方向，清代与明代大异。清代民居开门方向，基本上全部在轴线南端，并建有高大华丽的门廊，到了清后期还出现了两层楼的大门，不仅威严气派，而且还带有"官气"，反映了房主人政治、经济地位的变化。建筑材料一般为木框架结构，墙为砖结构。屋顶有悬山式、硬山式、单檐式和重檐式。丁村民居厅房或楼厅，从不住人，主要用途是供神祇，作库房或红白喜事接待宴请宾客场所。厢房是主要住宿处。大体上明代建筑比较朴实大方，木料多粗壮，雕刻花纹简朴。清代民宅建筑较华丽，斗拱、画板、门楣、栏楹雕刻十分精巧。尤其厅堂的檐枋花板、雀替、斗拱及厅内梁架部位，更是刻意求精，包奇纳幻。明代的民居，这些部位的装饰除斗拱和檐头外基本全以彩绘来表现。彩绘以灰、白、蓝、黄为基本色调，绘出缠枝莲花、菊、花鸟以及龟背纹图案。斗拱的雕刻也只以"海马流云"、"吴牛喘月"、"喜鹊闹梅"、"双狮舞球"等为主，雷同甚多。栏板雕刻内容为"凤凰戏牡丹"，刀法粗犷古拙，表现逼真。明代民居装饰手法，给人以协调稳健的感觉。进入清代后，装饰部分全部以木雕表现，作品剔透玲珑，跃然梁架之间。其内容有"喜禄封侯"、"和合二仙"、"琴棋书画"、"渔樵耕读"、"莲莲有喜"、"连中三元"、"麒麟送子"、"丹凤朝阳"、"吉庆双余"、"鹿鹤同春"、"三羊开泰"、"鹬蚌相争"等，有的还刻出戏文或民间社火"宁武关"、"岳母刺字"、"周仁献嫂"、"跑竹马"、"放风筝"、"狮子舞"、"大头和尚"、"司马光破缸救人"等。丁村民宅还特别注意空间布

/具有商业烙印的晋商家族

置，即在适当部位嵌砌影壁、对联、书画、图案等。如有的民宅在二门南壁与正厅相向处，镶嵌了大型木雕"风竹惊鹤图"，刻工精细，形象逼真。进入院内，在南壁西面又嵌了两块巨大的行书石刻，文曰："龙跃禹门千尺浪，凤飞云外万重霞，车马往来文接武，珠玉深藏富贵家"；"凤阙朝回日未斜，琼宴开处对黄花，门迎轩盖神仙客，乐奏笙箫富贵家"。还有的民宅，门廊东西壁上对称镶有两幅巨大砖雕，一为"松鹤延年"，一为"鹿灵合欢"，此雕是在317块小砖上烧成后再在墙上拼镶而成。在其两侧还砌有"庭中寻杵答，牖下听鸡语"的对联。不难看出，丁村明清民宅建筑，是建筑美与艺术美的有机结合。

祁县乔家大院，则是一座城堡式建筑。该院占地面积8724平方米，建筑面积3870平方米，共6个大院，内套20个小院，313间房屋。大院四周为全封闭式的墙，高10米余，上有女墙和城墙垛口，更楼、眺阁分布于大院房顶之南。乔家大院大门坐西向东，为拱形门洞，上有高大的顶楼，顶楼正中悬挂着山西巡抚受慈禧太后面谕而赠送的匾额，上书"福种琅环"四个大字。黑漆大门扇装有一对椒图兽衔大铜环，并镶嵌着铜底板对联一副：

子孙贤，族将大

弟兄睦，家之肥

大门对面掩壁上，刻有砖雕"百寿图"，一字一个样，字字有风采。掩壁两旁是清朝大臣左宋棠题赠的一副楹联：

损人欲以复天理

蓄道德而能文章

进入大门，通过80米长甬道，西尽头处是雕梁画栋的乔氏祠堂，与大门遥相对应。甬道把6个大院分为南北两排。而各个大院又由三至五个小院组成，院中套院，相似而不尽相同，迂回曲折如入迷宫。所有院落都是正偏结构，正院为主人居处，侧院是客房、佣仆住房及灶间。建筑上侧院较为低矮。大院中有主楼、倒座楼各二。院与院之间屋顶有专设走道相通，便于夜间巡更护院。全院布局严谨，构思巧妙，外视巍峨高大，端庄肃穆，内窥秩序井然。乔家大院始建于清乾隆年间，又经同治、光绪年扩建，民国时增修。整个大院设计精巧，既有整体美感，局部建筑又各具特色。从院的形式看：有四合院、穿心院、偏正套院、角道院、跨院、院内园；从屋顶造型看：有悬山顶、硬山顶、歇山顶、卷栅顶、平房顶；从门的结构看：有一斗三升十一踩双翘仪门、荒芜半出檐门、硬山单檐砖砌门、石雕侧跨门等；从窗的格式看：有仿明酸枝棍丹窗、通天隔扇菱花窗、栅条窗、雕花窗、大格窗和双启型、悬启型、侧式排启型等多种，形式各样，变化多端。从屋顶上统观全院，高低、平凸、垂弧、上翘、有脊、无脊，使人眼花缭乱。尤其是檐头廊板的绘制工艺及巧夺天工的木雕艺术，精美绝伦。每个雕品都有民俗寓意，诸如天官赐福、三星高照、和合二仙、招财进宝、麒麟送子、日升月垣等。柱头雕也有多种，如八骏、松竹，葡萄表示蔓长多子，垂瓜象征瓜叠绵绵，芙蓉、桂花、万年青企富贵万年，萱草、石榴望宜男多子。大门的四个门框上，刻有形态各异的四头狮子，喻义四时如意。过厅隔扇是大型浮雕"八仙献寿"、四季花卉等，造型优美，栩栩如生。全院木雕艺术品总计有 300 余件（不包括已损坏的）。大院砖雕工艺更是俯仰可见，房顶有脊雕，女墙上有扶栏雕，院内有壁雕、神祠雕、屏雕，甚至屋顶烟囱也各有不同雕饰。砖雕题材广泛，诸如和合二仙、三星高照、四狮（时）如意、五蝠（福）捧寿、鹿鹤（六和）通顺、回文乞巧、明暗八仙、八骏九狮、一蔓

/具有商业烙印的晋商家族

千枝、榴开百子、龟背翰锦、喜鹊登梅、花开富贵、梅兰竹菊、文房四宝等，不可胜数。除了建筑艺术外，建筑物讲科学也是一大特色。如房顶上的烟囱状物，实际上有的是排气孔，为使室内空气产生对流，后墙上部有孔通屋顶，夏季排热气，冬季防煤气，"此类设计，别处建筑极为少见"（《在中堂——乔家大院》）。

祁县城内渠氏大院是可与乔家大院相媲美的又一民居建筑。渠氏是晋中大富商，渠氏大院始建于清乾隆年间，现存建筑为同治、光绪时扩建后院落，占地 5300 平方米，建筑面积 3200 平方米。整个院落内东西一条轴线，南北两条轴线，为全国罕见的五进式穿堂院，内分 8 个大院，中套 19 个四合式院。每个四合院又自成体系，而各院之间又互相连接，形成院套院、门连门的美妙格局。大院外观为城堡式，墙高十余米，墙头有垛口式女墙。宽敞高大的阶进式大门洞，上面高耸着一座玲珑精致的眺阁，显得巍峨壮观。大院左侧为牛房院，停放轿车，供外出使用，有便门与主院相通。第一个院为石栏杆院，原为待客之地。汉白玉石雕栏杆玲珑剔透、工艺精湛，鱼虫花鸟无不栩栩如生。正房檐前悬挂荷叶牌匾，上刻楷书"若虚斋"。左侧为五进院，庭院深深，长约百米。屏风式过庭及石雕方形门，亮门点缀其间，层次分明，活泼有趣。三院倒座与五院正房三间明楼遥遥相对，整齐规范。主院为里五外三二进式牌楼院，一座十余米高的十一踩牌楼高耸其间，设计精巧，工艺精良，气势恢宏。正房抱厦高大威严，二楼为歇山顶明楼，高约 20 米。明楼设前檐走廊，檐前矗立通天明柱，上挂匾额、对联，走廊两端有砖雕诗文，书法均出自名家之手。廊前砖雕人物花卉，寓意深巧。登楼远眺，令人心旷神怡。主楼前方为戏台院，戏台坐南朝北，面阔五间。东西厢房门面饰有木制隔扇，隔扇一除，便为包厢看台。主院西侧有一条青砖甬道，将南北6个院子一分为二，北面为两个统楼院，与主院明楼形成鲜明对比。南面则为小四合院，小巧玲珑，曲径通幽。整个院落，青石奠基，水磨砖墙。屋顶为悬山顶、歇山顶、卷棚顶，形式各异。院内建筑布局合理，明楼、统楼错落有致，主院偏院主次分明。各院之间有牌楼、过厅相隔。屋内屋外彩绘华丽，堆金立粉。木雕、石雕、砖雕，俯仰可见。房顶上有脊雕，内女墙有扶栏雕，院内左右有对称性壁雕，走廊两侧有名书法家砖雕，雕刻题材广泛，寓意祥和，刀法精良。

太谷曹家大院位于该县北洸村东北角，其建筑始建年代至今已有200余年的历史，经历代增修扩建，建筑和规模相当可观。曹家大院原由"福、禄、寿、喜"四座院落组成。现存"寿"字院系曹氏"三多堂"所有。"三多"意义为"多子、多福、多寿"。寿字院占地6500平方米，宅院分南北两部分，东西并排3个穿堂两进式大院，内套15个小院，共有房舍276间，3个穿房大院的堂房连在一起，高近20米，巨型石条作基，青砖为墙，拔地而起，蔚为壮观。楼顶部建有三座并排亭榭，在亭中凭栏远眺，方圆十数里尽收眼底。这三座亭榭，乃祭天地之处。有趣的是这三座亭榭，若从距离数千米处远望，分别为牛、猪、羊形状，其建筑之奥妙让人吃惊！三多堂宅院也是一个规模宏大的古建筑艺术品，具有高耸、大雅、厚重、古朴的特色。院内各处的门楼、斗拱、飞檐、照壁等无不施以象征祥瑞、富贵的各种图形。中院房上的枕头花是一麒麟，其寓意是麒麟送子和麒麟贪财，意在告诫子孙后代不要贪财。三多堂西院绘有"汉文景彩画"，中院和东院绘有"旋子翎彩画"，东院正楼有"五蝠（福）捧寿"。三多堂还有戏台院，供当年曹氏家族享乐之用。

榆次车辋村富商常氏住宅，从康熙年间始建，经过不断增筑扩大，到光绪年间常氏住宅在车辋村整整占了南北、东西两条大街。沿着这两条街，常家的深宅大院鳞次栉比，亭台楼阁相映生辉。常家大院占地约13万平方米，房屋1500余间，仅楼房就有40余座。时有"乔家一个院，常家两条街"之说。常氏宅第当年的建筑规模，相当于祁县乔家大院的5倍以上。常氏是三晋儒商望族，在宅第建筑上，又有自己的风格。从布局上看，主体建筑以雄浑方正的北式庭院为主，每个正院均分内外两进，外院一律临街，大门侧东洞开，内有东西厢房各5间，正北一处倒座南房，正中设垂花门。里院则呈长方形，为外院一倍，上房与南房相对称，东西各有厢房八、九、十房间不等。如上房、南房各为八间时，便按正五偏三的模式，隔出偏院，从不越"方正"之规，"等级"之矩，充分显示了名门望族的气势。但其附属建筑却又充分显示了南国园林式建筑的灵秀，使"方正"中浸透了绮丽。常家大院的绮丽，主要展示在三个方面。首先是每所方正院落的里院正中都建有一个木结构的牌楼。飞檐斗拱，小巧玲珑。而牌楼两边，又各有一截砖雕花墙，宛如镶嵌宝石的扎带，使方正雄浑的北方庭院增添了画龙点睛般的南国园林秀色。这牌楼花墙，将正院墙隔为里五外五、里五外四、里五外三多种形式，十分独特。其次是院落之间与院落之后，大多建有花园、果园或菜园，这些园子有小门与正院相通。进园之后，回廊、甬道、草厅、农舍点缀其间，匠心独具。常家大院的砖雕艺术表现在两个方面：一是房脊的吻、兽和雕花护脊，造型优美，线条娴熟，刀法细腻，为清代砖雕精品。二是照壁、花墙砖雕。常家大院不仅每个大门后均有影壁，而且里院中牌楼下都有护楼花墙，影壁花墙上的砖雕图案，既有传统的"百寿图"，又有花卉鸟兽图案。常家大院石雕艺术主要有两个方面展示：一是建筑物中的石雕部分，如护栏、门兽、护墙等。今存北祠堂院献阁回廊护栏，由细砂石雕成，栏板上刻有各种花卉图案，砂石的粗犷，雕工的细腻，别具一格。二是碑刻。常氏金石收藏，清代闻名三晋，其收藏之名家书法石刻很多，并专门在南祠堂厢房中建木架陈列，最珍贵的有"听雨楼法帖"和"石芸轩法帖"，今前者惜已散失，后者尚保存。旧书院中的碑廊，正面与两侧墙均砌嵌有石刻，此廊曾悬挂一匾额，上书"他山之石"，可见此处碑刻是常氏子弟学习书法的教材。"常家大院的木雕，主要是宅第中窗户木雕、门厅装饰木雕及室内隔扇木雕。门窗的木雕工艺讲究，花鸟的造型很有艺术价值"。（林娃《清代北方民居文化珍品》值得注意的是，常家大院对来客的住房，早已有"暖气"设备，即在房间地面下生多座火炉，从而保证了屋内冬季温暖如春，客人住此会感到主人待客之温暖，这一建筑可谓独具匠心。

孔祥熙宅园。近代官僚资本家孔祥熙在太谷城内的宅院，原系太谷破落士绅孟广誉家的老宅，始建于清乾隆年间，以后逐渐扩建，咸丰时才告完成。1930 年为孔祥熙购买，仅局部修葺，现仍保持着清代中叶建筑风格。该宅院由多个横向排列套院组成，每个套院沿中轴线方向分割为多个四合院，各院之间多用带明廊与抱厦或面宽三至五间的过厅相隔。主要建筑物使用斗拱飞檐，造型壮丽。各院之间有垂花门、宝瓶门或八角月洞门相通，相邻的院与院之间的房间与间隔墙，有六角、八角、长方或圆形等各式窗户，既可采光与装饰墙面，又可欣赏邻院景物。全院东西宽 91 米，南北长 69 米，总面积 6324.5 平方米，东西花园占地约 2100 平方米。正院，长 63 米，宽 16 米，面积 1008 平方米，分三进，北面为主要出入口，有富丽堂皇的木结构带斗拱门楼街门，由此进入带有五间空廊的门厅，东西两厢为敞轩，东轩有八角门可入东院——东花园，过厅西侧小门可通书房院与赏花厅院。过厅迎面为官厅三间，硬上顶雕花正脊，北有柱廊，十分宽敞。南北有门，此为主大厅。东西两厢均为单出水大出檐房。在正院之西有书房院，与赏花厅院毗连。在赏花厅院及西南方，东部为戏台院，西部为墨庄院。戏台面北，为木构斗拱飞檐、雕梁画栋的大戏台，东西两厢为看厢。墨庄院为四合院式院落，北厅硬山顶五间上悬"墨庄"匾额，传说原为岳飞所书。东西花园与住宅相连。东花园的东、北两面毗邻大街，造园者为打破封闭式庭园格局，采用立体造园手法，利用房基标高的高差来造出园景的起伏。园中之轩舫庭院，游廊起伏，厅堂、楼台、轩舫高低不齐，错落有致。花园北部为假山园景区。假山园北界为卷棚顶楼阁，楼前堆砌有高丈余假山，山左半腰有一六角小亭。此园以假山、小亭做主景，东西两边为游廊。西花园地势平坦，院中凿池，小园中种植丁香、枸杞、侧柏、龙爪槐、桑树等，是一富有生趣的小小园林。1934年孔宅为准备蒋介石来太谷时驻跸，曾重新油漆彩绘，厅堂陈设十分讲究，全部为楠木家具。（《太谷园林志》）据说当年蒋介石只在孔宅住了一夜，而所住房屋是孔宅中仅10平方米左右的东厢房中一小屋，外表看去像仆人或警卫住所，但屋内另有三个暗门。此屋现仍保存完好。

二、从晋商家族看其经营智慧

晋商家族由于历史与社会种种原因，其家族呈现有不同风姿。从兴盛时间来看，尽管明清晋商称雄商界五个多世纪，但从家族个例来看，兴盛时间一般不超过二三百年。从地区来看，大商人家族明代多在山西南部，清代在山西中部。

1. 朝中有大官的蒲州张氏

蒲州张氏在明中叶曾显赫一时。张氏之先世原居山西解州鹾池南，元末名思诚者，避乱徙蒲州（永济），其子张友直遂占籍通化坊，传仲亨，仲亨传克亮，克亮传琇，琇传宁，宁传谊，谊传允龄、遐龄。允龄祖父宁早逝，祖母雷氏矢志守孤。允龄生未几，复失怙。允龄母奉姑抚孤，以持门户。允龄年方幼即掌家政，力勤攻苦。年长，遂发愤服贾远游。传记称：允龄两度皋兰（兰州）、浩亹（今甘肃碾伯县东），居货张掖、酒泉，数年又南循淮、泗，渡江入吴，又数年益困，溯江汉西上夔峡，岁往来楚、蜀间，已乃北游沧博，拮据二十年，足迹半天下。看来，张允龄外出经商半生，跑了不少地方，但获利不多，不过家境比原来还是好多了。传记称：允龄虽治市鬻业，其视财利甚轻，笃信重义，南北所至，必为众所敬服，遇事物将至，先几而觉，人以为异，或疑有他术。看来张允龄相当精明，又重信义，在同业中被大家所尊敬。张允龄教育子弟很严格，当其长子张四维登科出任京官后，他很得意，认为不负其教育之苦心。他说："吾祖母、吾母两世坚贞，幽明感应乃于儿辈。"允龄很会养生，年五十余，明眸乌发，仅若三四十者。他先是随四维住京师之宅，晚年思乡，归治别墅于蒲州城东十里之盂盟桥，凿地疏圃，结宇其中，杂植花卉，四时都有新意。看来张允龄晚年是过上了舒适安闲的日子，自然也不像当年为生计奔忙了。允龄弟遐龄，结婚后，开始外出经商，始商游吴越间，时年幼气锐，既连不获，乃南历五岭，抵番禺，往来豫章、建业诸大都会，凡六七年，资益耗，穷而归，则母已殁世。看来张遐龄经商才能还不如其兄，外出经商六七年，失败而归。但母亲对他很疼爱，临终前语允龄说："吾死不恨，所虑尔弟不能自立。"允龄念母言，待遐龄极友爱，遐龄亦事

/具有商业烙印的晋商家族

兄最谨。遐龄性坦率，虽切事贸迁，而视财利甚轻，不屑较锱铢。张允龄这一家，家境有所改善，是从允龄经商起，但真正富甲一方，则是从允龄子侄辈才发起来。其发家，一是其长子张四维中举后在京当上了高官，二是其三子张四教善于经商，累积财富。

张允龄长子四维（1526—1585），嘉靖三十二年（1553）进士，历任编修、翰林学士、吏部侍郎。张四维很会当官，利用家中经商具有经济实力的条件，张居正当国任首辅时，"与之相结，岁时馈问不绝"。万历三年（1757），得张居正推荐，任礼部尚书兼东阁大学士。万历十年（1582），张居正卒，四维出任内阁首辅。可惜好景不长，次年以父丧归。两年后四维也去世了。张四维在世时，有两件事值得注意。自从四维中举在京担任要职后，他家中人利用四维的势力经商获利是自在不言中的事了，所以当御史郜永春视察河东盐池后，向皇帝报告说："盐法之坏，由势要横行，大商专利。"郜永春所指的势要就是指张四维和王崇古。这一点《明史》上讲得很清楚。王崇古是张四维的舅父，官居兵部尚书、宣大总督。王氏也是大盐商家庭。张、王两家族联合起来控制河东盐利，还有谁能惹得起、比得过，张、王两家又何能不发此横财！张四维在世时的另一件事是促成了明朝政府与蒙古俺答的"隆庆议和"。如前所述，这次议和表面看来是个政治问题，实际上背后还有商人利益在里边，包括张四维、王崇古家经商利益。"隆庆议和"是有利于蒙汉民族和睦共处和经济交往的应予肯定的协议。同时，不仅蒙古牧民希望与内地开马市，就是内地商民也极愿意与蒙古地方通商以获取厚利。所以商人们都极力推动议和成功。张四维、王崇古家都是大商，他二人又都官居要职，通过他二人推动议和的成功是非常自然的事。张四维的三弟四教，是一个出色的商人。他16岁便服贾远游，历汴泗、涉江淮，南及姑苏、吴兴之境，曾从其父居业长芦盐场，识量益宏达，综计精确。四维登第出任京官迎其父允龄住京师后，悉以家计付四教。四教治业滋久，谙于商业盐务，末年经商大为成功，张氏资产不止十倍其初。这时候的蒲州张氏，已非昔日可比。四维官居大学士，四教经商连连得手，张氏已是蒲州著名的豪门富商大族了。张四教财大气粗，四维称他"襟度旷达，乐施好义，当其意气所激，挥置千金不顾"。后来，张四教花钱捐了个龙虎卫指挥佥事。张氏之姻亲也多为商人或官宦家庭。如前所述，王崇古是四维舅父（王氏下面另作介绍）。张四维的姑父沈廷珍，也是大商人，他曾"南帆扬越，西历关陇"。四维二弟四端妻李氏，其祖父李季曾在"兖豫之间从商"。四维五弟四象妻王氏，其曾祖父王宾也是商人，王氏早逝，四象续娶范氏，范氏之祖父范世逵是著名盐商。张四维曾为他撰写《墓志铭》称："公幼服贾四方，绰有心计，倜傥负大志，视行辈逐逐然，竞锥刀之末不屑也……凡商人占淮浙盐者，悉令输粟甘肃、宁夏等边……然自开中以及支给旷日持久，且出入戎马间，有烽堠之惊，而盐利又时有朓朒，是以商人不乐与官为市，公独曰：此可居也。遂历关陇，度皋兰，往来张掖、酒泉、姑臧之境……以时废居而低昂，其趋舍每发必奇中，往往牟大利。"（《条麓堂集》卷28）张四维生子甲征、定征。定征娶曾任兵部尚书杨博的孙女，张四维之女嫁内阁大臣马自强之子马惇。马自强之弟是陕西大商，"在鄜、延、商、洛之间贩粟"。不难看出，蒲州张氏家族是一个官商结合大族，与蒲州王氏可谓明代晋帮商人的典型家族。

2. 官商结合的蒲州王氏

王氏是和张四维家族联姻的官商大户。王氏于明初从山西汾阳迁居蒲州，祖先自王冲文、王彦纯、王秉信、王景严、王荣，传至王馨。馨官居邓州学正，其子王瑶是商人。明人韩邦奇在《苑落集》中说：（王瑶）"蒲善士，为养而商也，生财而有道，行货而敦义，转输积而手不离简册。"看来王瑶是个爱读书、因生计而经商之人。明弘治年间（1488—1505），其父任邓州学正时，王瑶便就近"贸易邓、裕、襄、陕间，而资益丰"。正德年间（1506—1521），又"行货张掖、酒泉间"，"复货盐淮、浙、苏、湖间，往返数年，资乃复丰"。王瑶之兄王现（字文显）也是大商人。明人李梦阳在其所著《空同集》中称，王现"为士不成，乃出为商，尝西至洮陇，踰张掖、敦煌，穷玉塞，历金城，已转而入巴蜀，沿长江下吴越，已又涉汾晋，践泾原，迈九河，翱翔长芦之域，竟客死郑家口"。王现"商四十余年，百货心历，足迹且半天下"，为商"善心计，识重轻，能时低昂，以故饶裕。与人交信义，秋霜能折利于毫毛，故人乐取其资斧，又善审势伸缩"。王现"以商起家，乃大室庐，备宾祭，毕婚嫁，四弟各成立"。王现、王瑶之末弟王珂，在兄长的财力资助下，中进士，曾任中书舍人，但不幸早逝。王瑶生三男五女，长子王崇义是盐商，次子王崇祖早逝，三子即王崇古。王崇古（1515—1588），字学甫，嘉靖二十年（1541）进士，历任刑部主事，陕西按察，河南布政使，右副都御史，兵部右侍郎，总督陕西、延、宁、甘军务，总督宣、大、山西军务，兵部尚书。王崇古的长姐嫁侨居蒲州的沈氏，沈氏是盐商家庭。王崇古之舅沈廷珍，服贾"南帆扬越，西历关陇……能柘产殖家"（《条麓堂集》卷28）。沈廷珍的长子沈江，就是王崇古长姐之夫，沈江也是商人。王崇古二姐嫁张允龄即张四维之母。王崇古三姐嫁阎一鹗，四姐嫁监生某，五姐嫁庠生刘。不难看出，王崇古一家也是商人与官宦相结合的家庭。在

"隆庆议和"中，时任宣大总督的王崇古力主以此为契机，与俺答议和互市。自是边境休宁，数千里军民安居乐业。王崇古主张议和无论从政治上、军事上、经济上考虑都是正确的，但王崇古的家族中多有人经商，开马市进行边境贸易，其族中经商者推动议和开马市的作用也不可忽视。"隆庆议和"，也可以说是晋帮商人通过其族中在朝中任职的便利，在一定程度上影响了明朝的政治活动。

3. 山西首富平阳府亢氏

清初，山西平阳府（今临汾）的亢氏，人称"亢百万"。据《清稗类钞》载，资产有数千万两，堪称山西首富。亢氏家族自清初发迹，终清季，是商业、典当业和地主兼营的家族。1910 年日人所著的《中国经济全书》称："康氏（即亢氏），自清迄今，凡二百余年，其家运之隆盛，可谓极矣。"亢氏是如何发家的？有一种说法是李自成与清军在山海关作战兵败后，携大量金银退出京师，途经平阳府时，将部分金银寄存亢家，亢氏因此而致富。笔者以为这种说法可能性不大。试想：李自成牺牲后还有余部在活动，一直坚持到康熙初年，他们经费十分拮据，能不想办法向亢氏要这笔寄存的金银吗？还有，清军入关后，军费开支浩大，经费也十分拮据，所以才有祖可法、张存仁等大臣向清廷建议："山东乃粮运之道，山西乃商贾之途，急宜招抚。若二省兵民归我版图，则财赋有出，国用不匮矣。"（《清世祖实录》卷5）显然，清军要尽快占领山西，正是为了解决财赋，亢氏存有大量金银，岂能不闻，岂能不索？看来上述传说，仅是人们对亢氏成为巨富原因的一种猜测罢了。那么，亢氏何以成为巨富的呢？李华先生曾在《清代平阳大商人亢百万》（《清史研究通讯》，1988 年 4 期）一文中作过论述，总的来说亢氏仍

/具有商业烙印的晋商家族

是经商致富。

首先，亢氏是个大盐商。清代盐行专卖制，即由政府特许的盐商凭引到指定地区运销。这种贩运特权，使盐商获利颇丰。康熙时期人钮琇说："江南泰兴季氏与山西平阳亢氏，俱以富闻天下。"（《康熙南巡秘记·噶礼毒母案》）近人章之诚《骨董琐记全编·富室》载："康熙时，平阳亢氏，泰兴季氏，皆富可敌国，享用奢靡，埒于王侯。"江南泰兴季氏季沧苇，是扬州的两淮盐商，以"业鹾"起家。亢氏同季氏一样是在扬州"业鹾"起家。亢氏在扬州有大量房产，著名的亢园，"构园城阴，长里许。自敌台起至四敌台止，临河造屋一百间，土人呼为百房间"（李斗《扬州画舫录》卷9）。在两淮盐商中还有"南安北亢"之说，南安是指当时的盐务总商安氏，是两淮盐商中的头面人物，亢氏与安氏齐名，亢氏在两淮盐商中的资本、权势可想而知。亢氏原籍平阳府（今临汾），地临河东盐池（今运城盐池），亢氏同时为河东大盐商是很自然的。

其次，亢氏是个大粮商。清代随着城市的发展，粮食贸易规模很大。亢氏曾致力于粮食长途贩运和粮店经营。清代的北京，由于是京畿之地，四方辐辏，粮食贸易十分繁荣，其中资本最多、规模最大的粮店，就是亢氏在正阳门外开设的粮店。亢氏原籍山西平阳府位处汾河流域，是个产粮区，亢氏在临汾"仓庾多至数千"，藏有米粮"万石"，所以亢氏有力量在京开粮店，既当粮食批发商又当粮食零售商。

此外，亢氏还是个封建大地主。亢氏拥有大量田宅，在原籍平阳府"宅第连云"，宛如世家。亢氏扬言："上有老苍天，下有亢百万，三年不下雨，陈粮有万石。"充分说明了亢氏是个拥有大量耕作土地的大地主。

亢氏家族中第一个发迹者是亢嗣鼎。乾隆《临汾县志》载：

"亢嗣鼎，事母孝，养抚侄如子。笃志力学，至老不倦，居乡尤多义举。"不过，据李华先生考证，亢嗣鼎"是一个恃富骄横，悭吝贪婪，为富不仁的大商人、大地主。他大约生于明末，一直到康熙末年仍然健在"。（《清史研究通讯》，1988 年 4 期）亢氏清初发迹时有"约计千万"的资产，到清末光绪时"号称数千万"，经过二百多年，亢氏资产增加了好几倍，其财富积累主要靠经商。

4. 皇商介休范氏

《红楼梦》第四回列举四大家族的俗谚，其中之一："丰年好大雪，珍珠如土金如铁"的薛家，就是"家中有百万之富，现领着内帑钱粮，采办染料"的"皇商"。清史学者商鸿逵先生指出："这些叙写是确有根据的，符合事实的。兹根据所见资料，举述一家拥有数百万之富的大皇商，那就是正值清盛世的山西介休范家。因而可作为《红楼梦》故事的一个史证，提供参考。"

范氏以清乾隆时范毓馪时代最盛。范毓馪曾祖父范明（字琼标），明初从山西介休县城迁居该县张原村。范毓馪祖父范永斗，明末时贸易张家口，进出辽东，是当时著名的八家大商人之一。清入关后，顺治帝知永斗名，"即召见，将授以官，以未谙民情，力辞，诏赐张家口房地，隶内务府籍，仍互市塞上"（乾隆《介休县志》卷 9）。范氏每年要缴纳内务府皮张若干，从此走上了皇商之路。随着清王朝在全国统治权的建立，范永斗在其子三拔襄助下挟内务府的权威，藉清王朝给予的特权，经商范围随之扩大，他们一方面继续进行边疆贸易，另一方面又深入内地市场进行绸布茶粮贸易。到范三拔年老患病归乡后，范氏商业就由其子所经营。范三拔生五子，长子范毓馨，次子毓馥，三子毓馪，四子毓谭，五子毓裔。从康熙到乾隆初年，是范氏家族在经济上和政治上发展最兴盛时期，范毓馪兄弟不仅经商有方，而且与清廷关系非同一般。如前所述，他们曾在清王朝平定准噶尔叛乱中运送军粮，立下了功绩。据《清史稿》卷 317 载：

范毓馪，山西介休人，范氏故巨富。康熙中，师征准噶尔，输米馈军，率以百二十金致一石。六十年再出师，毓馪兄毓馪请以家财转饷，受运值视官运三之一。雍正间，师出西北二路，怡亲王允祥荐毓馪主饷，计谷道寨，程道路远近，以次受值，凡石米自十一两五钱至二十五两有差，累年运米百余万石。世宗特赐太仆寺卿衔，章服同二品。寇犯北路，失米十三万余石，毓馪斥私财补运，几百金百四十四万。

范氏还是大铜商和大盐商。康熙时，国内铜斤严重短缺。清廷允准商人赴日本购买。当时称办理这种业务的人为"洋铜商"。范氏见此业有利可图，经内务府奏请，又当上了洋铜商。范氏最多时拥有洋铜船六七只，成为洋铜商中的大户，并从中获取了巨额利润。范氏在长芦、河东盐区资本相当可观。范氏持有长芦盐引 10718 道，按每引 100 公斤计，即 1071800 公斤。据乾隆二年（1737）内务府统计，范氏"所有盐业查明后估银百余万两"。范氏还经营木材、市马，销售人参等，乾隆二十一年（1756），曾在宁波与英商签订过玻璃贸易合同。范氏财产无具体统计，仅从乾隆四十六年（1781）破产前的财产清单看，范氏当时在直隶、河南二十州县遍设粮店，在天津沧州有囤积盐的仓库，在苏州有管理赴日船只的船局，在北京有商店 3 家，在张家口有商店 6 家，在归化城有商店 4 家，在河南彰德府水冶镇有当铺 1 家，在张家口置地 106 顷，分布在各地的房产近 1000 间，以上尚不包括介休原籍的财产。

范氏为清王朝效力，也得到了清王朝的褒赏。以范氏毓字辈和清字辈计，有 20 人任官。其中毓馦任太仆寺卿，毓馪任布政司参政，毓馞以武举破格升为正定总兵官，后署广东提督。此外，还有太仆寺少卿 1 人、员外郎 2 人、郎中 1 人、道员 1 人、知府 1 人、同知 1 人、州同 3 人、县丞 2 人、经历 2 人，当然上述官职有些是捐纳而来。在科举方面，范氏有进士 2 人、举人 3 人、武举 1 人、庠生等若干人。范氏不仅是皇商，而且有不少人获得功名或担任过官职。范氏是上通朝廷、下连市廛、半商半宦的豪门富商之家。

范氏从清初到乾隆初年的百余年间，是家门财富和政治上升时期。从乾隆十年（1745）范氏家门清字辈开始下滑，乾隆十七年（1752）范氏窘态已显露。范氏因官商而兴，又因官商而衰。范氏之衰主要是欠官帑过多。乾隆时经办洋铜已无利可图，范氏所营盐业也因资金短缺等原因很不景气。到乾隆四十八年（1783），清廷因范氏"亏折日深，以至上年误运误课，拖欠官项累累"，"亏损至一百五六十万两之多"，便革除了范氏在内务府、户部等衙门的官职，着令严加审讯清济兄弟，并查封家产。至此，皇商范氏终于结束了其显赫一时的官商历史。据介休县志办调查，范氏原籍张原村，当年有过一条范家街，长近百米，其西段有一院，有"小金銮殿"之说，可想当时建筑之气派，惜现已荡然无存。范氏宗祠，在张原村东南角，其建筑已毁，只留有一些瓦砾残垣。范氏坟茔现保存有总兵（范毓馪）坟，存石雕华表二，径约尺五（约 1.67 米），高达二丈（约 6.67 米）。

5. 家规严格的祁县乔氏

电影《大红灯笼高高挂》之场景拍摄于祁县乔家大院，不少人

/具有商业烙印的晋商家族

以为乔氏即电影中家族，其实乔家与电影毫不相干，只不过乔家大院被借用作场景而已。而且，乔家与电影中人家大相径庭，乔家是一个家规很严、不准纳妾的富商大族。据清人徐珂《清稗类钞》载：祁县乔氏有资产四五百万两。乔家始祖乔贵发，祖居祁县乔家堡，因父母双亡，早年为人帮佣，是一个衣不遮体、无依无靠的光棍汉。乾隆初年，乔贵发与秦姓结为异姓兄弟，一同出走口外，开始在萨拉齐厅当铺当伙计，稍有积蓄又到西脑仓开草料铺，兼营豆腐、豆芽、切面及零星杂货。两人苦心经营，生意渐有起色。但后来一度亏赔，几乎歇业。乔只好回原籍种地，留秦姓守摊。乾隆二十年（1755），口外粮食丰收，秦氏趁粮价低时购存一批黄豆，不料次年黄豆歉收，秦把黄豆出售，获利颇丰，便把乔从原籍叫来共同经营。乔秦二人把店移到东前街，开设客货栈广盛公。到嘉庆时，广盛公生意十分兴隆，但在一次生意中大蚀本，幸由于往来业户通力支持，议定欠款三年归还，广盛公才不致倒闭。到三年结账时，广盛公不仅还清欠款，而且大有余利。乔、秦认为此乃复兴基业起点，便将广盛公改名为复盛公。乔氏以在中堂、大吉堂、进修堂、德兴堂名义，秦氏以三余堂名义，在复盛公投资银 3 万两，仍然以经营油粮米面为主，后又兼营酒、估衣、钱铺等，买卖日益兴隆。后秦氏家族衰败，复盛公已成乔姓之商号。复盛公买卖兴隆，后又在包头增设复盛全、复盛西商号，复盛茶园。在包头城内，复盛公、复盛全、复盛西共有 19 个门面，四五百职工，是包头城开办最早、实力最为雄厚的商号。乔氏依托复字号，又向国内各大中商埠发展，先后在京、津、东北、长江流域各城镇设立商号。光绪十年（1884），又设大德通、大德恒票号。大德通票号最初资本 6 万两，中期增至 12 万两，最后达 35 万两。大德恒票号资本 10 万两。两票号在全国各地有20多个码头（分号），西至兰州、西安，东至南京、上海、杭州，北至张家口、归化、包头，东北至沈阳等地。

乔贵发共有三子，长子全德，堂名德星堂，但后继乏人，人丁缺少，故长门所营商业较逊色。

次门全义，生子致远，堂名宁守堂。致远生二子：长嵘，堂名保和堂；次超五，堂名保元堂。乔超五是咸丰九年（1859）举人，光绪初补新城知县，在他的影响下，其子弟秉承遗训，追求功名，故乔氏这一支，父子、叔侄、爷孙、兄弟、舅甥多同举。

三门全美，堂名在中堂。全美生二子：长子致广，英年早逝；次子致庸（1818—1907），是乔氏家族中一位出类拔萃的人物，他历经嘉庆、道光、咸丰、同治四个朝代，为乔氏家族繁盛立下了大功。乔致庸先想以"儒术荣门阀"，后感到这样做是"舍本求末"。于是决心继承祖业，在商界大展宏图。他治商有方，认为经商必须戒懒、戒骄、戒贪。在乔致庸的精心经营下，乔氏"在中堂"的商业得到很大发展，人称乔致庸为"亮财主"。乔致庸生有六子，他对其六个儿子都有不同看法：长子景岱，致庸认为其骄横跋扈，不可委以重任；次子景仪，致庸认为其个性暴烈，勇而好斗；三子景俨，致庸认为其谨小慎微，非经济之才；四子景侃，致庸认为其拘谨、内向；五子景□，致庸认为是读书之才，惜早逝；六子景億，致庸认为其体弱，独钟爱，惜早逝。景仪所生子映霞，过继给景岱，系承重孙，皆称大少，乔在中堂后来由他主持。映霞深受乃祖熏陶，主持乔家以来，事业性强，治家严，映霞不愿意让大家业在他手中败落，力图振兴、维护这个家族的繁盛和完整。映霞针对众弟兄和子弟的性格特点，分别立书斋名，如"不泥古斋"、"知不足斋"、"日新斋"、"自强不息斋"、"一日三省斋"等，以资互勉。乔氏对子弟

/具有商业烙印的晋商家族

读书也十分重视，而且要求甚严。他们聘私塾教师时，一定要聘学问好的。在接待上，也非常优厚。如对所聘本县名儒刘奋熙，尊敬异常，以致不敢对刘提束脩报酬，只是暗中对刘家多方给予资助。乔氏对教师逢节均有例敬，并配有两名书童陪侍，在吃饭时一定要有家长作陪，遇有家宴或送请宾朋，必为教师设首席相待。教师回家，必备轿接送，是时家长率子弟拱立甬道送迎。乔氏家长尊重教师，使教师在子弟中树立崇高威望，教师可秉权执教，约束富家骄横的小少爷。同时使教师不遗余力施教，最后受益者仍为乔家。

乔氏家族的衰败，在清末清政府设户部银行之后，时乔氏票号业务多被官办银行夺走，公私存款大幅度减少，乔氏不得已把票号改组为钱庄。辛亥革命后，随着清王朝的灭亡，原依附清王朝的乔氏商业，大受损失。乔氏在包头的复字号商业，1926年冯玉祥军向北撤退，饷需皆由包头商号垫支摊派，乔氏复字号因此损失粮食5万石，现洋150万元，元气大伤。1937年日军侵占包头，乔氏复字号当铺、钱铺均被日伪组织接收。抗日战争胜利后，虽然复业，仅苟延残喘，到新中国成立前已奄奄一息。

6. 巨贾介休侯氏

徐珂《清稗类钞》称：山西介休侯氏有资产七八百万两，仅次于平阳亢氏。侯氏住介休县北贾村。康熙时，家境很平常，时有十七世侯万瞻外出经商于苏杭一带，专贩绸缎。万瞻生二子，长生祥，次生瑞。二子长大后，与父一起贩运绸缎。他们南贩北运，经过几十年的辛苦，家业渐兴。到万瞻之孙侯兴域时代，侯家已有商号数十处和大量房屋土地，成为当地赫赫有名的财主，人称"侯百万"。侯兴域，字蔚观，生于清乾隆年间，卒于嘉庆年间。他在继承祖业的基础上，又苦心经营，使侯氏资产达数百万两以上。侯兴域开办的商号，著名的有在平遥设的协泰蔚、厚长来、新泰永、新泰义、蔚盛长，在介休张兰镇设的义顺恒、中义永，在晋南运城设的六来信，在河北赵州设的口兴纪等。这些商号大多是杂货、绸布、茶庄和钱庄。侯兴域有子六人，即泰来、恩来、庆来、迪来、章来、荣来。清嘉庆十三年（1808），侯兴域年逾花甲，将资产除自留养老部分外，按六股分给六个儿子。不久，兴域病故，长子泰来、次子恩来相继故去。三子庆来成了家长，侯氏六门的生意皆委庆来掌管。侯庆来，又名培余，字笃斋，清嘉庆二十三年（1818）中副榜，为人精明练达，很有才干。他主持家政后，首先把在平遥县开设的蔚盛长、协泰蔚、厚长来、新泰永商号都改为带有"蔚"字：蔚泰厚、蔚丰厚、蔚盛长商号。据说所以如此改，是因其父字蔚观，改为蔚字号是永志其父创业维艰，教育后辈不忘之意。道光初年，庆来又适应市场的变化，将蔚字号改为票号，又经过其子侯荫昌的大力经营，业务飞速发展，使蔚字号成为国内著名的票号。侯庆来在北贾村大兴土木，建筑宅院，所建房屋、过厅、书院，极尽富丽堂皇，在侯氏新建大厅上曾有著名书法家徐润写的一副对联：

读书好经商好学好便好

创业难守成难知难不难

侯庆来只活了三十六岁，死后由其子侯荫昌总管侯家生意。因为侯庆来是三门中人，人们习惯称三宅，其堂名是"九如堂"。

侯氏的商号以蔚泰厚实力最为雄厚，是侯氏各商号之首。"蔚"字号在毛鸿翙的大力经营下，六号拧成一股绳，到处揽生意，设置分庄，与日升昌相对抗。经过道光、咸丰、同治三十多年的发展，声势日增，大有后来居上之势。当时蔚字号在上海、苏州、杭州、宁波、厦门、福州、南昌、长沙、常德、汉口、沙市、济南、北京、天津、沈阳、哈尔滨、成都、重庆、兰州、肃州、西安、三原、迪化、广州、桂林、梧州、凉州、开封、昆明、太原、运城、曲沃等地均设有分庄。

侯荫昌之子从杰（1848—1908），也是位经商能手。据《侯从杰墓志》称："君姓侯氏，讳从杰，字单峰……诰授通议大夫，赏戴花翎，郎中衔，光禄寺署正加四级附贡生……世以权奇子母为业，委任志成，推心置腹，以信为主，虽支部几遍全省，千里一呼无不相应。庚子以后，海内大局岌岌，君独筹划周密，他商亦均其法，偶有岔事，待君一言而解。"

侯氏商业的发展，除其经营有方外，另有一种愚人的手段。太平天国革命期间，蔚字号在东南各省的分庄，因战争影响遭受严重损失，致在平遥的票号发生挤兑现象，票号信用摇摇欲坠。在这关键时刻，侯氏用骡、马车成队结伙，从介休北贾村向平遥的票号运送银两，应付挤兑局面。其不知浩浩荡荡的运银车辆中，有一部分银箱内装的不是银两，而是石头，侯氏用"瞒天过海"的手段，度过了挤兑风潮。

泰来六兄弟虽分立门户，但商业经营仍在一起。具体办法是各门在各号均有股份。如蔚泰厚光绪五年（1879）重立的合约中，共有股份二十四点二个，除外姓六家的八点一个外，侯氏共有十六点一的股份，其中合有九点一个，长门零点七个，二门一个，三门一点五个，四门零点六个，五门二个，六门一点二个。这样，对各商号需有一人主持管理，侯氏各门的主持向来由三门主持，即先后由培余、荫昌、从杰，传至崇基。侯氏众兄弟因三门给各门管理商号，特别在各商号给三门另立空股，后来这份空股作为侯氏宗祠开支，并拿出一些收入作为地方公益开支。

侯氏家大，商号又为其家族共有，家中设有总管经理银钱，并规定各门花费限额，如宣统元年（1909）侯氏各门（堂）开支折载：

醇五堂

　　每年开支银 1380 两

　　除捐输不能借每年花费银 668.23 两

　　净余银 711.77 两

醇厚堂

　　每年支银 840 两

　　每年能借银 1500 两

　　每年花费银 6057.1 两

　　净亏银 3717 两

侯从杰去世后，由其妻王氏代管商号事，人称"侯四太太"。这时侯氏商号已呈江河日下之势，但侯家豪华奢侈之风仍旧。侯从杰的葬期用了 6 个月，开吊 3 天，统共花费银 1 万余两。侯荫昌的侄孙侯奎，是介休县赫赫有名的挥金如土的阔少。当时介休流传这样的话："介休有三不管，侯奎灵哥二大王。"三不管中的第一位就是侯奎，灵哥是介休大财东冀国定的长孙，二大王是郭寿先，是介休大财东郭可观的弟弟。这三人在平遥、介休一带仗着有钱有势，横行霸道，无人敢惹。他们平日声色犬马，竞奢斗富。一次侯奎在太谷县某绸缎店吃了一顿饭，饭后，经理请他选购绸缎，侯奎一时兴起，当下就把该店绸缎全部买下。灵哥听说此事，也不示弱，恰巧有一钟表店主请他吃饭，饭后，灵哥就把该店的钟表全部买下。每年 9 月 20 日到 30 日介休张兰镇举办 10 天庙会，侯奎、灵哥都要带仆从来赶会。他们在庙会以赛车来赌输赢，一家是景泰蓝十三太保车，一家是关东灰鼠里围出风车，驾车的骡马都是不惜重资购买的上等好骡马，以燃两寸香时间为准，由张兰镇的西门跑到东门，再返回。看热闹的人拥挤不堪，快马如飞，常有踩伤人的事故，二位阔少毫不理会，只顾自己取乐。他们还用钱票点水烟斗富，看谁吃得快，烧得多。一张钱票是 1000 文，当时 20 文买 1 斤面粉，一张钱票就相当于没有了 50 斤面粉。两位阔少比富一下，就要耗费千百斤面粉都不止。这种斗富方式，可谓极尽挥霍之能事了。侯奎只活了四十三岁。辛亥革命以后，侯氏在各地的商号接连被抢、被烧，纷纷倒闭。但侯家的太太少爷仍然过着养尊处优、腐化奢侈的生活。他们吸食鸦片，每餐必酒肉海味。经济来源断绝了，就坐吃山空出卖家产过活。到抗日战争前夕，显赫一时的介休侯家最后一代侯崇基已食不果腹。不久，日军侵入山西，侯崇基终因烟瘾发作和冻饿而死。

7. 大商祁县渠氏

祁县帮商人是清代商界的一支劲族，而渠氏是祁县帮中一大户，他们的茶庄"长裕川"声誉卓著，票号"三晋源"汇通天下。徐珂《清稗类钞》称，祁县渠氏资产有三四百万两。渠氏先祖渠济，上党区长子县人，明末清初，其子敬信、守信、忠信做贩运小本生意，是走村串户的"货郎挑"，经常从上党贩运潞麻和梨到祁县，再把粗布和枣贩回上党，日久年深，有了些积蓄。明洪武二年（1369），把其父由上党接到祁县定居。后来，其子孙又经商于包头一带，到渠源祯的曾祖父渠同海时，在包头经营的商业已粗具规模，购地十余顷，经营着菜园、油粮、茶叶业，并兼作钱业生意。到清嘉庆年间，渠源祯的祖父映潢又增设长源村、长顺川两大茶庄，从两湖采办红茶，贩销于西北各地及蒙古、俄国。此时，渠家已积累万贯家财，成为巨商大贾之家。在渠映潢逝世前有银120万两，分给长子长瀛、次子长发两门各60万两，因长瀛早逝，又由其子源潮、源祯继承，各分得银30万两，长发的60万两银由其独生子源淦继承。渠家从源字辈进入黄金时代，当时为晋中八大富户之一。渠源潮，字星海，小名田喜，人称田喜财主。渠源祯（1842—1920），字筱洲，小名旺儿，人称旺财主。渠源淦，字松坡，小名金儿，人称金财主。渠源洛，小名重儿，人称重财主。渠源祯是著名的三晋源票号的财东，该号创设于同治初年，资本银30万两，在北京、天津、上海等地设分号11处，最盛时营业额达六七百万两，每股红利6000余两。渠源潮是长盛川票号的财东。源祯、源潮、源淦、源洛还合组有百川通票号，投资存义公票号，并在各省设有茶、盐、钱、当、绸缎、药材等商号。旺财主渠海祯是渠氏家族中最善于经商和理财者，如同治年间，渠源祯投资银30万两入股在平遥南大街开办的百川通票号，后来柜上存入了清朝旗人一笔3000万两的巨银，只保存银，不要利息。百川通大走财运，三年结账，每股分红1万余两，渠源祯每次分红10万两，连续分红三次，赚回了原本钱后，源祯断然将本银全部抽回。商界人士十分惊讶，有人问源祯，他也笑而不答。后来源祯才说出其中缘故，原来他认为：凡事乐极生悲，否极泰来，盛中必有衰。买卖有赚就有赔，百川通存银是旗人的，旗人有权有势，时间一长难免耍无赖，因此要适可而止。后来事实证明，渠源祯眼力确实不错，此后百川通生意如江河日下，一年不如一年，因而就有了"旺财主有眼力，赚钱不钻钱眼子"的俚语。渠源祯经商一生，几乎没有遇到过赔累亏损事例。

源祯在商界是人所公认的高手，但其家庭生活并不美满。原配阎氏，结婚后不久便去世了。继娶祁县乔超五之女。超五是咸丰己未举人，官任直隶新城知县，久居宦海，官场习气浓厚，与源祯翁婿间不太融洽。更兼源祯生性乖僻，处事严厉有余宽厚不足，"好面折人过"且"多内宠"，（《渠源祯墓志铭》）因而与乔夫人感情不睦。渠源祯有三子，即本翘、本栋、本樑。本翘自幼高度近视，不为乃父所喜。源祯最喜本栋，不幸未及成年夭亡。本樑被逐出家门冻饿而死。本翘从小就被赶出门外，在外祖父家长大。

渠本翘长大后中了进士，父子关系有所改善。而且对渠本翘的爱国兴矿和兴办实业持积极态度，从经济上支持了渠本翘的活动。1919年渠本翘猝然去世，对年迈的渠源祯不啻是个沉重的打击，噩耗传来，便一病不起，于次年9月去世。终年七十九岁。

渠本翘（1862—1919），字楚南。自幼随母在外祖父乔家寄居。乔家设有私塾，本翘在此受到了良师指导。不到二十岁便博通经史。光绪十一年（1885）"以第一人入泮"，考取秀才，十四年（1888）中解元，十八年（1892）中进士，以内阁中书用。时年三十岁。后东渡日本任横滨领事。宣统二年（1910）任典礼院直学士。本翘年轻时喜欢舞文弄墨，思想也比较活跃。他在《受薇堂遗集》中说："刘子翼余同学友也，共笔砚者五六寒暑，每当雨晨月夕，相与赏奇析疑，妙绪泉涌，有所会则鼓掌大笑，或更拈韵斗捷，往往至半夜不知够。"（《受薇堂遗集叙》）光绪十八年（1892），山西当局曾创办一火柴局，生产近代火柴。由于火柴局衙门气象很浓，产品质量又次，所以销售很差。光绪二十五年（1899），火柴局由山西商务局接办，更名为"晋升火柴公司"，营业仍然欠佳。光绪二十九年（1903）渠本翘以5000银两把这家火柴公司接过来，他又拉同乡乔雨亭入伙，更名为双福火柴公司，官办工业从此转变为私人企业。

双福公司在渠、乔二人的苦心经营下，很快扭亏为盈，到民国初年，公司资产总值达20万银圆，渠、乔二人分红利近40万银圆。后来双福公司由于外国资本侵入，又受国内战事和晋钞贬值的影响，生产和销售陷入困境，最后被阎锡山的官僚资本所侵吞。但渠本翘开创山西民族资本工业的业绩是不可磨灭的。光绪三十年（1904），山西暴发了轰轰烈烈的争回矿权运动。这一运动是山西人民反对清政府出卖山西平定等地煤铁矿权，要求自己办矿的群众运动。而渠本翘是这一运动的积极参加者。渠氏还与各界人士积极筹办山西保晋矿务有限公司，并被推举为公司首任总经理。可惜的是，后来由于山西当局截留了渠本翘当年向各票号预借赎矿银的抵押——地亩捐，迫使渠本翘把保晋矿务有限公司的资本挪借归还原借票号之银，造成了保晋矿务有限公司资金短缺的局面，使渠本翘经营山西煤炭业的宏伟计划无法实现。最后，渠本翘只好辞去公司总经理之职。

渠本翘在票号改革方面，也是很有见识的。光绪三十四年（1908），光绪帝、慈禧太后先后去世，银市动摇。山西蔚丰厚票号北京分庄经理李宏龄与渠本翘颇善，两人在票号改革上意见相投，共同议定了改革山西票号、筹办山西汇业银行的方案。渠本翘还亲赴平遥总号，陈述改组山西票号意见。但由于总号主持人目光短浅，反诬李宏龄等借机排挤总号主持人，另有个人企图，以致李宏龄和渠本翘的票号改革计划成为泡影。

渠本翘虽为富商，但为人很重气节。武昌起义后，山西政局动荡，清政府想借他的声望挽救在山西的统治，特授他山西宣慰使，但他拒不受命。辛亥革命后，袁世凯篡夺了革命果实，渠本翘便蛰居天津，未再出仕，直到病故。

/具有商业烙印的晋商家族

8. 儒商榆次常氏

徐珂《清稗类钞》称：常氏有资产百数十万两。该族原系山西太谷县人，明朝弘治十三年（1500）有常仲林迁居榆次县车辋村刘家寨，由仲林一世起，传到八世常威时，"家始起"，"至于起家，即率经商，其经商则在多伦诺尔、张家口、兴化镇，本省则大同、繁峙等处"。常氏发迹之后，添房盖院，氏族分居，分为"南常"、"北常"。"南常"以常万玘为代表，为"世荣堂"；"北常"以常万达为代表，为"世和堂"。北常从乾隆年间始，就由大德玉商号在恰克图进行对俄贸易。随着业务的发展和资本积累的扩大，常氏于道光六年（1826）新设大升玉商号，道光二十年（1840）又增设大泉玉商号，同治五年（1866）增设大美玉商号，光绪五年（1879）增设独慎玉商号，形成常氏的"玉"字连号。此外，独慎玉商号还在俄国莫斯科设立了分号。汾阳县路履仁曾经目睹清代恰克图对俄贸易中的山西商号，他说："买卖城（恰克图）内有一东西向横街和三条南北巷子组成，西巷有常家的大泉玉，中巷有常家的大升玉，东巷有常家的独慎玉。"渠绍淼、庞义才著《山西外贸志》说："在恰克图从事对俄贸易的众多山西商号中，经营历史最长、规模最大者，首推榆次车辋常家，常氏一门，从乾隆时从事此项贸易开始，历经乾隆、嘉庆、道光、咸丰、同治、光绪、宣统七朝，沿袭一百五十多年，尤其在晚清，在恰克图十数个较大商号中，常氏一门独占其四，堪称清代本省的外贸世家。"北常后来开设的"玉"字商号达到十家，通称"十大玉"。据《汉口山陕会馆志》载，光绪八年（1882）在汉口的北常设号是：

大昌玉、大德玉、大泉玉、保和玉、慎德玉、大升玉、三和源、大通玉、大顺玉、泰和玉、独慎玉。

"南常"的商号都带有"德"字，号称"十大德"。其商号遍布苏州、上海、汉口等地。

常氏的家谱中有许多有关常氏族人外出经商的记载。如常氏九世常万达的"八十寿序"中说："翁为榆邑望族，自少英敏，具干济才，方弱冠，遂弃制举，业拵计，然术事无巨细，便能摒弃区划，悉合机宜，为老成辈所器重。中年懋迁有无阅历，而谙练业精，一切运筹握算，克壮其猷，家业日隆。"九世常万育"八十寿序"中说："翁未弱冠，读书家塾，用力甚勤，人皆许其能，既乃失怙而家计甚切，母独命学陶朱术，翁因顺志北上，据先人遗资，经营二十载，家遂丰盈。"常万达之子、常氏十世常怀愉"八十寿序"中说："今幼而课读，颖异非常，长而经商，辛苦备至。至于寄迹厘中，更有可法者，栉风沐雨，以炼精神，握算持筹，以广智略。其深藏若虚也，有良贾风；其亿及屡中也，有端木风。持义如崇山，杖信如介石，虽古之陶朱不让焉。"常万达曾孙、常氏十二世常怿《墓志铭》中说："随父服贾张城，凡筹划经营实左右之。"常氏十三世常维丰《墓志铭》中说："君性明敏，事宜张弛，一经裁决，立即决焉，每任一人，皆精明强干，以故生理日盛，富甲一乡。"

常氏作为封建时代的商人，曾积极参与清朝的政治和文化活动。例如捐助地方书院，道光十七年（1837）因捐助榆次书院，知县给匾一块，上写："崇文尚义"。光绪五年（1879）因捐助山西官书局刻书，巡抚曾国荃赐匾一块，文曰："义关风雅"。光绪三十三年（1907），因常氏十四世常赞春以藏书捐赠榆次学堂，山西巡抚恩寿赐匾一块，文曰："士诵清风"。常氏还参加赈济灾荒与善后捐输。如光绪三年（1877）因山西灾荒捐输银 3 万两，巡抚曾国荃赐匾一块，文曰："好行其德"。庚子后，因捐助清政府善后经费，山西巡抚赵尔巽奏请于光绪二十九年（1903）奉皇上旨赐匾一块，文曰："乐善好施"。在义和团运动中，常氏十三世常立教，由村众举充乡团团长，"与村人赵君成业、刘君秉仁协议安置拳众毋扰，并练团丁，以防他匪侵入"。

常氏发迹后积极投资土地，在清代后期还创办了近代工业。榆次车辋村土质不好，当地人说："走东阳、过西阳，德音庞至烂车辋。"即使如此，常氏也未放弃对家乡的土地投资，南北两常在车辋村占有的土地，为全村土地的三分之一强，约20顷。庚子事变，常氏商业遭受损失，常氏转而热心创办近代家庭工业。

常氏除创办近代家庭工业，还向山西近代工业火柴局、保晋矿务公司、晋华纺织公司有过投资。保晋公司第四任经理就是由常氏十四世常旭春担任。他在职15年（1923—1937），是各任总经理中任职年限最长者。

常氏商业于清末民初衰落。常氏十三世常立训在光绪中叶曾充任常家股东代表达20年，在他的《墓志铭》中记述了他目睹常氏商业"日落西山"的苦衷说："公益不以一时之致富为可矜，而以日后之食贫为可虑，于其酌盈剂虚之际，已足见其持满戒溢的苦衷。"这就是说，光绪中叶，常氏丁口既繁，需用日浩，已是开支拮据。庚子事变，归化（今呼和浩特）受兵燹之苦，辛丑张垣又受德人骚扰，辛亥国体骤易，"山西商务遂难复如旧时"。常氏十三世常立教《墓志铭》记述道："壬子吾家骤落，京肆事尤棘手，族众推公往，癸丑公遂驻京，至甲寅秋，自以维持无术，谢归。"这就是说，民国初年常氏商业已彻底衰败，而且回天无术了。

常氏由商业始，传至十三世时，已有"世兼儒贾为业"之称。常氏由经商家境始裕之后，便注意了让子弟读书学儒。常氏八世常

148

吉为县贡生，是常氏子弟入贡第一人。此后就延绵不断，到清末，常氏从八世到十五世入邑庠生达 78 人。特别是清光绪年间，常氏十三、十四世，有拔贡 4 人，举人 5 人，进士 1 人。光绪二十八年（1902）就有常赞春、常旭春、常麟图弟兄一门三举，集常氏一时科举之盛。清末废科举立学校，从十四世到十六世，有 4 人赴日留学，有 10 人毕业于省内外大学。由于常氏重视教育，家族中培育出了许多著名的经史研究和书画家。据《常氏家乘》载：常氏十二世常炳仿柳少师书、常佶双钩字，时称无双；常怿工画山水及虎、马、蝴蝶；常憬尤工欧阳书，常惺善诗。常氏十三世常维梁楷工柳少师书；常立德爱藏书，且究考订学，晚学颜鲁公书；常立爰喜藏书，研读史学理学，精数学；常立屏邃于史学，书法工颜真卿、董华亭诸家；常立方为清副榜举人，嗜史籍；常维丰工书善画。

常氏子弟中，有几位在省内外政界、文化界均颇有影响。例如：十三世常立教，光绪十一年（1885）中式第 53 名举人，赴京会试，曾参加康梁变法的“公车上书”，在故宫陈列的黄榜上有名。十四世常麟书，光绪十七年（1891）辛卯中式第 51 名举人，由翁同龢荐，入国子监南学深造 7 年，光绪二十九年（1903）中式第 219 名贡士，殿士取三甲第 87 名进士，任户部度支部主事，因丁忧未就任，曾任常氏笃初学校教务、榆次凤鸣学堂堂长，创办榆次速成师范学校，任校长兼总务。民国初年移居省城太原，历任山西大学、工商、商专、一中等校语文教师。毕生从事教育工作，有《诗经述义》、《礼记易简录》等 10 多种著作。十四世常赞春，光绪二十八年（1902）庚子辛丑恩正并科中式第 3 名举人，后就读京师大学堂，获文学学士学位，受聘为清史馆征访员、山西文献征存局编辑，曾任国会第二届众议员。毕生从事文化教育工作，学术渊博，尤通文史，长期在山西大学和文法、教育学院执教，深为学生敬重。总纂《榆次县志》多有创见，著作甚丰，尤擅长书画篆刻。常氏十四世常旭春，自幼聪慧才高，童试第一，光绪二十八年（1902）中式第 24 名举人，1912 年选任山西国民公会副会长，1922—1927 年出任保晋矿务有限公司总经理。书法先学魏碑，后宗李北海，所书气势磅礴，苍劲有力，是著名的书法家。常氏十六世常乃德，北京高等师范史地科毕业，后赴日，归国后历任燕京大学、山西大学、四川大学、华西大学教授，学识渊博，著作甚丰，主要有《中国民族小史》、《中国财政制度史》、《社会科学通论》等。

9. 太谷富商曹氏

徐珂《清稗类钞》载：曹氏有资产银六七百万两。曹氏原住山西晋源县花塔村（今属太原市晋源区），明洪武年间迁居太谷县北洸村。曹氏发迹，始于明末清初人曹三喜。当时，曹三喜为谋生，随人至东北三座塔（在今辽宁朝阳县）租地种菜、豆类。后与一当地人合伙，用所种之豆，磨成豆腐出卖，用豆腐渣养猪。辛苦多年，日渐发达。这时，原合伙人提出分开各自经营。曹三喜独立经营后，由磨豆腐、养猪，又发展到用高粱酿酒，进而开杂货铺，后来又兼并了原合伙人的生意。随着三座塔地方的繁荣，人口的增多，建立了朝阳县制。而曹三喜在该地早已开办商铺，所以当地有"先有曹家号，后有朝阳县"之说。此后，曹三喜又将商号开办到赤峰、凌源及建昌等地，经营范围也扩展为杂货业、典当业、酿酒业。后来又在沈阳、四平、锦州等地设立商号，这样，曹氏已成为关外大商。清军入关，曹三喜又向关内发展，他首先在原籍太谷县设号。曹三喜致富后，把资产分为七份给七个儿子。不过在商业上仍合资经营，七家各出资本银 10 万两，组成总管理处，称"曹七合"。后来因一个儿子出门承嗣去了，又把"曹七合"改为"六德公"。六门各有堂名，如：怀义堂、留青堂、三多堂、五桂堂等。他们合资办的商号，到清道光、咸丰时达到鼎盛。当时在济南、徐州、兰州、太原、天津、北京、沈阳、锦州、四平、张家口、黎城、屯留、太谷、长子、榆次和新疆、库伦及国外莫斯科、伊尔库茨克等地，均有曹氏商号。其经营范围很广，有绸缎、布匹、呢绒、颜料、药材、皮毛、杂货、洋货、茶叶、账庄、典当、钱庄、票号等。曹氏一家各门，在商业经营上合资共管，在家庭经济生活上则是各门自立。在各门中以三多堂最盛：在曹培义时代家资有银 300 万两，年开销 3000 余两；到曹中美时代，家资有银 600 万两，年开销约万两。

曹氏商号用人，初以曹氏本族居多。后来商业发展，用人范围有所扩大，但也在晋籍人之内。大致用人途径有二：一是大号掌柜举荐；二是从伙友中提升。被举荐者均需已具备相当业务经验，被提升者均须已有一定劳绩。曹氏商号还聘用过一些能文善写的秀才，如高介臣、杨济溥等人。曹氏商号在用人上规矩很多，例如：新用掌柜或刚入号伙友，三年内不发工资，只管伙食，也就是试用期。三年后如继续任用，按其地位高低、责任大小发给劳金。掌柜劳金一般一年为 100—120 两，十年后按其劳绩给予顶生意，即以人力顶身份参与股份利润分红。各商号除大掌柜、二掌柜、三掌柜外，还有管账、坐柜、栏柜头、跑外人等。这些人初来多是经人介绍，并有铺保。三年试用期，商号只管伙食。从第四年正式录用后，才发劳金。如在试用期表现不好者，违反号规者，掌柜认为"不堪造就"者，一般在每年农历正月十五日前通知辞退。

曹氏商号订有严格号规，员工均须遵守。如规定商号员工不得

　　/具有商业烙印的晋商家族

抽大烟、打牌、嫖妓。宴请来客时，有指定专门负责应酬掌柜（一般是二掌柜或三掌柜），宴请中一般不谈交易，俟饭后才看货、议价、交易。掌柜及伙友平日在号内必须穿大褂，外出或与来客洽谈生意必须加穿马褂，以示恭敬。伙友有坐柜、站柜之分。站柜者为初进号之学徒，往往需站七八年后才能升为坐柜。就是已成为坐柜者，见到掌柜时也必须站起。住号伙友平时所穿衣服，都不准有口袋。清代使用铜钱时，每位伙友有一小钱串袋，按名次挂在柜房内，可作为伙友剃头、洗澡零用开支。如遇例假批准回家时，必须把携带包裹收拾好，先放在柜台，表示请大家检查，内中绝无夹带柜内财物。平日号内吃饭，各伙友均按劳金多少依次而坐，不得乱位。

曹氏商业是封建的资本经营方式，随着社会的发展和国内外政局的变化，曹氏商业在清末衰落。辛亥革命后，白银改银圆，银圆改钞票，几次变更，曹氏商号由此带来资本折换等，亏损银数十万两。1919 年，曹氏在莫斯科、伊尔库茨克和蒙古库伦（乌兰巴托）的商号，负外债银 80 余万两。原持帝俄时代钞票每张抵银 1 两，苏联革命成功后仅值白银 5 分，此一项曹氏亏银 37 万两。曹氏商业以东北各城镇为多，北洋军阀混战时期，张作霖的奉系军阀大量发行"奉票"。1922 年第一次直奉战争，奉系军阀失败，"奉票"大跌，曹氏商号又损失一百数十万元。1931 年"九一八"事变，日军侵占东三省，后来又成立伪满洲国。按日军的殖民地经济法规，曹氏在辽宁的 5 个银号合并为玉城银号，归伪满洲国的政府所有，致曹氏在东北的商号全部化为乌有。东北原是曹氏的发祥地，其东北商号的垮台又影响到关内的商号。在各商号倒闭前，各号掌柜又趁机各饱私囊，曹氏后代子孙又多吸食鸦片，庸碌无能，曹氏的商业终于全部倒闭。

曹氏自曹三喜始，到曹克让及其子衰落，共历二十四世。曹三喜原为文盲，目不识丁，曹氏家业兴起后，很重视对子弟的读书教育。曹家设有家塾"书房院"，延聘名师任教，对教师待遇颇厚，每年束脩金在百两以上。曹氏除捐官外，其子弟在清末也有考取功名中举者。例如：

曹培德（1853—1909），字润堂，为人精明干练，曾为直隶候补知府。精六法，嗜填词，尤工作诗，著有《木石庵诗合刻》、《木石庵文集》、《木石庵随笔》、《傅文贞先生年谱》。他富有经济才能，弃儒经商，所有曹氏"锦"字商号，如锦丰泰、锦生润、锦丰焕、锦丰典、锦泉汇、锦泉兴、锦泉和、锦泉涌、锦元懋、锦隆德、锦泰亨等，皆是曹培德一手创立。培德还是一位有爱国思想的诗人，由于他正处在清朝封建帝国走向崩溃，沦为半封建半殖民地的历史大变革时期，他忧心国事，在《塞上行》中写道："屯田有志空怀策，报国无人共请缨。"但苦于报国无门，只能发出"顾我七尺躯，不能雪国耻"（《寄友》）的感慨。直到晚年尚且要"喜逐陶朱求富我，漫从罗马觅奇书"，主张通过"开矿、筑路、兴工商"致富救国，并以年老衰病之身积极参与了山西人民的从英商手中争回矿权的运动。晚年，由于他致富强国思想得不到社会上的承认流露出"曹郎壮发白发稠，胸怀志略无时酬"（《黄粱叹》）的感叹，遂全力编写《傅山年谱》，《偶成》一首，正是他这个时期的内心表白：

> 我与世无求，世于我何有。
>
> 结屋四五间，种菜二三亩。
>
> 架满圣贤书，门少吏胥扣。
>
> 此中有真乐，人反笑林守。
>
> 那知天涯客，终岁徒奔走。

/具有商业烙印的晋商家族

我岂无所欣，动恐得其咎。

君不见古之豪杰，推韩彭，

事成难保为功狗。

又不见粟里隐者陶渊明，

至今犹赓先生柳。

我生幸际太平时，

但愿日日醉饮黄花酒。

曹培德虽是富商，但晚年不屑周旋于世俗，舒适的生活已使他感到厌倦，进而向往田间生活。《雨霁复游西凉寺》正是他对农事向往的表白，诗云："农亦荷锄旋，村童转驱悖。耕望十斛收，牧惟善饲喂。勤勤卒岁间，知足愿易遂。"

曹中裕，传为山西巡抚胡聘之"同年"，光绪时曾出任保晋矿务有限公司经理，胡去任后，中裕也随之去职。

曹克让，举人出身，嗜好书画，多藏名人诗画，价值昂贵达百数十万元。1937年日军入侵山西后，克让保存之不少名画被日军抢掠。还有一些名画，后来被曹氏子弟中吸食毒品者偷窃变卖，致曹克让所收藏之名贵书画，全部散失。

10. 介休富商冀氏

徐珂《清稗类钞》载：介休冀氏有资产30万两。冀氏是宋代从山西临晋县迁入介休县邬城，后又迁入介休北辛武村。冀氏是大户，"其支派分出，丁口益众，梓里相逢，每难识别，兼以宦游省者有人，服贾他乡者有人，又迁广平、迁湖北、迁陕西、迁北口"。冀氏约在乾隆年间开始发迹，到冀氏十七世冀国定时期，冀氏商业已相当可观。道光初，冀氏在湖北樊城、襄阳等地的商号有70多家，经营以当铺为主，次为油房杂货铺，其中资本在 10 万两以上的有钟盛、增盛、世盛、恒盛、永盛当铺，平遥谦盛亨布庄。其时，冀氏有资产达 300 万银两。但冀氏富后不愿露富，冀国定为掩饰其富，有对联云：

处世无才惟守拙

容身有地不求宽

冀国定是冀氏单传，他年过四十岁时，膝下无子，遂娶继室四房马太夫人，后生以公等五子。国定去世后，因"诸子未更事，内外诸事"皆由马太夫人经理。她足"不出户庭，而大蟊在手，综理精密"，丝毫不比国定逊色。据说平遥县开标利，如果马太夫人不到，就开不了，因为不知道她是放还是收。其经营之才干，由此可见。据清人徐继畬《冀母马太夫人七十寿》载：

太夫人为诰赠资政大夫一斋冀公之继室，母家簪缨世胄凤娴诗礼，赠公自祖父以上单传者七世，家称富有，而苦于襄助无人。自太夫人来归，乃准母家仪式相之，以立家规，赠公资业半在荆楚，又有在京师畿辅山左者，往来照料，井井有条，而家政则一委之太夫人。赠公自奉俭约，两餐恒杂粗粝。太夫人曰：此惜福之道也。然自奉宜薄，待人不厌其厚。既擅素封之名义，所当为不宜居人后。赠公深以为然，故指囷赠舟之事，不一而足。会垣修贡院，首捐万金，族戚邻里之待以举火者，无虑数十百家，皆太夫人赠助成之。赠公既逝，太夫人以诸子未更事，内外诸事悉自经理。南北贸易经商字号凡数十处，伙归呈单薄稍有蠹漏，即为指出，无不咋舌骇服。不出户庭，而六蟊在手，综理精密，不减赠公在时。又待伙极厚，故人皆乐为尽力。……太夫人男子五，有己出、有庶出，抚之如一，教之如一，诸子虽得高爵，而躬躬修敕不敢以裘马耀乡间。供客极

/具有商业烙印的晋商家族

丰腆，而家中两餐仍俭素。曰：惜福则福自长也。故诸子生富豪，而能饱粗粝。

大约在咸丰六七年间，马太夫人曾为五个儿子分家各立门户，从此冀家有了"五信堂"之称。冀氏所经营的商业，除平遥谦盛亨布庄（后改为票号）归五堂共有外，其余均分给各门，加上他们在分家后又新设的商号，各门的情况是：

以公（悦信堂）：析产分到增盛、广盛当铺，之后在直隶大名府新设当铺、颜料铺数家，在介休县张兰镇设悦盛昌、悦来号钱庄，又在湖北通过当铺放账兼并了部分土地。

以廉（笃信堂）：析产分到钟盛、益盛当铺，后在介休县张兰镇新设谦盛晋钱庄、平遥县宝兴成绸布庄。

以中（立信堂）：析产分到恒盛、文盛当铺，后在介休张兰镇新设恒盛茂商号。

以和（敦信堂）：析产分到永盛、星盛当铺，后在湖北樊城又设鼎顺、永顺当铺，在北京设仁盛当，在库伦、喇嘛庙和张家口设恒顺发等皮毛商号，又在介休万户堡购买土地2顷多，在洪山购买水地1顷多。

以正（有容堂）：因同马太夫人在一起，析产只分世盛当铺，另有现银10万两，后在祁县设天聚和茶庄。以正是秀才，据说为考举方便，在平遥县设其德昌票号（兼营布庄），在太原设其昌永绸布庄，在晋祠设其世昌、其世泰杂货庄，号称"四杆旗（其）"，并在晋祠购稻田4顷。

"五信堂"除在外地购买土地外，在原籍本村有土地30多顷，占全村土地的三分之一。光绪初年，以廉、以中各以银30万两建大宅院，以正用银10万两购北辛武村破产财主"阎百万"房舍，以和

156

用银 10 多万两新建房舍和花园，只有以正留住原宅。冀氏房宅装潢富丽堂皇，十分讲究，又在北辛武村开设杂货铺、肉铺、药铺、当铺，以方便其生活需要。

冀氏十九世灵哥是冀氏家族中的纨绔子弟。前述介休民间流传的说法："介休有个三不管，侯奎灵哥二大王。"灵哥是冀以公的长子，名惟聪，灵哥是乳名。他自幼娇生惯养，长大后奢侈浪费，挥金如土。介休县张兰镇逢农历九月二日有庙会，灵哥与介休二大王（郭可观）各自养一个戏班，比赛哪个戏班的戏演得好。灵哥与侯奎比赛跑马车，压死人后行贿地方官，竟逍遥法外。

冀氏商业从咸丰时起已因战争遭受损失。太平天国战争爆发，冀氏马太夫人一面从"湘南两湖"调回山西现银五六十万两，资本向北方转移，并在天津设立当铺。这时，"晋省捐输之议亦起"，冀氏"接连六七次，计前后捐输凡数十万金"。是时全楚被兵，冀氏"商号之遭兵燹十余家，资已去大半"。第二次鸦片战争期间，冀氏在北京"海淀字号被焚掠者四，山左直隶诸字号资本亦大半被焚抢，较之以前家资不及十之二三"。光绪二十六年（1900）"庚子事变"，冀氏在天津、北京的当铺被抢掠烧毁，平遥县、介休县张兰镇的谦盛亨票号、谦盛钱庄发生倒账，损失银 150 万两，冀氏商业从此衰败。冀氏到光绪时，人丁稀缺，"庚子事变"前，"五信堂"只有以和一人在世。"庚子事变"后，男性只有惟清，女性只有惟聪小女儿马奶子在世。冀氏商业败落后，由他俩代表各门清理债务。他俩又邀张兰镇贾退安协助，并公告大家称："庚子年后，民家生意，四处损失，无法清理。协同债权，邀请张兰贾退安先生破产还债，以清各处之财源，止利归本，分期归还。"

　　　　/具有商业烙印的晋商家族

11.《歧路灯》中的景相公——洪洞景氏

清人李绿园著现实主义小说《歧路灯》，书中第七回、第二十八回里都提到"绸缎铺的景相公"、"景爷"，亦即"景卿云"这么一位人物。清史学者魏千志认为："作者在创造、安排'景卿云'这位小说人物时，曾受到现实生活中的'景文洲'家族的启示和影响，恐怕也是不无道理的。"（魏千志《清代开封景文洲汴绫庄的发展》）景文洲，原籍山西洪洞县，明末清初由原籍来到河南开封。景文洲原是一个以贩卖绫绸、丝带、绒线为业的小商贩，懂一些丝织手艺。到开封后，逐渐积累了一些资本，遂开设了一家绫店，并以自己的名字命名。到乾隆时，景文洲汴绫庄的发展已趋向鼎盛，当时有织机99张，每张织机需织工2人，再加上一些辅助劳动者，总计工人当在200名以上。从同治八年（1869）景氏"庸德堂公分业账清单"看，当时景文洲在开封至少有五家分号：景文洲麟记、景文洲瑞记、景文洲兴记、景文洲纯记、景文洲成记。景家第二代有名叫景化麟的，景文洲麟记可能因他而起，所以景文洲汴绫庄设立分号，可能从景家第二代开始的。景氏一至三代殡葬比较简约，四世、五世以后，殡葬奢侈，棺椁厚实（四独柏木板），随葬品豪华（大量绸缎衣被、纯金首饰等），棺内还放有防腐药物。可见，景氏从第四、五代时起，已经相当富有，按世代时间推算，景家第四、五代，正值康熙末年至乾隆初期。景文洲汴绫庄的整个组织分"柜上"与"后作"两部分，"柜上"是负责经营、管理的部分。人员包括掌柜、账房、站柜店员与学徒等。"后作"是生产部门，设管机，余为织工、徒工。其经营品种主要有包头、手帕、素缣、裱绫、画绢等。景氏汴绫庄在清前期得到巨大发展后，清后期未能继续发展，而走上了衰败道路。其原因一是投资土地、房产，使利润不断转化为地租、房产。从同治八年（1869）景家的一支"庸德堂"分家清单看，有土地1468亩（约98公顷），但负债累累，并大量出卖土地。又据同治八年（1869）"庸德堂公分业账清单"载，景家这一支就拥有房产24处，其中除一部分自用外，有相当一部分是为了征收房租而出赁。清代小说《歧路灯》中主人公其收入主要靠地租和房租。租赁他家房屋的商号有"隆泰号"、"吉昌号"以及当铺、绸缎铺、海味铺、煤炭厂等，其中"隆泰号"一年交的租银就有80两。《歧路灯》中的这些描述，乃是当时现实生活的反映，由此也就不难理解景氏何以要购置那么多的房产。二是经营其他行业，分散了资本。景氏虽以经营丝织业生产出名，但同时也开办了一些其他行业的店铺，如庸德堂除拥有"景文洲麟记"、"景文洲瑞记"绫店外，还开设有同泰丝庄、德兴丹局、德成油房、东会福酒店。这些店铺，都是有相当大的规模。景氏经营多业，乃是因丝绸销路不广，只好求助于经营多种商品了。三是分户析产，使景文洲不断遭到分割。随着景氏人口的增殖和世代的推移，景氏家族曾不断分户析产。从同治八年（1869）景家"庸德堂公分业账清单"中可知景氏至少有两次分家。一次是同治八年（1869）以前，景文洲的五家绫店被一分为二，景文洲麟记、景文洲瑞记分给了庸德堂一支，景文洲兴记、景文洲成记、景文洲纯记分给了另一支。其余财物，如土地、房产、其他商号等也一一均分了。另一次是同治八年（1869）。这次庸德堂一支又一分为四，景望洲分得财产是：景文洲麟记绫店1座，房产7处，土地852亩（56.8公顷），吴沛苍欠钱三百千；景玉洲分得德兴丹局1座，德成油房1座，房产6处，土地172亩（11.5公顷）；景蓬洲分得东会福酒店1座，房产1处，土地162亩（10.8公顷）；景鹤洲分得景文洲瑞记绫店1处，同泰丝庄1处，房产6处，土地162亩

159 　　/具有商业烙印的晋商家族

（10.8 公顷）。这次分户析产，不仅因大作场被分割丧失了生产上的优势，而且门户的增多也使景家消费总量有显著增加。如庸德堂欠外债银 16369 两，钱 14710 串，而别人欠他们的钱只有 300 千。拮据之势，已经显露。庸德堂一支已是元气大伤，江河日下。四是景氏从第六、七代开始，生活奢侈，挥霍无度，加之受洋货排挤和封建军阀的打击迫害，到 20 世纪 30 年代就完全破产了。

商号与商人集萃

一、特色各异的商号经营智慧

晋商中著名商号很多，其经营智慧各具特色，下面略举几家商号。

1. 旅蒙第一商——大盛魁

大盛魁是清代旅蒙商中规模最大的商号，创始人是山西太谷人王相卿、祁县人史大学和张杰。该号极盛时从业人员达六七千人，商队骆驼近两万头，活动地区包括喀尔喀四大部、科布多、乌里雅苏台、库伦（今乌兰巴托）、恰克图、内蒙古各盟旗、新疆乌鲁木齐、库车、伊犁和俄国西伯利亚、莫斯科等地。经营项目，上自绸缎，下至葱蒜，无所不包。其资金数额说法不同，有"资本近万万两"说，有资本"三千万金卢布"（俄人）说，有"资金三千万元"说。尽管说法不同，但都言其资本之雄厚，所以有其资产可用 50 两重的元宝从库伦铺到北京之说。

大盛魁以雄财之优势，纵横捭阖于漠北，懋迁有无，为同行所望尘莫及。该号总号最初设在归化城（呼和浩特），其一举一动对当地影响极大。如归化城市场上的几种重要商品，都由大盛魁来做开盘行市，如果大盛魁的货物尚未运进来，就必须推迟开盘。归化城市面上有一种"过标"、"过骡子"制度，这是一种极其严格的收、付款项制度。商号与商号之间，由于生意往来，彼此有存、有欠，需要按照预定日期进行清理。有存项就收回来，有欠项就付出去。每月清理债权、债务的日期，就叫作"过骡子"；每季清理债权、债务的日期，就叫作"过标"。过骡子的日期是三天，过标的日期是五天。这些时日的规定，乃是由商家共同议定，均须认真执行。但唯有大盛魁有时可以例外。当大盛魁驼队在"过骡子"、"过标期"以前回不来，均可改期，而其他商号均无此特权。

大盛魁是利用封建特权、放印票起家的。印票，是蒙古王公或札萨克，代表一个部落或一个旗，向高利贷者出具一种盖有王公或旗署印信的借据。因为这种借据上面盖了官印，所以称为印票。在蒙古借贷者本人向商号借贷时开出的借据，是由管辖他的部落或旗的王公、札萨克，代表全部落或旗开出借据。因此，这种印票，不仅是对贷款者具有证明的责任，同时还有对贷款者负责还清的责任，所以印票上有这样的话："父债子还，夫债妻还，死亡绝后，由旗公还。"这种贷款利息高，对贷出方有确实可靠的保证，因此这种高利贷是在封建特权下的一种高利贷。大盛魁放的印票账主要三种形式：一种是银两放贷。清政府规定，蒙古王公要定期纳贡轮流值班。他们到北京后，开支很大。如王公的服饰、送礼、宴客、赏赐、递门包、打通关节等，都需要银两。据说，在引见时，小太监用盖碗茶送一杯奶茶来，王公喝完茶，不能让空碗回去，至少装上一碗碎银子，盖好盖子，把碗送还太监，这样做既不露形迹，又大方。王公在京城不仅有许多应酬，还经常朝拜佛寺，游览名胜，花几千两银子，甚至花几万两银子也是常有的事。于是，大盛魁就包揽了借贷给蒙古王公银两的业务。大盛魁不仅获得了高利贷，而且使蒙古王公在经济上依赖于大盛魁，因而对大盛魁的商业活动多方给予机会和支持。第二种是赊销货物,即大盛魁用高价售货和计高利率,再用低价收购牲畜、皮毛。也就是说,在一次交易中,取得了三重利润。所以有人说,放印票和赊销是"一羊三皮"的利润。再加上欺骗、巧取、多收少付、以假冒真等手法,所取得利润就更多了。第三种形式是支差放贷。这就是清政府派驻蒙古军政人员的一切用品、开支,大盛魁是主要垫付商,所垫款项凡收不回者均由蒙古札萨克加盖官印,转为"印票"。大盛魁对于牲畜、皮毛、药材、百货等经营也都有独到之处。据说,咸丰以来,大盛魁每年仅贩运羊至少也有 10 万头,多时达 20 万头;每年贩运马至少 5000 匹,多时达 2 万匹。每当青草茂盛、牲畜膘肥健壮季节,即派员到各牧区收账,由王府接待,认定牲畜规格与作价数目,由牧民将牲畜赶到指定地点,验收合格后集中到商号牧场,然后再赶回到内地销售。大盛魁针对茶、烟是蒙古人民日用必需品的特点,首先制造和贩运最受蒙古人民欢迎的"三九"砖茶和"祥生烟",以砖茶为例,在归化城一块砖茶值银三钱多,销售时能卖到八钱银子,除去运费,一块砖茶利润就达银四钱。

大盛魁内部的组织情况:

(1)大盛魁在成立的时候不是合资经营,而是合伙经营,在商号成立若干年之后,营业已有很大发展,才由后人对已去世的三位创始人王相卿、史大学、张杰各立"永远身股",后改称"财股",股额最初每人为银 100 两,后改为 2000 银两。大盛魁的财东不同于一般商号,赚钱时财东可以按股分红,赔钱时不负清偿亏赔数额责任。大盛魁是经理负责制,业务大权集中于经理手中,这是因为它的组织规模庞大,业务范围很广,必须权力集中,指挥统一,才能适应企业发展需要。它的经理不仅有权处理任期内的一切,而且后

163

任经理，也主要是由前任经理安排。对经理的继承人，往往可以越级提拔。这个铺规世代相传，争议很少。大权集中于经理，这是大盛魁的传统。

（2）大盛魁内部人员分为从业与雇佣两种。从业人员又由有股份人、无股份人和学徒组成。有股份人员按照顶股多少区别等级高低，顶股越高者，在号内地位越高。股份低的人要服从股份高的人。所有顶股份数额、姓名都统一登记在万金账上，结账时照股分红。可以说，大盛魁是由这些有股份人员统治着。在有股份人员中又分为两种，一种为称"己"之人，另一种为只有股份，不称"己"之人。这两种人不仅称谓上有所不同，在万金账上的记载也不同，在姓名间加注"己"或不加"己"字。称"己"者可参加号内重要会议，看万金账，过问号内公存，因此他们是从业人员中最基本的人员。大盛魁人员中流行有这样的话："生意好顶，'己'字难得，"足见"己"字为从业人员所重视。无股份的人员即吃劳金人员，多为学徒期满滞留号内人员。他们是号内最大量的从业人员，他们只领工薪没有分红的权利，其地位在有股份人员之下，对有股份人员必须服从，甚至遭到责骂，也不敢还言，只能低头忍受。学徒在大盛魁内的从业人员中占很大比例，他们是最廉价的劳动力，被当作仆役使用，待遇极低，除吃饭外，每月工资银一两。大盛魁是人力合作商号，故对从业人员的选择培养非常重视。它又有雄厚的"公积金"，能以高额利润和发展前程来诱导与笼络它的从业人员，使之为它尽忠效力。大盛魁还有大量非从业人员，即雇佣人员，其中包括牧民。这些人总数曾达 5000 余人，分外内工、外工，长工、短工，大工、小工，月工、日工，包工、零工等。雇佣人员不能顶生意，但能提拔为从业人员。雇佣人员待遇较差。对于月工、短工、零工，在他们离号之前，掌柜的有几种不同的吩咐：一种是指定日期，让他们按期回号上工，另一种是让他们听信再来。前一种表示继续雇佣，后一种表示解雇。一经解雇，以后就难得再被雇佣，学徒也是这样子。因此，雇佣人员与学徒有一种共同呼声：出号容易入号难，出去再来如同登天。他们都有怨恨声："大盛魁的掌柜都是缺子无后，他们对待人就不是养儿女的心肠。"

（3）大盛魁总号最初设于乌里雅苏台，后迁驻归化城。它是全号的中枢。总号在蒙古和全国各地设立了许多分支机构，在蒙古草原设有许多做流动贸易的"房子"及拉着骆驼、驮着零星货物串蒙古包的小组。总号与各分支机构的关系，如同人身头脑与各个器官之间，是一个不可分割的整体。如乌里雅苏台分庄须依赖总号进货，才有营业可做，而它换回的牲畜，又须通过总号运到其他地方去销售。

此外，大盛魁还出资开设小号，如三玉川茶庄等。但小号是一个独立经营单位，它不依靠总号进货销货，它贩进来的货物优先卖给大盛魁，但也可以卖给别的商号。它是自负盈亏，实行单独的盈余分配，它与大盛魁之间是契约关系，不是组织关系。

（4）大盛魁利润的来源主要是牲畜、皮毛、药材等。每年的纯利润已无具体统计，不过从它每年1000万银两左右的营业额和三年30余万两银子的分红看，其纯利润十分惊人。据说大盛魁经理每账（三年）可分红利银近1万两，而归化城将军一年才统支1133银两。一个经理每年的平均红利，等于三个将军的岁支，可见其收入之多。大盛魁所以能成为垄断性大商业，主要在于它的公积金不断增加和充分利用。大盛魁积累公积金的办法很多，比如凡是卖出去的牲畜、货物均照市价计算盈亏，卖不出去的则划价很低，以防跌价，总号内部划价能卖二三两银子的羊，只划几钱银子。凡发出的货才划价，发不出去的货概不划价。铺底折价很小，"外该"折扣大，有的按半价折，有的按四成、三成、二成、甚至一成折。大盛魁由于多年积累，资本很雄厚，遇一年损失十万八万银两，或多花十万八万银两都不在乎。对于公积金也是绝对保密，并用各种隐蔽方式记载，外人看不懂，也无公积金一说，此乃今人对其资本积累按其性质所定之名。

（5）大盛魁组织机构复杂、人员很多，为了加强管理，长期以来形成一套传统的号规与习惯。如总号对分庄、分支机构的指示，分庄和分支机构对总号的请示汇报，都用编号和记日期的书信进行，写信多用暗语，像通常问候、气象冷暖等，遇到重大机密事项，则派员口述，并采取定期不定期查庄、查场办法，以检查业务得失和考核人、号成绩。对全号人员规定：一律不准携带家眷；号内人员不得长支短欠；号内财物不得挪用；禁止嫖赌吸食鸦片；号内人员在休假期不得到财东家闲坐，不得向财东掌柜送礼；号内人员婚丧喜庆由号内送礼，人员之间不得送礼；号内人员之间不得互相借钱，不得在外惹是生非；人员如有过失不得互相推诿、欺瞒包庇；有打架斗殴、挑拨是非、结伙营私、不听指挥者立即开除出号；财东不得用大盛魁名义在外活动，等等。（《内蒙古文史资料》第18辑）这些号规，保证了大盛魁业务的正常进行与发展。

2."天字第一号"日升昌

晚清人刘鹗《老残游记》第三回写道："老残到了次日，想起一千两银子放在寓中，总不放心，即到院前大街上找了一家汇票庄，叫个日升昌字号，汇了八百两寄回江南徐州老家里去。"小说中提到的"日升昌"字号，其原型就是山西平遥县达蒲村富商李氏开办的日升昌票号。日升昌票号的前身是西裕成颜料庄。西裕成在北京设有分庄。当时山西平遥、介休、祁县、太谷县商人在北京经营干果、杂货等的人不少，每逢年终结账，他们都要给山西老家捎些银钱。由于社会不靖，靠镖局运现，运费高，又容易出事，便有人与西裕成北京分庄经理商议后，将银钱交西裕成北京分庄，然后在平遥总号提现。开始时亲朋好友委托，两相拨兑，也不收什么汇费和手续费，后来要求拨兑的人越来越多，在双方同意的情况下，字号里收一部分汇费。西裕成经理雷履泰看到这种汇兑业务前途很大，便征得财东李氏同意，将西裕成颜料庄改组为专营汇兑的票号，定名为日升昌，从此在东方大地诞生了一个新的金融机构，时在清朝道光三四年（1823、1824）。

日升昌成立后，果然银钱汇兑业务蒸蒸日上。经理雷履泰是一位商场能手，熟悉生财之道。开始，日升昌营业对象主要是在各地经商的山西商人，江南米商、丝商、盐商。鸦片战争以后，社会动荡，盗匪丛生。清朝官吏、豪绅、地主、走私商人都和票号发生联系，票号营业飞速向前发展。咸丰、同治以后，官府与票号联系更加紧密，军饷、丁粮、厘金、赋税等都由票号过手。这时日升昌极为繁荣。日升昌票号分庄机构几遍全国。据统计，日升昌在如下城镇设有分庄：北京、天津、保定、济南、青岛、烟台、太原、曲沃、运城、西安、汉中、三原、开封、郑州、漯河、上海、苏州、扬州、镇江、杭州、宁波、蚌埠、南昌、九江、福州、厦门、汉口、沙市、宜昌、长沙、岳州、湘潭、成都、重庆、万县、广州、汕头、琼州、九龙、桂林、梧州、昆明、贵阳。光绪初年，日升昌营业额达到空前未有的高峰，资本数虽为 36 万银两。但常年流水却在千百万银两，它不仅能"汇通天下"，甚至利用其与官僚结托的关系，可办理捐官鬻爵，包揽诉讼。日升昌的经理、伙计，个个穿绸裹缎，派头十足。出门访友或回家探亲，若有人问他在何处做事，回答是洋洋得意的"昌记"二字，表明他是在"天字第一号"的日升昌票号做事。日升昌驻开封分庄经理邱泰基，山西平遥人，能说会道，善于应酬。他和开封的抚台、藩台结为盟兄把弟后，把河南省的财政收入都通过日升昌过局。他外出访客，坐着肩舆，来客投帖拜见，与官场无二。一次，他从河南返平遥，坐着四抬大轿，头前一人骑着马带路，耀武扬威。他到达平遥县的洪善驿时，驿丞以为是过差，赶紧报告平遥县衙，县太守急忙率领三班衙役出东门前来接差，一看原来是日升昌的邱泰基老板，扫兴而去。总号经理为了给县太爷面子，赶紧摆酒宴请县太爷与衙门里的人员，大家见面，哈哈一笑了事。因为邱泰基能赚钱，总号对邱之行为，也睁一眼闭一眼，任他而去。日升昌东家李箴视，由于日升昌营业兴隆，大发财源，估计他30多年中获利在200多万两银子以上，成为平遥县首屈一指的大财主。李氏在原籍达蒲村筑起四座规模很大的宅院，雕梁画栋，楼阁相望。宅中雇佣有老妈子、丫鬟、保镖、听差等数十人。

辛亥革命中，日升昌遭到致命打击。在变乱中，四川、陕西各分庄丢失银30余万两，由于清皇室贵族官吏垮台，放款收不回来，总数达300万银两。1914年农历九月，在金融界活跃90余年的日升昌票号倒闭，该号之倒闭"于全国金融影响甚大"。《大公报》载文分析其倒闭原因有如下数端：

（1）日升昌营业之中心点，在南不在北，南省码头最多，两次革命均受很大影响，此其一也。

（2）日升昌之款项，未革命之先均分配在南省。自革命后各省纸币充斥，现金缺乏，由南省调回现金，往返折扣，每万两亏至三十五两及五六十两。此种亏耗实是令人惊异，此又一也。

（3）日升昌当革命时，欠外数目约五百万，欠内之数七八百万，出入相抵，有盈无绌，然欠内之数目，成本已付诸东流，遑论利息。欠外之款项，该号为支持门面，维持信用起见，三年之中均未停利，此项亏耗又其一也。

以上三项，均该号中亏折之远因。所以关闭如此之速者，尚有种种之近因。第一种，广西之官款。广西官府催追甚急，动辄率兵威胁，计一年之中提取十余万两，犹日日前往催取。第二，该号之正经理为郭斗南，副经理为梁怀文，就资格论梁应居正。惟梁为人公正朴实，自革命后对于东家提用款项极力阻止，因此不能得东家之欢心，梁无可奈何遂于去岁出号。梁在号中素为大家所推崇。梁离去后，人心为之瓦解。第三，京号经理因号事吃紧，托病回晋，一去不归。有此三种近因，日升昌遂乃一败涂地。

3. 京城历史最久的酱菜店——六必居

明代北京有个著名的酱园店，商号名称叫六必居，已有 400 多年的历史。有人说：六必居最初由六个人合开，他们请当朝大学士严嵩题写字号牌匾，严嵩题笔写了"六心居"三字，可后来一想，六心岂能合作，便在心字上加了一撇，成为"六必居"。不过此说，恐怕是好事文人编造的故事。原来六必居是山西临汾西杜村赵存义、赵存仁、赵存礼弟兄三人开办的小店铺，专卖柴米油盐。过去的人认为"开门七件事，柴、米、油、盐、酱、醋、茶"。这七件事是人们日常生活必不可少的。六必居除了不卖茶，其他六件柴、米、油、盐、酱、醋都卖，因此就起名"六必居"。据说，他们请严嵩题写了字号牌匾。这就是六必居店名的来历。至于六必居制作酱菜，则是后来发展起来的。六必居是北京酱园中历史最久、声誉最高的一家。六必居有十二种传统产品，它们是：稀黄酱、铺淋酱油、甜酱萝卜、甜酱黄瓜、甜酱甘螺、甜酱黑菜、甜酱仓瓜、甜酱姜芽、甜酱八宝菜、甜酱什香菜、甜酱瓜、白糖蒜。这些产品色泽鲜亮，酱味浓郁，脆嫩清香，咸甜适度。六必居的酱菜所以出名，与它选料精制、制作严格分不开。六必居酱菜的原料，都有固定的产地。六必居自制黄酱和甜面酱，其黄豆选自河北丰润县马驹桥和通州永乐店，这两个地方的黄豆饱满、色黄、油性大。白面选自京西涞水县，为一等小麦，这种小麦黏性大，六必居自行加工成细白面，这种白面适宜制甜面酱。六必居制作酱菜，有一套严格的操作规程。一切规程，由掌作一人总负责。比如酱的制作，先把豆子泡透蒸了，拌上白面，在碾子上压，再放到模子里，垫上布用脚踩 10—15 天，然后拉成三条，剁成块，放到架子上码好，用席子封严，让其发酵。在发酵后期，还要不断用刷子刷去酱料上的白毛。经过 21 天，酱料才能发好。正是这种严格的操作规程，保证了六必居酱菜的质量。

六必居在经营管理上有一套方法，六必居几百年的经营经验中，有一条规定，即任何人不准超支或长支店内资金，对外经营也不欠债。如道光二十六年（1846）重订伙规条款明文规定：

东伙不许悬挂借贷银钱，倘有借贷，惟管事者是问。

银东支使钱文随时扣除，伙计支使银文，临回里之时须要还清。

银东按五厘定支，伙计按六厘定支，自定支之后，不得越支。

银东支使银两按两季开付，伙计支使银两按四季开付，不准早支。

六必居还规定：店内不用"三爷"（即少爷、姑爷和舅爷），前店柜台人多是山西临汾、襄汾人。

六必居还有个规矩，叫喝"栏柜酒"。栏柜就是柜台。六必居在每天营业结束后，便由厨房炒两个菜，热上酒，掌柜的便邀请店内上市的（即采购）、跑外的、管账的等人一起喝栏柜酒。这个形式虽然看起来比较随便，但这酒是不好喝的。因为在喝酒当中，掌柜的要向喝酒的人提问当天的营业情况。比如对上市的，就问他油市、粮市、菜市的行情，包括在购货之前的行市，购货时的行市，现在的行市。如果一问三不知，就是失职。或者回答得不完全、不准确，也下不了台。对管账的，就要求回答钱柜收进、支出银钱的数字，要一清二楚。所谓"买卖常算，庄稼常看"。六必居正是贯彻了这样一条经营方针。通过喝栏柜酒的形式，掌柜的既了解了当日的市场与本店营业状况，做到心中有数，又联络了上下级的感情，增强了企业的凝聚力。

由于六必居经营有方，酱菜制作保证质量，又特别重视商品的社会信誉，因而尽管饱经沧桑，却历久不衰，在群众中享有很高的信誉，成为北京著名的老字号商店。（《驰名京华的老字号》）

4. 御赐店名的饭店——都一处

闻名中外的北京都一处烧卖馆，原是乾隆三年（1738）山西李姓人开的一个小饭店。该店"都一处"店名之来历还有个故事：据说在乾隆十七年（1752）旧历腊月三十日晚上，京都各商店都已关门，因为人们该买的东西均已购齐，晚上已无人外出，商店也无生意可做，所以各商店包括酒店饭馆都已关门。可是在前门外仍有李姓人开的一小饭店照常营业。原来该店因为店小资金少，只能在大店没开门时仍开门，大店关门时不关门，做人家不做的生意，以求得在众多名家饭店之间求生存、求发展。年三十，有躲债的饭客出来喝酒吃饭，所以该店在年三十不过子时仍不关门。大约在亥时，从店门外进来了三个人，从穿着看似一主二仆。主人是文人打扮，二仆年事已高，但未留胡须，各打一纱灯，前后照亮。三人被伙计热情地引上楼吃酒，伙计将酒菜端上来后，文人模样者对酒店伙计招待之殷勤、酒味之浓香、小菜之可口，很是赞赏，便问道："饭店叫什么名字?"伙计说："小饭店没有字号名称。"此文人看看周围，听听外面的声音，很感慨地说："此时仍不关店门的饭店，京都就只有你们一处了，就叫'都一处'吧!"事后，人们也没把这件事放在心上。不想一个月以后，忽然有一天，十几个太监给李家饭店送来一块写着"都一处"的虎头牌匾。这时大家才知道年三十晚上来喝酒的那位文人，原来是当今乾隆皇帝。这件事，很快轰动京城。酒店李老板把乾隆皇帝写的虎头匾"都一处"端端正正挂在店中，把乾隆帝坐过的椅子盖上黄绸，下垫黄土，供奉起来，称为宝座，不许任何人再坐。并选定吉日，大大庆祝一番，从此全北京人人都知道"都一处"了。

"都一处"创业者，原是从山西到北京学徒一李姓青年。他经老乡介绍，先在肉市碎葫芦酒店当学徒。他为人勤快，很受顾客欢迎，又在酒店学会了制作小菜本领。三年学徒期满，他在亲友、老乡的帮助下，于乾隆三年（1738）在前门外大街鲜鱼口南，搭起席棚，摆上几张桌子、凳子，扯起"酒葫芦"的卖酒菜广告幌子，雇了一个伙计，就开了张。店铺没有字号，只是酒葫芦上写着李记。李记酒店开张后，因为服务热情，天天酒客盈门，买卖很是不错。李掌柜为人讲信用，凡赊欠面铺、酒店、油盐店货物钱款，都能准时归还，所以这些店铺也愿意与李掌柜打交道。李记饭店买卖越做越好，年年盈利。约在乾隆七年（1742），饭店又盖了新房，扩大了店铺门面，经营酒与煮小花生、玫瑰枣、马连肉、晾肉等小菜。马连肉、晾肉等小菜，尤其受客人欢迎。最初李家饭店并没有这两样小菜，李掌柜为了增添这两样小菜，曾经三次回山西老家，用优厚的待遇把山西制作马连肉、晾肉的高手张师傅请到北京，并派一名学徒专门侍候张师傅。张师傅制作的这两样菜，果然在北京一炮打响，李记饭店因此招来了不少酒客。所谓马连肉，是选带皮的五花三层上好猪肉，切成四寸长、一寸宽、二分半厚的肉条，用马连捆成五条一捆，放在锅里，加上适量的葱、姜、蒜、大料、盐等作料，用水煮，煮透成冻，类似现在的水晶肉，但具有马连清香味，下酒甚美。晾肉是选去皮瘦猪肉，切成四寸长、一寸宽的薄肉片，在房檐下晒干后，用水洗净，加木耳、面筋、葱、姜、大料、盐等作料用清水放在锅里炖，炖熟后类似现在之酱肉，但比酱肉利口，食之越嚼越香。李家酒店增添这独具特味的马连肉、晾肉后，买卖越发兴隆。不幸的是年方三十多岁的李掌柜，突然患重病，不久去世，留下妻子带着一子一女过活。

"都一处"自从乾隆帝题写店名后，买卖很快兴旺起来。但其经营品种，直至道光年间还是以卖酒、马连肉、晾肉、煮小花生、玫瑰枣等为主，因此在京城还只是一个小饭店而已，尚够不上名饭馆的档次。直至同治年间（19 世纪 70 年代），都一处才跻身名饭馆之列。李静山写的《增补都门杂咏》称："京都一处共传呼，休问名传，实有无。细品瓮头春酒味，自堪压倒碎葫芦。"都一处这时已增添了烧卖、炸三角等。都一处烧卖皮薄馅满味好，有葱花猪肉烧卖、蟹肉烧卖、三鲜烧卖等。都一处烧卖与别家的做法不同，如烧卖皮的规格要求很严，一张皮直径三寸需擀成二十四个花折。每四个烧卖用一两三的馅，一两三的皮。都一处的炸三角，皮薄、馅大，外焦里嫩，馅是

/商号与商人集萃

用瘦肉丁冻制成，吃到嘴里松软香嫩。这时的都一处不仅有了主食，同时还增添了炒菜。都一处的伙计，沿袭开店以来的热情待客经营作风，因此回头顾客很多。这些，都是"都一处"烧卖店兴盛200余年的原因。

5. 规章制度严格的票号——大德通

大德通票号是山西祁县乔家堡乔氏开办的票号，其前身是大德兴茶庄。这个茶庄约咸丰时（1851—1861）开始兼营汇兑业，同治时（1863—1874）专营汇兑，光绪十年（1884）正式改名为大德通票号。该号最初资本银6万两，中期增至12万银两，最后增至35万银两。由于大德通票号资金雄厚，人手齐全，经营有方，在商界信誉甚高，存款源源涌进，开出之银票能长期在市场流通。大德通票号以光绪年间最为兴盛，在北京、天津、张家口、沈阳、营口、包头、济南、西安、汉口、沙市、上海、开封、重庆、苏州等地都设有分庄。到20世纪30年代改组为银行、钱庄，一直经营到1949年。

大德通票号总号设在祁县，总号有总经理、副总经理，下有坐柜一人，处理日常事务。又有会计、文牍、外勤各三四人，另有学徒二三十人。大德通所属各分号之资金，统由总号划拨。总号对分号的人事、财务和业务经营都有权干预。财东提供资金，但对票号具体业务不加过问，年终由总经理报告营业状况。凡三年进行一次决算，分配红利，赏罚工作人员。票号的工作人员，除总号执事由财东委派外，其余由各方面推荐。总号随时雇佣学徒，三年之后正式录取调赴各分号供职。总号为了提高学徒的业务能力，实行聘请教师辅导学徒学习文化的制度。这一制度的实施，对于票号工作人员业务水平的提高起到了良好的作用。大德通各分号的工作人员并不多，一般为六七人，甚至有三四人的。这些人员由总号分配而来，在本分庄供职满三年，可回原籍休假半年，假期满后由总号再分配到新的分庄供职。如果在原供职分庄工作有成绩，原分庄经理又事先提出愿意让回去工作的，也可仍回原分庄供职。大德通票号是祁县帮，所以工作人员90%以上为祁县籍人。大德通对票号人员的解雇有以下三种情况：①对薪金人员的解雇，在每年的元宵节后解雇一次，由总号通知解雇。②对顶身股人员的解雇，先由总号通知承保商请该人另谋出路，到本年度年终决算后再通知本人，并由本人到总号立辞退契约，作为出号手续。③对在职亡故人员，由其亲属立辞退书据，完结出号手续。

大德通票号规章十分严格，所包括的范围比较广，执行比较认真。内容主要是：

（1）关于各分号互相之间的关系，规定以实事求是、顾全大局为要，倘有只顾自己结利，不虑别路受害者，当是不妥，勿谓将来对此赏罚轻重不公。

（2）关于业务经营方面，规定各庄买空卖空，大干号禁，倘有犯者，立刻出号；遇景逢情，囤积些实项货物，预先要请示总号，不得擅自举措，违者无论有利无利，按犯号规重罚不贷；要四处尽心检点，节省费用。

（3）关于票号负责人，务须各乘天良，尽心号事，不得懈怠偷安，恣意奢华。换班回里，务将手中事件，逐一交代别任接班，将己身随带衣物，录一花折，开回支使银两，随身如数结束。

（4）关于票号工作人员，规定皆要以和为贵，在上位者固宜宽容爱护，慎勿偏袒；在下位者亦当体谅自重，勿得放肆。倘有不公不法之徒，不可朦胧含糊，外请者即开销，由祁县总号请用者，即早着令下班回祁总出号。

（5）关于各种陋习，规定无论何人吃食鸦片，皆责令悛改。各庄有赌钱之风，坏品失节，乱规误事，皆由于此。不管平时过节，铺里铺外，老少人等，一概不准，犯者出铺。至于游娼戏局，偶蹈覆辙，早早结出，刻不容缓。

6. 制作和出售宫廷药的药店——广升号

山西省太谷县广升药店的前身是广盛药铺，约创办于明代嘉靖年间。广盛药铺原是到太谷县行医的某大夫开办，后被当地地主杜氏所侵吞。清代嘉庆年间，药店改组，新增姚聚等人入股，药店遂更名为广升（聚记）药店。

广升药店出售的自制中成药龟龄集和定坤丹，在历史上很有名气，现在仍然驰名海内外。这两种药原来都是宫廷药品。据说龟龄集是明代方士陶仲文向嘉靖皇帝朱厚熜进献的一种长生不老药，后由陶仲文的义子太谷县陶某将配方抄出，又经太谷药铺修改定名为"龟龄集"，从此流传于世。当然，说此药能长生不老纯属方士骗人。但此药确有增进人体新陈代谢，调整各部机能，加强血液循环，滋阳补肾作用，尤其对年老体虚者疗效良好。定坤丹是专治妇女经血不调的中成药。清朝宫女一般是十五岁入宫，二十五岁才能出宫婚配。长期的宫禁生活，使大多数妇女精神忧郁，体力虚弱，身患经血不调之症。乾隆四年（1739），太医院集全国名医修《医宗金鉴》，同时拟出治疗宫女月经不调的药方，即定坤丹。但因此药方不能外传，故《医宗金鉴》未收入。后来，山西太谷籍监察御史孙某，因母病从太医院抄出此方。从此，定坤丹也流传于世。传说，咸丰二年（1853），太平天国派军北伐时，天王洪秀全曾命北伐军攻占山西后，要保护好生产龟龄集和定坤丹的太谷广升药店。可见，广升药店出售的龟龄集和定坤丹影响之深远。

广升（聚记）药店从嘉庆年间改组后，到光绪初年是它的迅速发展时期。当时，汉口是川广药材的集散中心，怀庆（今河南沁阳）是生地、山药等药材的主要产区，广州是中西药品的进出口岸。广升（聚记）药店先后在汉口、怀庆、祁州（今河北安国）、禹州（今河南禹县）、广州等地设立了分店。同时，自制销售的丸散膏丹也发展到十多种。如治霍乱的"麝雄丸"，治时疫的"玉枢丹"等均负盛名，销售颇佳。至于龟龄集、定坤丹则更是该店生财的灵丹妙药，尽管这两种药当时产量较低，龟龄集年产仅500瓶，定坤丹年产仅300盒，但因价格奇昂，每瓶（盒）平均需银2两左右，使该店收益不小。

光绪四年（1878），广升（聚记）药店又进行了一次改组，药店更名为广升蔚，资方包括杜、段、申氏等，而药店实权被段氏所掌握。光绪十一年（1885），广升蔚店的资方内部产生矛盾，又进行了第三次改组。申氏带领七家股东退出广升蔚，另组成广升（远记）药店。从此，两广升分道扬镳，各奔前程。

广升远首任经理申守常，精明强干，药店在他的主持下发展很快。雄厚的资本是经商的物质基础，申氏首先设法广为吸收游资，扩充药店资本。接着，积极向外扩展，开设分店，如在营口、济南、重庆、烟台等地也都设立了分店。此外，积极扩大龟龄集、定坤丹的销售市场，使这两种药的销售地区由原来的山西、河南、广东等地，又扩大到东北、西南各省和南洋一带。有人估计，广升远从成立到1930年盈利在70万银两以上。

但是，广升蔚却与广升远相反，由于经营不善，每况愈下。光绪三十三年（1907），吸收太谷巨绅孟广誉入股资金9000两，又将

/商号与商人集萃

店名改为广升誉，但药店经营并未改善，仍然连年亏损。1918年广升誉再次改组，更名为广升誉（正记）药店。终因经营不力，与广升远相比，营业一直处于劣势。

二、商界大隐

商场如战场，得人者胜，失人者衰。因此，商业成败，人才是关键。清末举人刘大鹏说："商贾之中，深于学问者亦不乏人。余与近日晋接周旋遇了几个商人，胜余十倍。如所谓鱼盐中有大隐，货殖内有高贤，信非虚也。自今以往，余不敢轻视天下人矣。"（《退想斋日记》）下面介绍几位商界大隐。

1. 票号创始人雷履泰

雷履泰（1770—1849），山西平遥县城人，始祖是贩货走山东的大商人，到其祖父、父辈家境已衰落。雷履泰青年时弃儒就商，先是当学徒。由于他勤苦耐劳，聪明能干，得到掌柜的赏识，很快由学徒到小伙计、大伙计，后来升任益义记商号掌柜。大约是嘉庆年间，有几年生意不顺手，心中很不是滋味。恰巧这时，有与雷履泰忘年交的平遥西裕成颜料庄少东家李大全，约请雷履泰到西裕成颜料庄来干。李大全认为雷履泰是个难得之人才，见雷在益义记干得不顺手，便发出此邀请。雷履泰的答复是："去贵号干我倒愿意，但有个条件，就是我在益义记赚多少银两，到了贵号仍然不少。"大全说："这好办，我回去和父亲说一下。"过了正月十五，李大全便将想聘雷履泰之事向父亲李文雍提起，文雍已是七十多岁老人，经常闹病，对儿子的想法挺支持，只是嘱咐他要善于处理好与履泰的关系，要知道才大难用。大全满口应承。于是聘雷履泰来到西裕成。不久，东家李文雍在宅第会见雷履泰，并请他讲讲如何办好西裕成的意见。雷说："我到西裕成才几天，情况不太了解。但我认为不论哪种买卖，要想把生意搞好，就要像春秋战国时的军事家孙武子用兵一样，能统筹全局，全面部署。另外，必须有严格的号规。韩信战胜项羽，诸葛亮辅佐刘备，都是军法严。做买卖虽然各有各的做法，但共同点是必须胸怀全局，了解行情，运筹帷幄，决胜千里，商场如战场，人才最要紧。"雷的一席话，都暗含着西裕成内部现存的问题，李文雍觉得雷果然名不虚传，便决定先委派雷履泰任西裕成汉口分号经理。履泰原在的"益义记"就是以经营颜料油漆为主的店铺。这次在西裕成汉口分号任职，对他是轻车熟路，很快就将汉口的颜料生意做得红火热烈。转眼四年一个账期来到，汉口分号业务大大获利，李财东看履泰果然出手不凡，随即将履泰调任西裕成北京分号经理。西裕成北京分号设在崇文门外草厂附近的十条一带，履泰走马上任后，常去北京最繁华的王府井大街走动，出入酒肆，盘桓茶楼，把北京的商情、民情吃得很透。在商号第二年初一晨的年饭上，履泰端正坐席对众伙计说："今年的买卖要在过去的基础上新增一项广泛接受汇兑生意的内容，具体利钱我已列出表格，照表办理，初五一开张，我们即可把这项业务广为宣传，跑街的伙计要把这当作一项重要业务来对待。"原来雷履泰在赴任前已与财东、总号经理商量好，等他到京后先将北京的市面情况作一详细了解，为下一步发展铺号扩大经营范围探寻道路。所以他到京后，出入王府井、天桥市，实际上是从过往客商中掌握全国货物的基本走向，了解全国过载庄与批发商的状况。在王府井"四方居"茶馆，他就从客商中听说：山东万来亨的镖车被劫，护镖师傅被打死，被劫走银几十万两，万来亨将为此关闭几个铺面。雷履泰知道经商的人在各地赚下银两，基本上都是通过熟人或老乡的关系，将银两交到当地铺号，再由铺号写信介绍回本地铺号中支取。这样做，主要是靠人情。当然，也需出点费用。但专门从事这种汇兑业务的字号一家也没有。同时，从事任何买卖都有行情变化、业务赔赚问题。而汇兑业务却绝对不存在赔的问题。但是这种汇兑生意需要大的资本，而李财东之财力雄厚，同时还可用低息将各铺号中存银吸收过来，开展汇兑业务，对于各铺号也是乐而可为之事。据此，雷履泰决心开展汇兑业务另辟财源。履泰先将他的上述想法和计划征求东掌意见，东掌也认为可以一试。经过两年的试验，西裕成北京分庄的汇兑业务效益已初见成效。李财东看履泰果然是干才，又把他调回西裕成总号出任总经理。履泰上任伊始，与财东商定，在继续经营颜料业的同时，由李财东再投资 15 万银两，全面开展汇兑业务。结果年底结账：颜料方面投资银 10 万两，获利银 4 万两；汇兑方面投资银 15 万两，获利10 万两。次年，又将所获利润全部投入汇兑，年底汇兑业获利 30 万两，翻了一番，而颜料业利润仅 40%。李财东见此又惊又喜，于是雷履泰又建议财东将颜料业彻底改组为专门经营汇兑的票号业。大约在道光初年，中国第一家汇兑庄诞生了。字号的名称是雷履泰精心想出并经财东同意的"日升昌票号"。取名为日升昌，是票号有如旭日东升、繁荣昌盛之意。今平遥县尚保存有日升昌当年的对联：

日丽中天万宝精华同耀彩

升临福地八方辐辏独居奇

雷履泰认为办票号首先要从制度上考虑完善，不得有半点含糊之处，他为票号所拟号规的内容大致是：

不准号内人员带眷属住店，不得借支钱文；

不准号内人员嫖娼纳妾；

不准号内人员聚赌；

禁止收存官家存款，浮存可以，有息定期严加禁止。

雷氏还详细拟定了营业的具体事宜，如汇兑时票号内部使用的暗语，将汉字中的"一、二、三、四、五、六、七、八、九"编写为"晋、兖、青、徐、扬、荆、豫、梁、雍"等九州名称，将"万、千、百、十、两"等计量单位分别编为"世事多更变，诸务宜预防"的五言歌诀。日升昌开业以来，营业越来越好。到道光三十年（1850）该号已在北京、苏州、扬州、重庆、三原、开封、广州、汉口、常德、南昌、西安、长沙、成都、济南、张家口、天津、清江浦（在江苏）、河口（在江西）等18个城镇建立了分号。据说，雷履泰当年在王府井一带活动时，曾拜识了户部一位主事刘某，日升昌开业以来，业务繁荣，雷氏便通过主事刘某向道光皇帝捐献元宝数车，请皇帝题写了"京都日升昌汇通天下"的牌匾。雷氏在日升昌各分号都挂起"汇通天下日升昌"的牌匾，以扩大日升昌的影响。皇帝题匾的传说，真假姑且不论，但日升昌挂"汇通天下"牌匾是真，确对该号起到了广告宣传作用。日升昌票号利润滚滚而来，自然使其他商人眼红，于是在山西商界出现了一个效法日升昌开办票号的高潮。大致在道光年间已发展到十家，并逐渐形成平遥、太谷、祁县三大票号帮。道光二十七年（1840），雷履泰七十大寿时，山西各票号商纷纷到平遥雷宅祝贺，财东李氏亲赠雷履泰"拔乎其萃"的镏金大字牌匾，以表彰雷氏对票号的贡献。山西票号的光辉历史已成过去，但雷履泰的经营才干，一直为山西商界所称道，并被尊为票号业开创第一人。

2. 精明干练的毛鸿翙

毛鸿翙（1787—1865），字振羽，平遥县邢村人。其父毛际美，是在京津等地活动的商人。鸿翙年轻时曾在平遥聚财源粮店当伙计。一次，店掌柜派鸿翙到晋北地方订购胡麻油，回来后鸿翙向掌柜汇报说，油已全部订妥。不料过了一段时间，不少外地人都来店内找毛鸿翙，说是要分些油篓子。掌柜的莫名其妙，仔细问鸿翙，才知他去晋北订购油迟了一步，油已被别人订走。他脑子一转，就去附近编织制作油篓子的村庄，将油篓子全部买下。油篓子是存放油的器具，没有油篓子，有了油也取不走。所以当订了油的人去提取油时，不想油篓子成了问题，于是只好找到平遥聚财源找毛鸿翙，要求购买油篓子。鸿翙便向来人提出以油换篓的条件，对方没有办法，只好答应。聚财源因此做了笔好买卖，赚了不少钱。又一次，毛鸿翙去西裕成颜料庄结账，因嫌西裕成账房先生算账慢，两人发生争执。账房先生说道："你嫌我慢，你给我马上算出来。"鸿翙说："这有何难，一共五车，每车二十五袋，一袋银二两，二二四，二五一十，是五十两，五车是五五二百五十两。"这时，西裕成掌柜雷履泰走过来，见毛鸿翙身体粗大，算账敏捷，很是爱惜真才，便指一条幅说："年轻人，你能读上面几句话吗？"鸿翙抬头看，来人原来是平遥城有名的雷履泰掌柜，顺着雷氏手指瞧去，只见条幅上写着这么几句话：

浮躁一分，到处便招尤悔

因循二字，从来误杀英雄

鸿翙见此，知是雷掌柜让自己冷静，便随口将条幅字句读了出来。雷履泰见鸿翙不仅思维敏捷，还识文断字，便嘱托道："年轻人，不可性情浮躁，莽撞行事。算完账回去就是了。"雷履泰看毛鸿翙是个人才，后来便把他荐引进了西裕成。随着雷氏在西裕成地位的提高，加之鸿翙的努力，鸿翙又被雷氏提携到二掌柜的地位。道光初年，雷氏首倡票号，西裕成颜料庄改组为日升昌票号。毛氏积极协助雷开展业务，使票号越办越兴旺。就在这时，财东李大全病危，临终前将年仅十三岁的儿子李箴视托付给雷氏关照，同时把票号的事也全托给了雷氏。李大全归天后，受过东家临终嘱托的雷氏对票号内事务更加尽心尽力，大小事不随意托人。但这就不免有些不放手，给人以专断印象。特别是票号内二掌柜毛鸿翙觉得对他不信任，两人逐渐产生猜疑。一次，雷氏患病在号内休养，但号中大小事仍需向他请示，就连二掌柜毛氏也不例外。于是，毛氏就向年少的东家李箴视进言："雷掌柜身体有病，在号内养病不甚安静，可让他暂且回家静养，等身体康复再来号上。"李箴视听了觉得很有道理，便对雷氏说："雷掌柜，你染病多日，在号内不能静养，你可回家休养一段时间再来号上。"雷氏道："我也正有此意，照东家意思立即动身回家养病。"过了些日子，李箴视到雷家探望病情，只见雷氏在案头写了不少书信。随手拿起一看，竟是雷氏要各分庄票号撤回平遥的书信。李氏见状大惊，忙问此乃何意？雷氏说："票号是你家的，外面分庄分号之人是我安置的。我现在写信就是把他们撤回来交代给你，我也好过清闲日子。"李财东急忙解释，原本是想让雷掌柜养病，决无他意。雷还是拒不答应，急得李财东跪在地下请求，雷氏才说道："我知财东无此意，此乃二掌柜毛鸿翙之奸。想我与汝父共创日升昌，风雨同舟，不想今日竟遭人暗算。"财东与雷氏之事，很快传到毛鸿翙耳中，他自知在日升昌已很难安身。恰巧此时，介休县富商侯氏见日升昌票号兴旺发达，有意将其蔚泰厚绸缎庄改组为票号，苦于缺乏人才，听说雷毛闹翻，便趁机约请毛氏到己处就任。毛氏也是"瞌睡给了枕头"，双方谈妥条件，即刻走马上任。侯氏将蔚泰厚改组为票号，由毛氏出任总经理。后来又将蔚盛长、蔚丰厚、新泰厚、天成亨四个铺号全部改为票号，以蔚泰厚经理毛鸿翙为五票号之总调度。毛氏又扩大业务范围，除汇兑业务外，也为私人存放款，并可吸收官府存款。侯氏为了充分调动毛氏积极性，又给其在新泰厚顶了股份。毛氏也以提高顶身股利益从日升昌票号拉过几位精通业务的能手充当分庄协理，并在全国各大商埠设立分庄，形成了与日升昌抗争的态势。雷履泰也不示弱，网罗了许多有文化的青年入号，提出了"大胆结交官府，为拉业务，不妨高价收回，低息放出"的营业方针，在中原和长江流域的苏杭等大商埠遏制住了毛氏的攻势。而毛氏也将势力伸展到东北和西北地方，业务得到了长足发展。雷氏有一幼子，名雷铺，天性怯弱，畏首畏尾。雷履泰见他不成器，不由大声指责，骂他没出息，还不如把名字改为雷鸿翙。不久，毛鸿翙喜得孙子。他听说雷履泰把其儿子称鸿翙，于是将其孙子起名毛履泰。自然，他两人这种暗斗，也是心胸狭窄的表现。毛鸿翙自从经商以来，由于他的精明，其资产日增。他除在蔚长厚、蔚泰厚有股份外，还独资开设有永泰庆票号、永泰昌钱铺、晋泰昌布庄、日生烟店。同时，在原籍邢村有土地数百顷。毛氏家族后来已发展成为一个富商和地主家庭。

3. 日升昌继任经理程清泮

程清泮是日升昌票号雷履泰离职后的继任总经理。年轻时，清泮曾被雷履泰安排在湖南长沙日升昌票号。累年，清泮被提升为该分号协理。据说，一次清泮有朋友要从长沙回原籍平遥。清泮便请这位朋友给新婚不久的妻子捎十两银和一封家信，并叮嘱一定要亲手交与自己的妻子。这位朋友心想：清泮让我亲自交与其妻，说明信中必有私房语。他知道清泮有文化，而清泮的妻子并不认字，这封信交她，她又能如何领会？不妨我先将信给她而不给银两，她一定求我代读信，这样我就可知信的私房话了。这位朋友心中想好，来到平遥后，找到程清泮家。当这位朋友见到清泮妻子时，只见清泮这位妻子长得艳如桃李，貌若天仙，两只明亮的眼睛，似能看透人的心肺。程清泮妻子将清泮的信接在手中后，当时就打了开来随口念道："妻呀妻呀，想死我啦！"朋友在旁感到十分惊讶："谁说她不识字？这明明是程清泮在瞒哄人！"他不由的将目光凑向书信，却见信纸上哪里有字，原来竟是两幅画。只见第一幅上画着七只鸭子，另一幅上是一只鹅在拉着一头死去的象。当这位朋友似乎还没明白过来时就听得清泮妻子拿过信的第二页又念道："捎银十两，明春回家。"朋友又赶忙凑过头去一看，上面只有两幅画。第一幅上画的是一把勺子里放有十个汤圆，另一幅上画的是嫩柳夹道的路上，急匆匆走过来一位身背雨伞的年轻潇洒的相公。朋友看完程清泮的这封"无字"家书，不禁拍手大笑："妙！妙！妙！"最后把十两银掏出来，交给了清泮的妻子。

程清泮，平遥县回回堡人。其父程大培青年时只身闯汉口，见有西裕成铺号，心想可能与平遥县西裕成是一家，便走进铺号想找点临时活干。掌柜的听他是平遥老乡口音，动了恻隐之心，把他留下临时做些勤杂活计。数月后，有一支流兵乱匪向市镇而来，整个汉口镇陷于一片惊恐之中。各商号掌柜伙计多外出躲藏，西裕成分号掌柜伙计也都躲了起来，铺号里只剩下勤杂工程大培守摊子。程大培趁匪兵未到前的间隙，急忙将铺号账簿及有价值的东西都掩藏起来。当兵匪们到来时，果真哄抢了一夜，周围铺号无不掳掠一空，而西裕成铺号的东西却安然无恙。西裕成分号掌柜伙友回来后，无不为程大培临乱不惊的胆识所钦佩。于是，将当时铺号情况函告平遥总号，并恳请将程大培正式收进铺号。后来，总号答应了分号的要求，程大培正式成为西裕成汉口分号员工。程大培好学上进，勤恳聪敏，又经多年辛苦，竟由伙计逐渐提升为顶六厘生意（即身股）的分号协理。程大培夫人程氏，与大培青梅竹马，婚后见程大培常年在外，不由觉得"悔不该嫁给买卖郎，丢下俺夜夜守空房"。所生幼儿清泮天资聪颖，在私塾读书很受塾师赏识，程氏也希望儿子长大考取功名，改改门风。一次，程大培回乡，乘着豪华的轿子，非常体面。夜深人静，夫妻二人商量起儿子的前途。程氏主张考功名，大培主张做买卖。大培说："人生在世，归根到底说的是柴米油盐。我在外多年，与商人、官场都有交道，对这个问题有了较深的认识。而做买卖，又数进钱铺最好。钱铺不论物价涨落都有赚头，是个铁饭碗、金饭碗。我现在汉口分号任协理，每年下来收入两千两白银，年代多的老掌柜每次开账仅红利就六七千两。至于中举，就是中了进士，也还是为了赚钱，但他们的正常收入连个铺号的普通掌柜都不如。他们出来却十分威风，凭啥？还不是靠勒索，靠贪污，俗话说'无官不贪'，'三年清知府，十万雪花银'。要想当官，就要把心眼长歪。不愿心歪、不会倾轧、不会勒索，就趁早别当官。去贪污、去勒索，弄不好连命也搭进去了。人常说，'有儿开商店，强如坐知县'，'生子有才可经商，不羡七品宝堂皇'。在平遥县大有钱的都是经商的生意人。清泮儿聪颖，学商是条最有前途之路。"大培一席话，说服了妻子。程大培在回汉口前，将程清泮先送到了谦吉升钱铺当学徒。大培对妻子说："买卖行有一条规矩，'父不教子'，汉口谦吉升掌柜与我在汉口共事多年，他为人诚恳、热心，儿子交给他管教没问题。"数年后，程清泮被日升昌票号总号经理雷履泰调到湖南长沙日升昌分号。累年又提升为分号经理、总号协理。

到道光二十九年（1849）总号经理雷履泰病逝，程清泮以他的才干，继任著名的日升昌票号总号经理。所以平遥有谚称："人养好儿子，只要有三人，大子雷履泰，次子毛鸿翙，三子无出息，也是程清泮。"雷、毛二氏均是票号创始人，程之前辈。

4. 能观天象的六成行掌柜

祁县富商乔氏在包头开办的复盛公商号下属六成行粮店有一位掌柜，不仅精通粮食购销调存业务，而且能观天象，预测农业收成丰歉。某年夏季，包头一带庄稼长势喜人，丰收在望。因为收成要好，所以大多数人都认为秋后谷贱。因此，包头的各粮行对粮食的收购都压住不动，等待秋后收购价格下降，而农民担心秋后粮价要降，争着出售，结果在秋收前粮价已呈下降趋势。面对此态势，六成行也暂停粮食购进业务。而粮店掌柜这些日子偏偏不理号事，白天闭门睡觉，晚上彻夜不眠，披上被子上屋顶吹凉风。包头地处塞北，日夜温差大，夏日炎炎，夏夜凉爽。伙计们都很奇怪，不理解掌柜的这几日为什么白天闭门在屋，夜晚搬上被子到屋顶睡觉。这样，这位掌柜在屋顶一直独坐了四五夜后。一天，突然吩咐众伙友道：即日开始买进粮食，有多少，买多少，直到账房的银子买完为止！众伙计对此不解，觉得掌柜有些奇怪，但号令难违，纷纷去执行掌柜号令。招牌一挂，卖粮者涌来，六成行的粮仓不几日就堆满了。掌柜的又让伙计们在大院里筑粮台，做粮囤，当作简易粮仓，继续大量买进。直到六成行的银子用完，院子粮食堆满为止。包头的同行们见状，纷纷取笑：都说复盛公六成行的掌柜精明，这下可精明得过分了！按时价，六成行已赔一大笔钱，眼看丰收在望，秋收后岂不赔得更惨！粮价越下滑，同行们越取笑，伙计们越担心。

可就在秋收前的农历七月初，突然暴雨成灾，黄河水泛滥，淹没了大片粮田，眼看到手的粮食，被"龙口"夺走了。一下子，包头一带的秋粮几乎绝收，很快在这一带就闹起粮荒，粮价飞快反弹，复盛公六成行大大赚了一笔钱。这时候，复盛公六成行的伙计们才拨云见日，明白了掌柜的真有不一般的能耐。伙计们问其故，掌柜的笑而不答。问得紧了，掌柜的才反问道："你们知道我那些黑夜披上被子上屋顶做甚么呢？"人们摇头。掌柜的这才告诉他们说："我那是观天象呢。我一看，知道今年有水灾。但不敢断定，也不知道确切日子。所以就连续观察，观了又观，我才敢断定肯定有水灾，知道水灾在七月七前后的七天。这时候，秋庄稼还没有开镰收割呢！"伙计们这才恍然大悟，人人佩服掌柜的能耐。复盛公六成行的掌柜能观天象的本领传了出去后，掌柜的名声越来越大，引起了另一位商人的注意，便起了一试该掌柜经商能耐之心。这位商人看到屋顶瓦楞上有几颗谷穗，便把谷穗搓下米来，送到复盛公六成行做样品，问掌柜的："要不要此米，要多少？"掌柜的一看，便知是瓦楞上的谷子，也明白了来者之意，便将计就计说："你有多少这样的谷子？"

"有一百多石吧"，对方答。

"你要有一百多石我都要了，价钱加倍！可你要没有一百多石这样的谷子，你敢赔我一百多石谷子吗？"

这位商人支吾不语。

掌柜的嗤之以鼻："哼！你有一百多石，哄鬼去吧。你连一石也拿不出来！"

"你怎么知道？"对方问。

掌柜的笑道："这是瓦楞上的谷子，你能有多少？"

这位商人顿时佩服得五体投地，说道："人们说复盛公六成行的掌柜有能耐，我还不信。今日一试，果然名不虚传！佩服！佩服！"说罢，施礼而去。（郝汝椿《晋商巨族二百年》）

上面所述之事，虽然有几分是传说，但反映了晋商中确有不少有才干的商人。

5. 善于审时度势的经理高钰

高钰（1854—1919），字子庚，山西祁县子洪镇人，因家道中落，遂改儒就商，在大德通票号做事 50 年，其中就有 25 年充任总号经理。高经理以善于分析形势、决定进取而闻名商界。

"庚子事变"前，高以为社会动荡不安，商业如不早做准备，将会遭受损失。于是事前策划，将各分号之款多数调回，并收缩业务。八月中旬，八国联军攻陷京师，慈禧太后挟光绪西逃。路经祁县时，高钰与随驾大臣桂月亭书信频繁，将行宫设在大德通票号内，并借银 40 万两，以解皇室外出经济拮据之急。由于高钰筹划得当，赢得官场赏识，大德通票号声誉日隆。

是时，山西票号习尚奢侈，成为潮流。独高钰黜华崇实，不为习俗所移，且益加慎敏。他延请名师教育青年伙友，培养立身基础。办理各事，严明果断，以浩气举事，一片纯诚。同事有所条陈，必详审裁决，一秉至公，俨若一家。并针对号内问题，手定章程，以身作则。故号规整饬，为他号所不及。光绪三十年（1904）由高氏主持修改之号规，其内容主要是：

（1）此后遇有用项，如向号借使银两，至多每股只准借银三千两，逾限不准。

（2）各连号不准东家荐举人位，如实有情面难推者，准其往别号转荐。

（3）各项身股每年应支按顶股多少有差，每年春冬两标下支。除应支外，分文不准长支。如有不合者勿论铺辞、辞铺，但是不到年终，不管生意余亏，即按应支结清。

宣统二年（1910），清廷命瑞澂出任湖广总督，高钰深知其人无能，清廷命瑞澂出任，乃清室无人，以为事必大变，于是毅然预作保守主义，力还外贷，以减架本，而实行收敛。当时，人多讥讽高与求利之道相悖谬，殊不知卓见独到，纯为避害。其收敛之计划，甫办理就绪，而辛亥之变即于彼时发生，其他名号犹然做梦，毫无准备，故多纷纷失败，相继倒闭。惟大德通处之泰然。大德通票号能够如此，实由于高钰能防患于未然，布置得法。

6. 识见过人的李宏龄

宏龄，字子寿（1847—1918），山西平遥县源洞村人。宏龄先世以业商致饶，后遭战乱中落。同治初，宏龄学贾于本县某钱庄。同治七年（1868），经同乡曹惠林推荐，入蔚丰厚票号。宏龄以干练，渐为主事者所器重，先后担任过蔚丰厚票号北京、上海、汉口等分号经理。宏龄经营四十余年，对票号的保全及发展颇有贡献。宏龄为人极重义气，事业发达后，不忘当年的保荐人号人，当曹惠林病故后，曹家极为贫寒，宏龄主动尽责赡养其妻儿子女十余年，直到其子女长大成人，能自谋生计。宏龄又善于观察形势，当清末社会经济发生激烈变化，以汇兑为主要业务的票号业发生危机时，他针对票号业的弊病，率先倡会改组票号。后来，他的票号改革思想和计划，因被守旧者极力阻挠而未果，愤而著述《同舟忠告》、《山西票商成败记》等，详细记述了票号改革的思想、计划和经过。晚年，闲居故里，卒于家。

李宏龄担任蔚丰厚票号分号经理期间，值时局激烈动荡，先后发生了"甲午之战"、"庚子事变"、"两宫去世"等事件。在时局变故面前，一些商人常因经营失措，而导致失败。但宏龄却能独具远见，应付自如，其主管之票号，不仅能免遭损失，而且能增值。用他自己的话来说，尚可"聊以自慰"。为什么别的商人失败而李宏龄能成功呢？经商如同作战，每次战役的成败往往决定于作战思想和策略正确与否。李宏龄的经商思想，总结起来主要有以下几方面：

（1）有整体、全局观。李宏龄认为经商不仅要考虑本商号之利益，也要顾及与本号发生业务关系单位的利益。这样做，可以避免因连锁反应而带来"一损俱损"局面的出现。所以，当与本商号发生业务关系的单位发生危机时，宏龄主张不仅不"釜底抽薪"，而是设法联合同业，从各方面给予支持，帮助其渡过难关。光绪二十九年（1903），李宏龄主持蔚丰厚票号北京分号时，市面因误会蜂起，人们纷纷向炉房提兑现银，炉房旦夕即败，政府忧之无计。所谓炉房，即冶铸金银业者，票号及商号都有银存放在炉房。对于京师炉房所处的困境，李宏龄认为如不帮助炉房渡过困难，必将产生连锁反应，影响整个市面。便带头出面联合同业，以巨款接济炉房，市面乃定。光绪三十四年（1908）冬，光绪帝与西太后两宫先后去世，银市动摇，炉房再次发生危机。李宏龄又一次联合同业给予支持，稳定了银市。于是，京师士农工商各界"莫不交口颂君万贤"，李宏龄"独以任侠、识大体名震京师"。

（2）对待顾主的信义观。李宏龄认为顾主对商号，好比观众对演员。没有观众，演员无从演起；没有顾主，也就谈不到商号。因此，顾主与商号，顾主是第一位的。商号要争取和吸引顾主，就必须对顾主讲信义。在这个基础上，顾主就会增多，生意也愈兴隆，达到"人己两益"。"庚子事变"，京师陷落后，京官走上海者纷纷持京师票券要求在沪兑换银两，而上海诸商皆不予兑换。时李宏龄正主持蔚丰厚上海分号，他以事出非常，对顾主应当讲信义，照顾顾主利益，便独排众议，酌量予以兑换。于是蔚丰厚票号名益显，生意愈盛。

（3）掌握行情，灵活行事。李宏龄认为，经商只要看准行情，该做的买卖绝不放过。而且市场变化多端，不一定都要按总号布置去做，"将在外君命有所不受"，必要时可以灵活行事。光绪十九年（1893），李宏龄由京赴沪，途经扬州时，恰逢总号有电致扬州分号，令不得收上海之银，否则以违犯号规论处，扬州分号的款项大半来自上海，扬州分号经理白子直接此来电后大为作难，便求教于李宏龄。李宏龄分析形势后，认为扬州照收上海之款有利可图，做生意不能不考虑赔赚，主张扬州照收上海之银。不想白子直怕总号责怪，畏缩不能做主。李宏龄慨然说：这个机会不容放过，如果总号以违令见责，全由我承担，与扬州分号无关。白子直遂按宏龄主张，照收上海之银。结果，年终结账获利三万多银两。总号接到账单，得知扬州获利，大加赞赏，殊不知原是李宏龄的主张。李宏龄抵达上海后，适值银市疲惫，生意清淡。经向伙友调查了解，原来伙友对官款汇兑库费、平码等规定不很熟悉，因而不敢贪做。李宏龄认为，官款汇兑利益肥厚，不可不做，而零星汇兑，则可权宜收之。同时，将库费及平码一一开列，让伙友熟记。不久，上海分号在李宏龄的主持下，生意越做越活，日益兴隆。总号经理侯星垣赞扬说："狼行千里吃肉，宏龄在上海大为出力，可嘉！"光绪二十六年（1900），李宏龄由上海取道汉口返晋，途经汉口时，汉口分号经理侯克明对李宏龄说："江西奏定每月接济甘饷三万银两，由南昌分号领汇，可是总号电信俱至，让递禀退办。南昌各钱铺闻讯，纷纷来汉口探听汇费，企图领汇。果若如此，则我南昌分号在江西将无立足之地。"李宏龄说："总号不知外情，我等岂能坐视成败？我虽是过路人，且不能不管。愿与侯兄联名致信总号，说明情由。"同时，由李宏龄返籍面陈总号。后来，李宏龄返籍向总号陈述后，总号也未提出异议。而南昌方面由于接受了李宏龄的建议，不失时机地抓住甘饷的汇兑业务，大获其利，并且受到了总号的表彰。

（4）改换码头后要先收后做。所谓码头，就是指票号商所活动的商埠。李宏龄认为，票号分庄经理，每到一个新的商埠主持工作，应先收款后放款，不急于求成。光绪二十四年（1898）五月，李宏龄奉命调汉口主持工作，下车伊始，便命伙友将所有外放款项收回，放款容缓一步后再徐徐去做。是年八月，汉口遭战乱，死伤人数千，烧毁房舍货物无数，是百年未有之大灾。结果，不少商号因放款收不回而倒账以至歇业。惟蔚丰厚票号汉口分号在李宏龄的主持下，未受损失，营业照旧。据李宏龄称，他有此举，原是受前辈张徽五的指教。当年，张徽五曾对李宏龄说："凡改住码头，前任所放款均宜收清，以后再徐徐去做。"李宏龄正是遵此老成之言，而受益不浅。

（5）不断扩展业务。李宏龄主张对经商所获利润，应该用在扩大业务方面，而不是挥霍或窖藏起来。光绪二十九年（1903）李宏龄回到北京，一友人对他说："当年八国联军进北京，贵票号怕战乱受损失，曾预先将数万银两起运回原籍，不想标银刚出彰义门，就被歹徒抢掠而去。我想当年若是老弟在京主持，断不会将这么多的现银运回山西，而是在京接济众商，这样时至今日生意变化将无穷矣！"友人的肺腑之言，使李宏龄颇为感动，叹道："生我者父母，知我者鲍叔也。"

清季，正当票号业务繁盛之际，却遇到了新的困难。首先是来自现代银行的挑战。从光绪二十三年（1897），中国通商银行成立之后，到1911年，国内一共设立了官办和商办银行17家。他们所拥有的资金虽不相同，但都以开展汇兑为主要业务之一。这便使一向以汇兑业务为主的山西票号业受到影响。掌握中国通商银行全权的盛宣怀就说过："惟承官商款项，必须格外迁就招徕"，"通商银行不赚也要收，况西号（指山西票号）亦未必有此章程"。显然，通商银行是针对票号而争夺汇兑业务。此后，盛宣怀又恳请清政府，"敕下户部通行各省关，嗣后凡存解官款，但系有通商银行之处，务须统交银行收存汇解"。经过盛宣怀的多方拉拢，使通商银行在官款的收存和汇解上也获得了一定的数额。之后，户部银行与交通银行分别在光绪三十一年（1905）和光绪三十二年（1906）成立。他们利用清政府的特权，对票号的业务造成了更大的威胁。户部银行总号在北京、上海、天津、汉口、库伦、恰克图、张家口、烟台、青岛、营口、奉天等地都设有分号。1906年，清政府批准凡设有户部银行分支行处的地方"应行汇解存储款项，均可随时与该行商办"。接着，在《议改各省解款章程》中规定："凡各省如有应行汇解部之款，一律由户部银行总交京师，其未设银行之处，暂仍其旧，待银行成立之后，再改新章。"这些规定，严重地影响了票号的汇兑业务。通商、户部、交通银行利用各自所握的权力，在汇兑业务上因利乘便，削弱了票号一向占据的优越地位。据统计，1906年票号汇兑公款达2250余万银两，其后逐渐下降，到1911年只剩下530万银两，几乎减少四分之三以上。

其次是外国在华银行也极力与中国票号争夺汇兑业务。从20世纪初起，外国银行在华势力日益扩张，对票号的业务造成了很大的威胁。如天津对上海的棉纱款项年汇总额约 1000 万两，其中由外国银行经办的竟占一半，中国钱庄银号经办的约占 30%，而票号经办的只占 20%。江西巡抚李勉林曾说："近年通商口岸洋商亦多设银行，西商（指山西票号）之利，稍为所夺。"

国内官办银行与外国银行势力扩展对山西票号造成的威胁，京都祁县、太谷、平遥票帮分庄致山西总号的公函中曾有详尽叙述，该函称："甲午、庚子之后，票号经营渐见困难。其原因固由于市面空虚，亦实以户部及各省银行次第成立，夺我利权；而各国银行复接踵而至，出全力与我竞争。默计同行二十余家，其生意之减少已十之四五，存款之提取，更十之六七也。即如户部银行所到之处，官款即归其汇兑，我行之做交库生意者，至此已成束手之势。我行存款，至多不过四厘行息，而银行则行五六厘。放款者以彼利多，遂提我之款，移于彼处。且彼挟国库、藩库之力，有余利则缩减利息，散布市面，我欲不解不得也。不足则一口吸尽。利息顿长，我欲不增又不得也。彼实操纵大权，我时时从人之后，其吃亏容有数乎？至于外国银行，渐将及内地，所有商家贸易，官绅存款，必将尽乎所夺。"久住沪、汉，见多识广的李宏龄，对于山西票号面临的形势，也有一个比较深刻的分析。他说："同治以后，东西洋各银行，已渐次侵入，夺我利权。迨经庚子之变，中国当意财权，大清银行之议，遂遍于各省。夫论信用力之强弱，我票商经营二百年，根深蒂固，何事不堪与人争衡，而银行一设，未免相形见绌者，其间亦自有故。以存款而言，彼则五六厘，而我四厘也。以运款而言，彼则钞票，而我汇兑也。而且金库全归该行，贷借必有抵押，已难相提并论。而尤足寒心者，一遇倒账，外洋银行则凭藉外力，大清

　　　　　/ 商号与商人集萃

银行则倚仗官权，同属财产关系，而彼各挟势力以凭陵。"

其实，早在光绪三十年（1904）清政府组织户部银行时，曾请山西票号入股，并请票号中人组织银行。无奈山西票号总号主持人，大多墨守成规，不惟不愿入股，即人员亦不准分号派员参加。以致坐失良机，户部银行改由江浙绸缎商筹办，这便是后来江浙财团兴起的最初缘故。

光绪三十四年（1908）李宏龄鉴于票号大势已去，认定只有改组为银行才有出路，乃与游历过日本的祁县票号商渠楚南一起，联合在京都的祁、太、平三帮票庄，致函山西总号，要求改组为银行。同时，致函各地票庄，征求意见。各地票庄纷纷来函，表示响应京都票庄的倡议，要求改组票号。李宏龄在《山西票商成败记》中记述这件事情的经过时说："宏龄自幼肄业票庄，目睹时局至此，非改组银行，无以收权利平等之效。适戊申（1908）春驻京师，与渠学士楚南商定改组章程，先函达总号，商酌四次，当面陈述者两次。是岁冬渠学士返里，复亲莅各总号，开陈利害。"京都各票庄在李宏龄的带头下，也联名致函总号，陈述改组银行的必要。函中称："……晚辈焦灼万分，彷徨无措，连日会商，自非结成团体，自办银行，不足以资抵制，不足以保利权。盖开办银行如押款、担保等事，票号所不便为者，银行皆照例为之，倒账可无虑也。况既为银行，如保护等事，票号所不能享之权利，银行独能享之，生意可发达也。兼之资本雄厚，人位众多，自可多设分庄。即外洋各埠皆可逐渐分设，挽回利权，难以数计。以我晋商之信用，票号之股实，不难为中国第一商业。且权在票号，操纵仍可自如；人皆晋人，生计可保不绝。又何乐而不为哉？或虑出资后将有亏折，将何以处？不知银行可定为有限公司，即使折亏殆尽，不过其已出之资，不能再认赔累也。平时多积公助，即防亏折。又虑无人可用，不知银行为票号公开，每家不过酌拨数人，已足敷用，毋庸再事搜罗也。又虑界限不清，生意难做，不知公开银行，正如我晋之开小字号，做东另立账簿，另占地方，获利之后，按股均分，绝不虑其混淆也。或问开银行后，即可保票号不废乎？不知正以票号不能久存，故立银行以补救之，纵使票号尽废，有银行尚可延一线生机，否则同归于尽而已。"李宏龄还与同仁制定了票号改组银行的具体计划，该计划称：

（1）每家各出资本银三五万两，作为有限公司。

（2）集股本500万两，每股100两，每月4厘行息。

（3）银行应名为晋省汇丰银行，悉遵票号做法，略改其不便之处，以行银行规则。

（4）公举熟习商情、声望素孚之人充银行经理。已请渠氏楚南出任经理，渠氏已为应允。

（5）银行成立后，除内地繁盛各处均占分庄外，可渐推及各国商埠，以保本国利权。

但是，由李宏龄发动的这一票号改革计划，遭到了总号守旧者的极力反对。李宏龄在《山西票商成败记》中记述说："其时，各号之执牛耳者，首推总号某公，闻之大不为然，于是一般庸庸碌碌无敢议号事之隆替、股东之生死关系也。而各号执事决如此之大计，竟不商之股东。为之东者，亦甘被欺蒙，视吾言为无足轻重。诗云：诲尔谆谆，听我藐藐。人心如此，尚可为哉？宏志在必成，戊申（1908）冬，复通函各埠，征求意见，公信所至，居然异口同声，函劝总号，谓不及早变计，后将追悔莫及，方期众志可以成城。不料某公阅之，乃愤然曰：银行之议，系李某自谋发财耳。如各埠再来函劝，毋庸审议，径束高阁可也。宏龄至是为冷水浇背，不得不闭口结舌，而筹办银行之议，烟消云散矣。"李宏龄在这里所说的总号某公，即指蔚泰厚票号总经理毛鸿翰。当时，山西祁县、太谷、平遥之帮票号虽有 20 余家，但以平遥侯氏的"五连号"（即蔚泰厚、蔚丰厚、新泰厚、蔚盛长、天成亨）势力为大，在"五连号"中又以蔚泰厚票号势力最大，故蔚泰厚票号总经理毛鸿翰在各票号中影响最大。但毛鸿翰从光绪二十四年（1898）出任蔚泰厚总号经理以来，长期住在平遥县城，对于外界一切大事，漠然不知，加之已经六十多岁，精力衰落，思想保守，意在维持。这样，李宏龄等发动的票号改革计划，就在毛鸿翰为代表的一些守旧势力的阻挠下，成为泡影。

李宏龄是一位具有政治头脑、观察事物敏锐、对时事有一定了解、具有进取精神的商人。李宏龄对于封建主义、帝国主义对民族商业的压迫，具有一定的认识。李宏龄在《山西票商成败记》中说："遇倒账，外洋银行则凭借外力，大清银行则依仗官权，同属财产关系，而彼各挟势力以凭陵，如丁未营口东盛和之事，银行收十成有余，票行收五成而不足，尚何公理之可言哉？"一个封建社会的商人，能对封建政权和外国资本主义对民族商业的压迫，做出如此深刻的分析，的确是很不简单的。当然，他的这一思想认识，与他平时好学，了解世界形势是分不开的。陈立三在《平遥李君墓志》中说："君虽治商，而好读儒生性理诸书，有所得报，膺而躬行之，所与游多一时知名士。"李宏龄思想也比较开放，具有开拓精神，在人与事物的矛盾中，很重视人的主观努力。前述扬州票号和江西票号业务，在与总号要求相背时，李宏龄就不拘泥于总号的要求，主张灵活行事。关于票号的前途，李宏龄也认为只要改革就会有前途，而这要靠人的努力。当票号改革计划遭到守旧者阻挠时，他质问道：

"果天数乎，抑人事乎，愿以质诸世之有识者。"

　　山西票号在清季一度执金融界牛耳，但当户部筹办大清银行时，山西却坐失良机，拒绝了参加筹办大清银行的计划，致大清银行改由江浙绸缎商筹办，这就是后来中国金融业渐被江浙商人控制的一个缘故。面对金融界这一大变革，李宏龄率先发动票号改革，可谓有远见之举。尽管"诸大号主者皆不用"，结果"不数年国变作，全国俶扰，汇商业遂不支，一一如君言"（陈立三《平遥李君墓志》）。但李宏龄的票号改革思想，确实代表了当时山西商人中的进步思潮。

晋商与社会

一、晋商与戏曲

山西地方戏曲很繁荣，戏种也很多，如蒲州梆子、中路梆子、北路梆子、上党梆子、太谷秧歌、郿鄠、碗碗腔等。山西地方戏曲的形成、繁荣与晋商有着密不可分的关系。有的戏剧研究学者指出："山陕商贾发迹于明，兴盛于清，衰落于民国，梆子戏亦形成于明，盛行于清，衰落于民国。"（《中华戏曲》第3辑）梆子戏与山西商人的兴盛紧密相连，这并不是历史的巧合，而是事出有因，其中有着内在的联系。山、陕、豫三省交界的三角地带，是历史上北杂剧的发祥地。元末明初，北杂剧逐渐成为文人士大夫阶层的专利品，逐渐脱离了时代，脱离了人民群众。昆山腔兴起以后，文人士大夫阶层的喜好又转向昆腔，就在北杂剧衰落、昆腔盛行的时候，山、陕、豫交界地民间艺人将这一带民歌小曲演唱故事搬上戏曲舞台，因它与北杂剧、昆曲相比显得粗俗，所以在晋南一带称它为"土戏"。因它在演唱时用梆子打击伴奏，故又称梆子腔。又因演唱艺人多来自山陕，所以又称"西曲"。清人朱维鱼《河汾旅话》称："村社演戏曰梆子，词极鄙俚，事多诬捏，盛行于山陕，俗传东坡所唱，亦称秦腔。"（《中华戏曲》第3辑）明代山西南部多富商，尤"蒲（州）多豪贾"，在祭祀、庆典、节日中都要有戏曲酬神和娱人，而有财力的商人是这一活动经济上的主要资助者，于是在秦腔的基础上又衍变成为具有地方特色的蒲州梆子。清代乾隆时，山西的梆子尚无剧种之分。嘉庆时，渐有南北戏之分。道光时，晋中商人势力崛起，山西中路梆子在蒲州梆子的基础上逐渐形成，还有些艺人在梆子戏中引进晋中地方的秧歌，并改进了伴奏。早期的中路梆子演员多蒲籍，即使不是蒲州籍，演戏时也要说蒲白，其缘故就是因为中路梆子最初来源于蒲州梆子。后来，逐渐根据当地人民的喜好，并吸收当地各种艺术之长，又经过许多艺人的丰富和发展，逐渐发展为自成一派的中路梆子剧种，而这一剧种的产生和发展与晋中富商的支持是分不开的。商人在祭祀、庆典中都要请中路梆子戏班演出，从而为这一剧种的形成与发展提供了舞台。如每年正月十五日前后，商贾们总要举办社戏，表示开市大吉。榆次车辋村富商常氏，光绪时一次科举考试中，有兄弟二人同时中举，"翌日，优觞贺喜，奎星神前两班戏，其宗祠前一台，不惜银钱"（《退想斋日记》）。太谷县任村多富商，经常请戏班演出，该村富商贾氏在其宗庙"至诚宫"每年至少演九台祭祀戏，以致乡间有"要看好戏到任村，任村有个至诚宫"之说。

商路即戏路。明清晋商"致富皆在千里或万里之外"，他们因远离家乡，便经常不惜重金邀请家乡戏班到他们所驻商埠所在地演出。在山西商人聚集的商业重镇大多有山西会馆，而会馆内多筑有戏台，于是逢年过节或每月初一、十五，同乡欢聚一堂，祭神祀祖，聚岁演戏。如汉口的山陕会馆内有戏台四座，分别设在正殿、财神殿、七圣殿和文昌殿。据《汉口山陕会馆志》载，正殿戏台对联有：

陈迹兴怀古今人岂云不相及

群情毕寄天下事当作如是观

唱一曲白雪阳春大江东去

看满眼流丹叠翠爽气西来

财神殿戏台对联云：

余音绕江城问玉笛谁吹折杨柳数声落梅花一曲

游踪临汉水且金樽共把集汾榆雅社话桑梓闲情

七圣殿戏台对联云：

且从忙里偷闲看尽古今来情状

莫道局中是戏点破千百世机关

文昌殿戏台对联云：

闻所闻而来聆遗响千秋高山流水

见所见而去醒繁华一梦御苑宫花

河南南阳赊旗镇山陕会馆，筑有一座高 30 米，东西宽 18 米，分上下三层的悬鉴楼，又称戏楼，楼后面北是戏台，由四根大方柱把巨大的三层戏楼凌空擎起。戏台正中挂有"既和且平"的金字牌匾，石柱上用行书镌刻两副对联：

幻即是真世态人情描写得淋漓尽致

今亦犹昔新闻旧事扮演来毫发无差

还将旧事重新演

聊借俳优作古人

飞檐下金龙缠绕的"悬鉴楼"巨匾，据说是明末清初大书法家傅山手笔。戏台对面有可容纳万人的大院，院内东西厢房相向，分上下二层，为昔日看戏的包厢。当年秦腔蒲剧班社在戏台演出，院内可容万人观看。同治、光绪年间，"北京的梆子戏亦极一时之盛，而以义顺和、宝胜和两班最为著名"（《日剧丛谈》）。义顺和、宝顺和的主要演员多为山西名伶，如三盏灯、水上漂、盖天红等。在北京甚至有"三盏灯进了京，买卖人发了疯"之说。天津是清末民初北方最大的商业城市，山西商人多在天津设号，山西梆子班社及名伶来京必到津演出。上海为了迎合在沪山西商人观看家乡戏的需要，在宝善街"丹桂茶园"经常有梆子戏演出，以供山西客商娱乐消遣。群仙茶园、大观园等戏院也经常上演梆子戏，以满足晋商之需。山西名伶十三旦、水上漂、人参娃、自来红等，曾多次应邀到上海演出。张家口是内地与蒙、俄通商枢纽，这里山西商人尤多，所以山西梆子在张家口尤受欢迎。随着山西商人深入到多伦诺尔、归化、库伦等地经商，山西梆子也很快风靡上述各地。四川、云贵也有不少山西商人，云贵的梆子戏，很可能与山西商人把山西梆子引进该地有关。甘肃、宁夏、青海的山西商人也不少，所以这些地方也流行梆子戏。有人说：凡是有山西商人活动的地方，就有梆子戏的演出。此话反映了梆子戏的发展与晋商的密切关系。另外，各戏班为了满足山西商人的需要，多演出与商人有关的剧目。如《七件衣》、《八件衣》、《珍珠衫》、《管鲍分金》、《纨绔镜》等。这些剧目反映了商人生活的不幸，揭露了封建官吏对商人的迫害欺压，能在商人中引起共鸣，颇受商人欢迎。

山西商人除邀请戏班演出外，他们还出资举办梆子戏班。咸丰年间，祁县富商渠氏办起了"三庆戏班"。咸丰十年（1860）前后，榆次聂店富商王钺办有"四喜戏班"。民谣有："四喜班有好戏，秃红秃丑盖山西，人参娃娃一杆旗，饿了吃的打卤面，渴了喝的一条鱼。"秃红、秃丑、人参娃娃、一杆旗、一条鱼都是艺人艺名。"三合班"约与四喜班同时，由榆次王湖村富商在该村的三合店组成。该班培养出的名演员有二八黑（净角）。咸丰年间，徐沟县粮商李玉和，以斗商名义承组戏班"舞霓园"，以重价吸收南北名角与弦鼓师，又请协丰号在苏州织造唱戏服装行头，每年易新，名噪晋中地区凡二十年。晋东南壶关以贩铁起家的富商王氏，传到第四代王大旦时，一次与上党"三元班"戏班东家看戏，二人一同在戏房休息时，由于戏班班头和艺人冷落了王大旦，王大旦一时气恼不过，便决心自己出面组建一个压倒所有上党戏班的戏班。他为戏班投资白银 10 万两，从北京请来落魄翰林编写历史剧《杨家将》等，南下苏杭购置了大量戏装、乐器，在晋城、高平一带买回十多名聪明伶俐、口齿清晰的小青年，重金挖聘其他戏班的好把式，教养训练三年，除可演出各戏班通行剧目外，又排练了十多种新剧目，定名为"十万班"。从此"十万班"成为上党地区剧种最全、演员阵容最强、戏装道具最多的戏班。当时在上党地区有这样的说法：如无十万班唱戏，再大的喜事也不能算办得最火红热闹，可见十万班声誉之大。十万班最兴旺时，有特制大戏箱 24 驮（48 箱，当时一般戏班只有 3—5 驮，即 6—8 箱），演员 100 多人。因演职人员多，王大旦又将戏班分为三组，各自独立演出。王大旦的戏班演出的剧目有《歧山脚》、《黄河阵》、《千秋剑》、《燕王反朝》、《杨家将》等，特别是宋代杨家戏，有数十本，宣传了爱国思想和民族气节。该戏班有一对联："谁谓戏无益，辨朝野贤慧，开人知识；果然勤有功，演历代兴亡，长我精神。"这一对联可以说是对该戏班演出剧目的恰当评价。上党梆子中曲牌有"上党二黄"，也有的人认为原来王大旦在京城有店铺，他常去京城，难免对二黄产生兴趣，而移植于十万班，从此在上党梆子中流传下来。光绪二十年（1894），慈禧太后过六十大寿，王大旦曾带领他的十万班赴京为太后贺寿演出，受到了慈禧太后的赞扬，并将十万班改名为"乐意班"。十万班由此名震京华，并易名为"乐意班"。在晋中一带，同治时又有祁县富商渠源淦（金财主）组织"聚梨园"，一时称盛。光绪元年（1875），榆次富商崔玉峰办起"二保和娃娃班"，培养出艺名核桃红、玻璃翠、夜壶丑、二蛮旦等名角。光绪六年（1880），太谷富商孙氏贷银2000两给戏迷杨成斋，由杨出面办起"锦霓园"，有民谣称："杨成斋好日能，爱戏办起了锦霓园"。时有"尹财主的胡琴，甲成的板，田桂儿的乱弹唱不完"之说，上述三人都是艺人。光绪十年（1884）前后，又有清源县东罗村富商时成盘办起了"小梨园"，培养出一盏灯（旦）、七百红（须）、金香翠（青衣）等名角，尤三儿生（孟珍卿），唱腔高昂，表演豪放，被称为山西梆子"小生泰斗"。"太平班"约与"小梨园"同期，由太原济生馆药店创办，培养出拉面红、说书红等名角。"小祝丰园"由平遥县富商尹二少创办，"小自成班"由徐沟县富商陈玉创办。在张家口一带的山西富商也办戏班，如德和栈掌柜祁县人王肃歧资助名伶狼山红、狼山黑办起了"狼山戏班"。还有一些富商，由爱戏到成为票友，并粉墨登场一过戏瘾。清末张家口的四大票友，皆为晋商。如吴志远，忻州人，裕园永伙计，生旦净末丑，样样能演。杨柱，太谷人，大德庄伙计，文武场都行。晋中商人从掌柜到伙计，多会唱几句山西梆子。大盛魁商号库伦分号掌柜罗弼臣物色了二十多位票友，成立自乐班，一切开支由大盛魁供给，逢初一、十五在会馆演出。祁县富商韩子谦（1902—1984），排行五，人称韩五少。父经商于扬州，母王氏为江南昆曲名伶。20世纪30年代，他家在祁县城开设的商号，迫切需要他出面管理。但他视钱财为粪土，视宦海为苦海，终日与晋剧、木偶、秧歌艺人往来。他不惜重金购买全部戏装行头，于每年冬季辟锅灶、设暖房，专门请晋剧艺术名流前来聚会，互相切磋技艺。著名鼓师狗蛮师傅，

205

到临死还由他供养，死后又由他出资埋葬。在韩的支持下，曾成立戏曲研究社，对晋剧的剧本、音乐、声腔、表演艺术等都进行了深入系统地研究和改革。

除梆子戏外，晋商对地方小戏曲的发展也给予了支持。如太谷秧歌就是如此。秧歌名称原出南省，为种稻插秧之歌，北方农村伴随农事活动传唱的民歌小调，受南省影响，也称秧歌。清代道光以后，太谷县商业遍布全国，贸易促进了南北文化交流，安徽凤阳花鼓、湖南采茶调等先后传入，使秧歌向戏曲化发展，逐渐形成地方小戏种。逢正月初一到二月初二，以秧歌形式开展迎喜神活动。光绪时，秧歌剧曲内容与生活进一步贴近，颇受群众喜爱。太谷秧歌有不少反映商人生活的剧目，如《张公子回家》、《当板箱》、《打胎》、《张三算账》、《卖元宵》、《卖绒花》、《卖胭脂》、《游神头》等。太谷秧歌用方言唱，唱词、道白诙谐风趣。出身富商的董世俊（1920—1966），太谷城内人，不顾家庭阻拦，爱上秧歌戏，他生、旦、丑、末都能表演，艺名儿旦。

由上可见，山西梆子、地方小戏曲等由于山西商人娱乐的需要和在经济上的支持，得以较快发展。

二、晋商与社火

所谓社火，是旧时在节日扮演的各种杂戏。晋商对于民间社火活动的发展也起到了推动作用。以山西中部来说，清后期晋中多富商，这一带的社火也十分繁盛，有民谣称："榆次的架火，太谷的灯，徐沟的铁棍爱煞人。"架火是一种造型社火，在晋中榆次、太谷等县比较盛行。榆次南庄架火与太谷黑山火、排楼火、桌子火最著名。南庄架火起源于民间烟火炮仗，清代已发展到奇异光彩的境界。

架火以单桌顶立，共十二张桌。寓意一年十二个月，如有闰月则顶十三张桌。架火用纸、麻、竹、杆等结扎成山石状，彩绘出来，再用各种纸炮、花炮、绣花炮编织成图案，悬挂于桌子的各层，成为集雕塑、绘画、结扎、裱糊、剪纸于一身的综合艺术品。燃放时，点燃走马（即串在铁丝上的起火），经固定路线，打中架火最下一层，之后逐层燃放，鞭炮齐鸣，礼花喷射，硝烟弥散，五彩缤纷，十分壮观。在架火前，原放一明代刻碑，后毁，但存有拓片，人们用拓片制成石碑，立于架火前。在点燃架火前，将此仿制石碑焚烧升天。拓片所载原文是：

大明万历朝仲春上月上元节驰放焰火碑记

为祝天地水三宫三神，祝普天同庆贺新岁之五谷丰登，请免水陆之灾，风雷冰雹之害，降神火之威，压瘴气之滋生焉。敬此流芳

社以神之体民，以火之望，普之以四面八方，借泰山之势，以火为望，社立灵，特以此山火为延庆。

树立此碑，继世永昌

万历皇朝岁在甲午仲春正月廿四日立

太谷的灯于清道光时已颇具盛名，之后从咸丰、同治一直延续下来。太谷的灯与太谷的商业活动有关，商贾的往来，商业的发展，使太谷县城有仿效苏、杭、扬三州之风气。太谷灯品种繁多，制作精巧。道光时，太谷富商从广东引进的宫灯形式有八角、六角样式，质地有玻璃、纱、绣缎三种。灯架多是紫檀等硬木制成。灯上装饰有书写的千家诗、唐宋诗词，并绘有花鸟鱼虫、人物山水，庶民百姓则悬挂贴剪纸灯影。灯影俗称"走马灯"，形状呈圆柱体，或纸或纱裱糊，借烛光热力，推动转盘，以隐现各种人物故事和诗词灯趣。在太谷还有一种特殊的绞活龙灯火活动。清嘉庆、道光年间，太谷

田家后人经商广东，将绞活龙的制作技术引进太谷。活龙长四丈五尺（15米），纸扎龙头，布制龙身，选空旷之地搭龙棚两座，高一丈八（6米），距十八丈（60米），龙棚之间由若干绳索相连，中间悬一圆球，取"二龙戏珠"之意，两龙即系于绳索上，龙身内置灯数盏，龙棚中人力绞动绳索，二龙即可上下左右作飞腾状，地面上则由十数人舞动老龙，上下配合。参加活动者数十人之多。入夜，灯月辉映，锣鼓喧天，鞭炮齐鸣，人声鼎沸。在弥漫的硝烟中，老龙小龙上下腾飞，或二龙戏珠，或双龙拜母，吼声震野，煞是壮观。现在，活龙以电取代蜡烛，用电动代替人绞，可谓锦上添花，更加逼真。在山西沁水县霍家山，也有耍龙灯的习俗。据传是该县人在汉口经商，习耍龙灯，传习乡里，相传至今。沁水之龙灯总长约14米，分龙头、龙身、龙尾三部，有火球前导，烟火作效果，总称"二龙戏珠"。其场次舞法有老龙漫游、蛇蜕皮、大翻身、盘龙戏珠等，音乐以唢呐为主，锣鼓伴之。巨龙摇头甩尾，翻腾漫游，气势雄伟，舞兴浓处放几把烟火，更有腾云驾雾之势。

徐沟县铁棍，又称抬阁，以幼女着丽衣扮装，缚股于铁棍之上而舞，下以八人或十六人或二十四人抬之。要求所有抬阁人以统一节拍上下起伏，带动阁上演员舞动。又有背棍，又称背阁。背棍由上、中、下三截构成，有直顶、旁顶、活心等样式，分单人棍、双人棍、三人棍，由一壮汉背铁棍，上扛一至三名儿童，他们共同扮演一组戏曲或故事人物，并配以与人物相符的道具。表演时，背棍者根据故事，迈着与角色心理、性格相吻合的步伐，被背者也随之做相应的表情和姿势，构成上下浑然一体的艺术造型。背棍队伍少则五六组，多则百余组。集体跑圆场，表演既是艺术比赛，又是对人的耐力考验，很有一番气势。扮人物的儿童家长视被选上扮演为吉祥，故很愿意自己的子女被选中上背棍或铁棍。又有扒棍，以多人抬木架，架上有巨横梁，枕以三四丈之长篙，中与横梁加活动之枢，其篙之尖端在前，以骑鹤童子缚之。其下端在横梁之后，以多人徒手执之。视前方屋上有妇女，则使篙尖之骑鹤童子挥尘近之，杂以谐语。背棍、铁棍不说不唱，只以锣鼓、音乐、舞蹈动作表演传情，被称为"无言戏曲"、"空中舞蹈"。凡社火活动，富商大贾各大商号均予以经济支持，背棍、铁棍等在富商大贾宅院和商号门前表演时，富商和商号均须付表演者一定数额的酬谢。不难看出，社火中一些项目的引进，活动的开展，也与晋商有着密切关系。

三、晋商与古籍文物

20世纪30年代，北京琉璃厂文友堂古籍书局摆出了一套万历丁巳本《金瓶梅词话》，一时震动京城。郑振铎、赵万里、孙楷第等许多文人相继去该书店观赏此书，无奈此书定价800元，这些文人又囊中羞涩，无力购买。后来，这套书被当时的北平图书馆购去，才得以保存。据学者们考证，《金瓶梅词话》最早版本是万历庚戌本，惜早已亡佚，时人看到文友堂书店摆的这套万历丁巳本就是人们所能见到的唯一的最早刻本了，自然是稀货可居。现在人民文学出版社出版的《金瓶梅词话》就是据此版本印行的，此书价值自不待言。但是，此书又是如何到了文友堂书局的呢？应该说此书和山西商人有关。原来文友堂书局在山西设有分号，专门搜集山西各地所藏旧书。大约是1931年，该书局在山西介休县收购到这部万历丁巳本《金瓶梅词话》，收购时给的价很低，贩到北京稀货可居，定价就很高了。山西介休县是清代山西富商云集之地，著名的皇商范氏就是介休县张原村人。范氏家族经商起家后，发展成为一个官商结合的家族，如前所述，范氏仅毓字辈和清字辈就有 20 人任官职。在科举方面，有进士 2 人、举人 3 人、武举 1 人、庠生等若干人。又如介休县北贾村富商侯氏，人称"侯百万"，其资产达七八百万银两。该族中侯庆来是嘉庆二十三年（1818）副榜，后弃儒经商。不难看出，范、侯两家都是儒商结合之家族，丁巳本《金瓶梅词话》原是他两家中一家所保存之书，可能性是很大的。尤其是范氏，显赫一时，可能性更大。范氏最后被抄家，侯氏最后靠变卖财产过活，最末一代侯崇基冻饿而死。丁巳本《金瓶梅词话》随着其原在家族的衰败而散落民间，最后被文友堂书局购去是很有可能的。所以说，此书在山西介休县被发现和购去，并非偶然。

山西富商中不乏有文化教养的人士，他们还是古籍爱好者和收藏家。下面介绍三位：

刘笃敬（1848—1920），字缉臣，号筱渠，太平县（今襄汾）南高村人。父刘向经，字训奇，清候补道。刘氏家族各辈在清为官者不下 20 人，家私颇富，财源甚广，开设有当铺、商号等，素有"刘百万"之称。笃敬自幼爱读书，本县中秀才，后赴太原乡试中举人，曾三次进京会试，皆落第。笃敬有雄厚的经济为后盾，对兴办实业兴趣颇大，曾创办纺织、电力、矿业等事业。又喜收藏古书、古玩、字画、金石碑帖。在南高村建筑藏书楼一座，内藏图书、钟鼎彝器、名人字画，藏品颇为丰富。

常赞春（1872—1941），字子襄，榆次车辋人。常氏家族原甚贫，后以布商起家致富。至赞春已十四世，赞春与弟旭春才敏勤学，于清光绪二十八年（1902）在西安同科成举人。赞春对文字音韵学颇有研究，其书法源于碑派，汉篆尤称绝艺。赞春酷爱收藏古籍、碑帖等，曾捐赠县学堂经、史、子、集多种。

赵昌燮（1877—1945），字铁山，太谷县城内田家后人。赵氏祖籍山西交城，明末迁居太谷经商。赵家经商，常有庄客去京、津、沪、汉等通都大邑收购名人书画，名贵碑帖。铁山于宣统元年（1909）得中府拔贡，曾任吏部文选司和农工商部庶务司主事，在京当六品小京官时，常去琉璃厂逛书店，后谢职回家，终日博览群书，潜心金石书画，书法精湛，被誉为"华北第一笔"。他专爱郑板桥画，曾自刻一章，文曰："文比板桥多一字，官比板桥少一品"，因板桥名"燮"，比赵少一"昌"字，郑是潍县七品，赵为六品，赵比郑从数字上少一品。铁山一生既是书法家，又是藏书家。赵氏是藏书世家，其父赵维周即喜收藏古籍，一生节俭，唯购书毫不吝惜，所以藏书丰富，到铁山时，所收集之书，更多更精，并喜求名人精校善本，其善本书有唐开元《石经》、明版《太平御览》、明汲古阁仿宋陶诗、殿版二十二史、聚珍版善本书多种。

　　晋商中还有不少人喜欢收藏古玩、文物，如祁县乔家堡富商乔景僖、乔映南父子，就特别酷爱收藏古玩、文物，据说乔氏父子收藏的鼻烟壶就有数十个。还有一件珍贵文物，是用七八十块寿田、青田等名贵玉石，组成由明代著名篆刻家文彭操刀刻制的印章，每块上面刻文一句，合起来是一篇《文昌帝君阴骘文》。此物原为清贵族端方之物，端方和乔家素有来往，曾经在乔家住过。后来端方遭暗杀身亡，此物便归乔家。无奈此物归乔所有时就缺一块，乔家常引为憾事。一次，古玩贩商携几件玉器到乔家，乔映南见内中有一块印章，上刻"欲广福田须平心地"几字，正是欲觅之印章，心中大喜，却不露声色，反而说："这些破玩意儿也拿来，快拿走吧！"贩客连忙说："不敢，不敢，知道这几件不入尊目，以后我有好的再来孝敬，不过年前手头有些拮据……"映南说："早说不就完了，谁让咱们是老相识呢！"遂让人从账房支50银圆交给对方，贩客千恩万谢，坚持要把东西留下。乔映南说："既然你过意不去，就把这块印章留下让孩子们托个福，我也不白拿，再给你50元，好好过年吧。"古董贩商喜出望外，高兴而去。乔映南得以璧成全篇。不过这套印章后来的下落，却不得而知了。又如太谷县富商曹氏曾收藏有许多珍宝和名人字画，可惜大多在战乱中散失。现存一"金火车钟"，尚保存完好。此物原为法国工艺品，用黄金、钨、白金制成，重42.25公斤。原是清乾隆年间法国使节作为贡品献于清朝皇室，据说"庚子事变"慈禧太后西逃西安时，曾向曹家借过钱，后赏此物。此传可靠性多大，不敢武断，不过曹家有此物，也非一般。曹氏还保存有一幅《清明上河图》，虽非宋人张择端原物，但也是明代著名画家仇瑛所作，价值也不低。曹氏还有一"百寿大屏风"，高3.8米，宽5.02米，上镶嵌92块大理石，下部呈基石状，上雕浮云，背刻100个寿字，百寿图字乃清代户部祁隽藻真迹。此外，在祁县文管所现今所藏文物4100余件，其中古字画1000多件，也主要来自山西商界。

有许多山西人还是古董商人。如京师古董商所在的琉璃厂内，就有很多古董商人是山西人。咸丰末年开办的"德宝斋"，创业者李诚甫是山西平阳府太平县（今襄汾）人，以善于鉴别法帖、印章、书法而闻名京师，在李氏的经营下，该店资产达10万余银两。"书业堂"是山西潞安府长治县崔玉峰于同治年间创办。"英古斋"是山西襄汾县人王德凤于同治六年（1867）创办，该店以鉴定和经营鸡血、田黄石等古印章著名。"荣录堂"为山西人刘姓于光绪年间创办。"永宝斋"为山西襄汾县人崔皆平于光绪十年（1884）创办。"奇观阁"是山西人马瑞亭经营。此外，还有襄汾人毛子恒开设的

"渊识斋"，襄汾人贾济川开设的"晋秀斋"，临汾人李建平、李欣平开设的"永誉斋"，襄汾人开办的"振寰阁"等。他们分别以善于鉴定和经营古墨、古砚、古印、金石、青铜器等闻名琉璃厂。这里特别需要提到的是"宝名斋"，曾以一次事件为后世所知。该店是山西文水县人李钟铭在琉璃厂开设的书铺。《琉璃厂小志》载："琉璃厂一条龙，九间门面是宝名，"堪称最大书铺，但光绪五年（1879）被翰林院侍讲张佩纶告发。张称"该商人捏称工部尚书贺寿慈亲戚，招摇撞骗"，"与内外官吏交结往来，包揽户部报销，打点吏部铨补，为京员钻营差使，为外官谋干私书，戴用五品冠服，每有职官引见验放，混入当差官员，出入景运门"等等，后李钟铭被发配天津。由上可知，山西书商与古董商在北京十分活跃，而且有的书商能量很大，竟能"揽户部报销和打点吏部铨补"。

四、晋商与饮食

山西是面食之乡。山西人喜欢吃的面食，据不完全统计有百余种，诸如剔尖、擦面、拨面、猫耳朵、河捞、拉面、刀削面、拨鱼、揪片、炝锅面、醮面片、栲栳栳、转面、翡翠面、蛋黄面、浇肉面、打卤面、三和面、鸳鸯面等，这些面食的发展与晋商的推动分不开。晋商商号之饮食，一类是商号内部日常用饭，另一类是做生意待客用饭。商号内部吃饭不付伙食费，有大、中、小灶之分。经理吃小灶，伙计、学徒吃中灶、大灶。就大灶伙食标准而言，也高于当时当地中等人家水平。清人刘大鹏说："此间生意奢华太甚，凡诸客商，名曰便饭，其实山珍海错，巨鳖鲜鱼，诸美味也。习俗使然，并无以此为非者。"（《退想斋日记》）做生意待客用饭也有两种：一种是掌柜等有身份人用饭之处。如归化城（呼和浩特）有一种小班馆子就是此等人吃饭之处。小班馆子是一种高级饭店，内有歌女唱曲，这种馆子多设在比较僻静的街巷，光绪时全城有三家，即大召东夹道的"锦福居"，棋盘街（今新生街）的"荣升元"，三官庙街的"旺春园"。锦福居财东是山西太原大茸商贾氏，荣升元的财东是山西祁县人鹿茸牙纪梁诚信。小班馆子每天中午后才开门营业，门面外边用黑布白心书写"包办酒席"、"南北大菜"幌子。凡来的客商均有自备大骡子轿车。每到吃饭时间，轿车能停满一条街。三更天以后才由各商号小伙计打上灯笼，把老板接回去。归化城茸客和票号业务获利很多，所以他们不惜花钱搞交际应酬。而一些商号为了向票号贷款，也不惜花重金在小班馆子招待客人。小班馆子按照山西客商的习惯，制作销售晋商喜爱的菜肴糖饼。小班馆子12人一桌，每桌最少需银10两，有时高达20两。小班馆子厨师每月薪金三两银，小费可收十五六两银，所以归化城集中了不少山西的餐饮人才。归化城还有一种大戏馆子，是仅次于小班馆子的饭店。这种饭店一面卖饭，一面唱戏，所以又称戏酒馆子。大戏馆子的营业有季节性，通常冬天开张，因为这时旅蒙的客商返回归化城，各商号都要请客。像山西人开办的大盛魁商号及元盛德、天义德商号，请一次客分好几天吃，每天有五六百人，小班馆子自然摆不下那么多桌子，必须在大一点的场面举行。同时戏班到了冬天，不便远行，便在馆子演出，于是大戏馆子在归化城盛行起来。大戏馆子中设在小东街的"宴美园"，楼上楼下能摆72张方桌，大西街的"同和园"，楼上楼下能摆120张方桌。每张方桌，正中坐二人，左边二人，为了不妨碍看戏和端盘上菜方便，右边只坐一人，共五人一桌。所吃饭菜分为"四六席"、"改菜席"二种。"四六席"就是四干果、四冷菜、四大碗、六中碗，中碗内有一碗海参，除大米饭、花卷、黄酒外，还有马蹄酥一类的"腰饭"。光绪三十年（1904）后，每桌"四六席"约值银一两多。"改菜席"也是四大碗、六中碗，只把九碗肉菜改为海鲜，添了干贝、鱿鱼等，每桌约值银三两。大戏馆子请客，属商界普通应酬，请大老板吃饭要到小班馆子。大戏馆子赴宴的多为小顶生意掌柜、伙计和学徒。大戏馆子除被大商号"包堂"外，平时按桌订座，由饭馆安排好时间，发散请帖。客人来到，由堂倌领到预订桌前入座。有时家眷被邀，但青年妇女不去，多是老太婆带孙儿孙女。女客酒席在楼上，两边垂幔布和男座隔开。商人赴宴均穿长袍马褂。当主人到客人面前斟酒时，往往先由山西忻州籍堂倌高喊："东家给满酒哩，不另啦！"商号青年学徒去大戏馆子吃饭，是商号掌柜让学徒去学习"人恭礼法"，所以他们不敢高声喧哗，更不敢鼓掌叫好，戏场秩序井然有序。据说，光绪时在"宴美园"唱戏的是"吉升戏班"，艺人有十三红、飞来凤、二庆旦、杏娃黑、杏儿生。在"同和园"唱戏的是"长胜戏班"，艺人有千二红、一杆旗、二奴旦、八百黑、二娃娃。这些都是山西北路梆子的名角。（《内蒙古文史资料》第18辑）

晋商家宴红白喜事，比较讲排场，一般家宴"八碗八碟"已是上等酒席。但一些富商还要上"三台"。所谓"三台"，就是除了"八碗八碟"外，又有点心、水果、三炒三烩……一共124种食品。这124种食品分为"三台"，分别由鸡、鸭、猪仔各统帅一台，故称"三台"。普通宴席吃"三台"，遇有重要人物光临则还要吃"官席"。官席与"三台"一样，数量也是124件，但质量档次要高，碟盘摆放也有讲究，每桌菜品必须摆成吉祥字形，并切合坐席者的身份。如新郎新娘坐的桌子，124件菜肴要摆成"龙凤呈祥"字样。男方迎娶新娘的吃客桌子，124件菜肴要摆成"一品当朝"字样。女方陪女送嫁的送客坐的桌子，124件菜肴要摆成"得胜回朝"字样。宴请女婿的桌子，124件菜肴要摆成"状元及第"的字样。（《晋商巨族二百年》）山西南部襄汾县丁村有一位咸丰年间捐职的丁先登，与其弟丁连登合伙在甘肃宁县、陕西三原、泾阳等地经商致富。曾有赵官保、赵安生父子在丁氏家族中作过厨师。据赵安生回忆，丁氏娶妻嫁女家宴也有规定。娶妻嫁女，男女两家的宴席并不相同。男方一般是"重八席"或"六六席"，女方是"三抬"或"十五圆"。男方用六人为阴，女方用三五为阳，取阴阳相配之意。重八席的菜肴是（以上菜先后为序）：

酒碟：四素四荤，计鹿角、洋粉、发菜、黄菜、头肉、牛肉、鸡块、蒜泥肉。

八小：以羹勺食之，计鱿鱼、江阳珠、葛仙米、蟹肉、薏米莲子、三鲜汤、木须肉、捶鸡丸子。

八大：以乌木筷子夹食，计鱼刺、大鱿鱼、海参、鱼肚、芙蓉肉、烧羊肉、酥全鸡、丸子。

这八小八大的最后一道菜都是丸子，取其丸（完）音。同时，丸子即团子、圆子，也就是说"圆圆满满地结束了"。那么，为什么非重八，而不重七重九呢？除上述阴阳相配之意外，还因为七气同音，不利；九为至尊，忌用。因而宴席称谓多三五六八。据说重八，还有取"八珍八元"之意。所谓八珍，按《周礼·天官·膳夫》："珍用八物"，后世以龙肝、凤髓、豹胎、鲤尾、鸮炙、猩唇、熊掌、酥酪蝉为八珍。而八元，即古代所谓有才德之士。《左传·文公十八年》："高辛氏有才子八人……天下之民，谓之八元。"可见，八珍八元指的是人和物，如果连起来，即珍善（真善）也，确实好也。以上解释也许有些牵强附会，但也是一说吧。

三抬（以先后为序）：

第一抬：五大碗，寓五登魁首；

第二抬：四冰盘，寓福寿康宁；

第三抬：四面碗，寓四季顺畅。

三抬共十三件，又称十三花。由于是女家专设的宴席，因而有预祝快婿登科及第的祈愿。

十五圆：这是专供新婿至女家迎娶时，为岳父母行大礼时的用宴，分三个单元上菜，程序为：

第一单元：二大碗、一品碗、二面碗，计五件；

第二单元：二大碗、一冰盘、二面碗，计五件；

第三单元：二大碗，一品碗、二面碗，计五件。

合计十五件。这十五件是十五道花色品种各异之菜，而且全用圆形器皿盛放，故名"十五圆"。它取意有二：一为每月十五月儿圆，十五团圆，人圆月圆，千里共婵娟；一为连中三元，榜眼探花状元郎，是祝愿女婿早日及第登科金榜题名之意。（《平阳民俗丛谭》）

富商饮食每天山珍海味，但解决不了他们的精神空虚。有位为富商做了一辈子饭的厨师退休后，太谷县拔贡出身的商人并被康有为誉为"华北第一笔"的书法家赵铁山，曾为这位退休厨师写了副对联，云：

饿了就吃祗淡饭粗茶亦自甘美

困来即睡虽木床草枕都视安静

人常说：吃喝玩乐。晋商很注意吃，形成了晋商饮食文化，推动了饮食业的发展。但仅仅是经商谋利和大吃大喝，却解决不了精神空虚问题，赵铁山的对联正说明了这点。

217

五、晋商与武术

武术是中国传统体育项目，具有健身和攻防双重功能。由于晋商外出经商常在数千里外，经常会遇到意想不到的困难与险阻，甚至盗贼的袭击，因此晋商历来重视武术，并有不少人自己练就武术以强身和防卫盗贼袭击，甚至参加军事斗争抗击入侵海盗。如前述明嘉靖三十三年（1554），山陕盐商为抗击日本海盗入侵，曾选善射骁勇者500名商兵防守扬州。隆庆元年（1567），江苏松江倭寇压境，山陕诸商骁勇者曾"协力御之"。清初，在苏州的山陕客商有善射者二三十人。明代泽州人王珂，"服贾远出，一日抵大江，夜，邻被劫，珂奋身往救，盗惊散"。清代忻州人卢英锐，贾于阿克苏，道光六年（1828）张格尔叛乱，喀城破，卢氏自绘地图，进谒军门，陈进取形势，旬日间清军以次攻克回城，卢氏以功赏蓝翎五品衔，补固原提标后营外委将，当上了武官。

在这里我们需要特别指出的是，心意拳和形意拳的发祥和发展，都与山西票号的老窝祁县、太谷县有着密切关系，也就是说得到了晋商的鼓励与支持。心意拳属少林支派，创始者是明末清初的山西永济人姬际可。姬氏初创心意拳有反清复明的意向。后传艺曹继武（1665—?），曹又传艺于山西祁县人戴龙邦。雍正五年（1627），清政府下令禁武，戴氏返回故里。戴氏在家乡潜心研究心意拳，但绝不外传，对内只授子侄及内亲。嘉庆七年（1801），戴龙邦临终前再次叮嘱其子戴文雄（二闾）：心意拳绝对不能外传。二闾武艺得其父真传，是嘉庆、道光时期最为著名的心意拳大师，并以保镖闻名遐迩，声震武林。道光十六年（1836），直隶深州（河北深县）人李老农因久闻戴二闾大名，便变卖部分家产，到祁县寻找戴氏学武，但遭戴氏拒绝。李氏却心诚意坚，以租地种菜为生，每日为戴家送菜，三年来风雨无阻，不取分文。二闾感其心诚，为其所动，遵母命于道光十九年（1839）正式收李为徒，传授心意拳。李老农学武出师后，又随师从事保镖业五年，于道光二十九年（1849）接受太谷县城富商孟氏之聘，到孟宅担任护院。咸丰六年（1856）李氏征得师父戴二闾同意，收太谷车二（车毅斋）为徒。同治二年（1863）李老农（起名飞羽）加入太谷镖行，因忙于镖务，将弟子车二拜托师傅戴二闾栽培。

车二得戴氏真传后，经常与师傅李老农，师弟贺运亨、李广亨，弟子李复祯等一起切磋武艺，并对心意拳术有所改革创新，自成一路拳术，便以形字代替心字，从此有了形意拳。此拳套路严谨，拳法多变，风格独特。太谷城内，习此拳者日渐增多，形成了一个新的拳派。光绪十四年（1888），日本武林高手板山太郎在天津设擂。板山气焰十分嚣张，国人皆盼我武林中人教训此人一通。车二为了国家武林荣誉亲赴天津，以形意剑术大败板山太郎。车二名声大振，清政府授予车二"花翎五品军功"，以示嘉奖。晚清，李老农的五位弟子在太谷县传授形意拳，民间有"五星聚太谷"之称。此五人武艺高强，太谷成为形意名流荟萃地，故太谷有形意拳发祥地之称。光绪二十一年（1895），李老农弟子李广亨在太谷"中兴正"商号任护卫，并作《心意精义》一书。光绪二十四年（1898），有外省武人李存义奉师命赴晋向车二学武。光绪二十六年（1900），李存义参加义和团运动，义和团失败后，李存义返回太谷避难，车二命弟子李复祯保护李存义安全，并推荐存义到太谷富商孟氏家中担任护庄。宣统三年（1911），李存义在天津创办中华武术会。1918年，又有受过车二指点的形意拳手韩慕侠在北京击败俄国大力士康泰尔，为中华民族争得荣誉，形意拳名声震动中外武林。

祁县心意拳、太谷形意拳的发展，一直受到当地富商的鼓励与支持。心意拳或形意拳武林高手大多被祁县、太谷等地富商聘任为护院拳师。如山西太谷北洸村富商曹氏的三多堂有护院家丁500余人，在三多堂按照东南两局，各设护院拳师一人，又在南山青龙寨设守寨拳师一人。一些形意拳高手如李老农、申天宝、冯克智、胡铎、李发黝、武鸣国、吴本忠、车毅斋、贺运亨等，多在曹氏三多堂担任过护院拳师。这些拳师在富商家中多能受到礼遇和优厚的待遇。拳师的另一职业是当镖局镖师。镖局在山西商人活动的地方开设较多。卫聚贤《山西票号史》称："考设镖局之鼻祖，仍系……山西人神拳张黑五者，请于达摩王，转奏乾隆，领圣旨，开设兴隆镖局于北京顺天府前门外大街。"卫聚贤还进一步推论，镖局是明末清初顾炎武、傅山、戴廷轼为反清复明，以保护商人运送现银而设。镖局不论何时开设，山西人业此行者不少。直至清末尚有不少山西人开办的镖局。如山西榆次人安晋元在张家口开办有"三合镖局"，王福元在蒙古三岔河开办有"兴元镖局"。此外还有"志一堂"、"长胜"、"三义"、"无敌"等镖局，太谷车二、祁县戴二闾等都是有名的镖师傅。据说，车二的徒弟李复祯（1855—1930），出师后经常保镖于京津及辽宁一带。光绪三十年（1904），李复祯带领弟子为太谷县王庄富商保镖，从北京至行唐、灵寿，路经十八盘时，曾与强人黑老鸦交手。此绰号黑老鸦者，以全身着黑衣、轻功高而得名。黑老鸦经常在灵寿一带抢劫商民，滥杀无辜。黑老鸦在十八盘埋伏，见李复祯镖车过来，便上前动武。黑老鸦手持双刀逼李，李持枪相迎，二人交手几个回合，黑老鸦一刀冲李直砍，李猛一个长枪短用，将刀打飞，翻枪一挑，将黑老鸦挑出一丈多远，跌在地上，血流如注。众歹徒见状，呼啸四散，从此灵寿至十八盘，商旅一路平安无事。还有一件商人请拳师保护财物的故事。晚清时，山西祁县史氏开办的大盛魁商号、祁县乔氏开办的复盛公商号，都是塞外著名的大商号，但其运货驼队曾多次在蒙古草原被土匪抢掠，造成很大损失。据说，领头的劫匪绰号"流矢儿"，其人武艺高强，伸臂可举牛犊，起脚能踢伤烈马，摔跤赢遍草原，射箭百步穿杨。他把不少厅、旗衙役捕快收为徒弟，又充当官吏的保镖。他的公开身份是跤王拳师，暗中却与响马贼寇勾结，作恶草原。史、乔等商家深受其勒索、敲诈之害，曾多次雇请名镖师惩治其人，岂料那些被雇来的镖师，都被流矢儿打得落花流水，遁迹潜踪，再不敢在草原露面，流矢儿在草原越发嚣张。如前所述，祁县是戴氏心意拳发祥地，虽说此时始祖戴龙邦、名师戴二闾已过世，但戴氏传人戴奎仍是隐居乡间的武林高手，若是请他出山，制服流矢儿当不成问题。但戴奎为人性寡孤傲，商人们对能否请得动他，却没有把握。后来便派一名叫二旦的商人，手提重礼来到戴宅。二旦见到戴奎后便将史、乔二商在外受害之事禀告，待戴奎听得怒形于色时，二旦又把厚礼送上，请他出山相助。谁知戴奎一言不发，竟将二旦连人带礼推出家门。二旦无奈，只好垂头丧气重返包头。山西到包头，杀虎口是必经之路，此地匪患也最厉害。二旦刚到此，便被一群土匪围住，要留下千两买路银，否则暴尸荒野。二旦正在危难之际，突然见戴奎一人闯进圈里，三拳两脚撂倒不少土匪，拉上二旦就跑。不想走出数里，又被一群土匪拦住，又要买路钱，领头的自称是流矢儿的大弟子飞骆驼。戴奎一听是流矢儿的人，怒起心头，一挟一跃先将二旦放在临近屋顶，随后飘然落地，对众匪大打出手，转眼就撂倒七八人。飞骆驼见状便亲自上阵，照戴奎致命处就是一拳，戴奎轻轻闪过，未

221

等敌手回转，已插进敌裆，大喝一声，将飞骆驼打翻在地。众匪见状，纷纷逃窜。戴奎也不追赶，轻轻一跃，上房将二旦接下地面，对瘫在地上的飞骆驼说了句"我是祁县戴奎，不服气到包头找我"。便与二旦扬长而去。不出五天，流矢儿战书传到戴奎手中。戴奎如期从包头赶到归化时，流矢儿早已带来数百名弟子及各厅、旗官场要员助阵，誓与戴奎决一雌雄。流矢儿身高体壮，形如罗汉。他见戴奎骨瘦如柴，气焰更盛，遂顺手将场外一个150公斤重的圆锥石碌举起，扔到戴奎脚下。戴奎嘿嘿一笑，右脚一踩，将石碌就地转了两圈，猛一抬脚，已将石碌送到半空，不等石碌落地，一个"蜇龙登天"，已将石碌送出一丈开外，物落原地。流矢儿所带之人见状大吃一惊，流矢儿也不敢怠慢，便先向戴奎动手。戴奎连破对方致命攻击，而流矢儿更加疯狂。于是戴奎拿出戴家绝招，趁流矢儿猛扑之际，顺势发出裹拳，又出其不意拍向敌人左臂，呼地一下点住了对方腋下"夹窝穴"。不可一世的流矢儿一下蹲在地上，起不来了，只见他脑袋耷拉，涎水流出，二目发怔，面无人色。流矢儿对众徒弟艰难地说了声"扶我回去"。流矢儿回到家，没出七天，气血难通，一命归天。消息传到包头，轻财好义的戴奎辞掉史、乔二家谢礼，返回了祁县。

由上可见，武术与拳师对于晋商的活动，有着保护安全的作用，而晋商对武术与拳师的鼓励、支持，也在一定程度上起到了推动武术发展的作用。

六、晋商与科技

数学、珠算、会计等计算科技与商人的经商活动有着密切关系，因此明清山西商人很重视对数学、珠算、会计等计算科技的研究与实际应用。明代蒲州大商人张四教，十六岁服贾远游。其兄张四维称他"尤精《九章算术》，凡方田粟布勾股商分等法……弟皆按籍妙解，不由师授。……弟治业滋久，谙于东方鹾利原委，分布、调布具有操纵，末年业用大裕，不啻十倍其初"（《条麓堂集》卷28）。明代山西汾州商人王文素（1465—?），早年随父到河北饶阳经商，自幼涉猎书史诸子百家，又由于经商的需要，他很小就练打算盘，尤长于算法。他收集了宋代杨辉、明代杜文高、夏源泽诸家的算书，精心钻研。到正德八年（1513）撰成《新集通证古今算学宝鉴》10册30卷。当时河北武清也有位喜欢数学的杜瑾（字良玉）。王、杜二人会于清河旅店，各陈所长，切磋算法。独文素超出人表，杜瑾喜曰："诚吾辈之弗如也，所谓数算中之纯粹而精者乎！"王文素又将平日所改正算学书十帙请杜瑾审阅。杜读后，深加赞叹，认为宋代杨辉及当朝金陵杜文高、江宁夏源泽、金台金来朋等名家，算法固然不错，但藏头露尾，俱以逢巧之法而证之，不够灵活通变，以致后人学之甚难。惟文素以通玄活变之术，断成讲义，使人易学易懂。王文素在是书的《前言》中也指出：算学是"普天之下，公私之间，不可一日而缺者"。他认为，对于算家，切不可以"六艺之末而忽之"。于是，"留心算学，手不释卷，三十余年"。嘉靖三年（1524），年已六十的王文素倾其毕生精力编成《新集通证古今算学宝鉴》。全书共42卷，203条，117诀，1267问，分订12册。这是一部优秀的应用数学之作，内容之丰富，科学性之强，胜过明代钱塘吴敬《九章算比类大全》、安徽休宁程大位《直指算法统宗》。王文素所著《新集通证古今算学宝鉴》，具有如下五个特点：一是包罗面广，实用价值高。该书不仅全面继承了前人的算学成就，并有所创新，如将"身前因"改进为"身前乘"，发展了"归总还零"除法，创造了"众九相乘"、"实位相同"等新法，对传统的开方法有所改进，并在立体图形的插图画法上，率先采用了现代轴图法中常用的正等测图法。此外，书中还可看到当时的税收征管法等内容，介绍了简捷速成计算法。所以王氏所著是一部比较全面的应用数学之作。二是深入浅出，通俗易学。全书中有释义、解题，并有绘图及算学口诀。三是校正了过去算学著作中的一些错误之处。四是珠算内容丰富，算法新颖，在明代诸多珠算书中处于高水平。

关于会计核算，如前章所述，明末清初晋商实行的"龙门账"，就是一套既简单又明确的商业会计法。此法具体内容前章已述，其价值与意义，对我国会计学的发展有一定贡献，"龙门账"的"会龙门"至今仍然是科学的会计原理之一。有的会计学家甚至认为"龙门账"是我国会计的开端。具体说，"龙门账"对我国会计发展的贡献主要有三：一是促使记账方法向复式记账发展。由于"龙门账"需要对进、缴、存、该进行全面、连续地核算，过去单式记账法难于满足这方面的要求，促使记账方法朝复式记账发展。清末民初出现的"三脚账"，便是在"龙门账"的基础上发展起来的。后来又在"龙门账"的基础上发展成"四脚账"，更具备了复式记账的某些条件。二是发展了记账原理，为现代商业会计奠定了基础。"龙门账"能够根据商业经济活动的特点，把错综复杂的经济现象比较科学地划为四大类，并阐明了进、缴、存、该相互间的依存关系，提出了"合龙门"的科学原理，是对会计学的重大贡献。三是初步确定了会计的基本职能。"龙门账"通过进、缴、存、该四大类的记账、复账、报账等几个环节，对商业经营过程进行控制和观念总结，为经营管理提供信息，作为业主对今后工作决策的依据，基本上起到了能反映经营情况、监督经营行为和促进经营发展的作用，

初步确定了会计基本职能。（《晋商史料与研究》）

七、晋商与茶

晋商在清代的商业活动中，进行过很有特色的茶树培植、茶叶加工及运销等工作，为我国茶的发展与传播起到了积极的推动作用。清人衷干说："清初茶叶均系西客经营，由江西转河南，运销关外。西客者山西商人也，每家资本约二三十万至百万。首春客至，由行东赴河口欢迎。到地将款及所购茶单，交点行东，恣所为不问，茶事毕，始结算别去。"（《茶事杂咏》）为了保证茶叶货源与茶叶质量，山西商人曾在福建武夷山区，通过"行东"（代理商）以包买形式控制一些作场，要求对方按照自己的要求进行茶叶加工。也就是说，有一些茶叶作坊是置于晋商的监督之下。但是，咸丰三年（1853）以后，由于太平天国革命，晋商去福建的茶道受阻，茶叶贸易受到影响。后来，晋商为了改变这一局面，发现湖北武昌府的崇阳、蒲圻两县交界处的羊楼峒、羊楼司一带具有栽植茶树的自然条件。便指导当地人栽植茶树和制造红绿茶之法，使这一带逐渐成为晋商新的茶叶产地。据史料记载，以种茶、制茶（加工）而闻名的羊楼峒，清咸丰年间，"晋皖茶商往湘经商，该地为必经之路。茶商见该地适于种茶，始指导土人，教栽培及制造红绿茶之法"（戴啸州《湖北羊楼之茶叶》）。在咸丰、同治时期，蒲圻、崇阳等地人在晋商的指导下，已能够制作上好的绿茶。山西商人还将红茶加工技术传播到鄂东南乃至鄂北、蒲、崇等县。咸丰、同治时期的茶叶，大多是散装，晋商收购后，还要进行较大工程的包装。到了光绪年间，蒲圻地方开始制作砖茶。最初的砖茶压制法比较简单，属于民间简单机械加工，生产规模也较小。其方法是：置茶叶于蒸笼中，架锅蒸之，倾入模型中，置木制压榨器中，借杠杆力压榨，移时，在模中托出，放于楼上，听其自然干燥。这种木质压榨机每日仅可制作60筐茶叶，合90担。操作不便，平压效果不良，厚薄不均匀，四角边缘往往因压力不达而出现残缺，既不整洁，又多损耗。不过它将茶叶的制作由散装转变为有形状的砖茶，标志着一种新产品的开始。后来，晋商又在木压机的基础上发明创造出一种铁压机，收到了省力、省工、产品光洁整齐、节省原料的效果。不过仍属于手工作业范畴。晋商在晚清基本上控制了湖北的茶叶生产，特别是对武昌府属各县的制茶业，往往是按照晋商的要求进行加工，然后由晋商统一收购。砖茶虽为茶农产品，却要贴上晋商的商标，并写上监制的字样。也就是说，茶农是代晋商生产，并且由晋商预先付一笔加工订金，晋商具有包销商的性质。到光绪中期，晋商逐渐在蒲圻等地建立了茶叶加工厂，进行较大规模的生产。据海外资料称："山西茶商每年（在茶楼峒）常设临时办事处，开设工厂，该地数千农民及其家族从事制造砖茶。"（威廉·马克斯《茶叶全书》中译本上册，165页，中国茶叶研究社版）第二次鸦片战争以后，沙俄以不平等的《北京条约》取得特权，向中国进行经济渗透。同治二年（1863）以后，俄人相继在汉口、福州、九江等地开设茶厂。同治四年（1865）后，英国商人又在我国台湾和福建开办茶厂。洋人利用机器生产茶叶，对晋商的茶叶生产造成了威胁。在湖北的晋商为了与洋商进行商业竞争，也开始对茶叶工厂进行改造。光绪十九年（1893）前后，晋商开始使用气压机和水压机制作砖茶。光绪二十三年（1897）又从英国购进烘干机设备，焙制出了色味俱佳的茶叶。

茶叶是一种经济作物。晋商在湖北大量植茶、制茶主要是以出售为目的。运销地区主要是湖南、湖北、河南、山西、河北、广东、陕西、甘肃、新疆、青海等省和俄、英等国。恰克图从雍正年间辟为国际商埠后，到道光时已有茶庄100家左右，皆为晋商经营，其中著名的晋商商号有大德玉、大升玉、大泉玉、锦泰亨、锦泉涌等。乾隆以来，中俄茶叶贸易日盛。据统计，嘉庆五年（1800），由恰克图销往俄国的茶叶达2799900俄磅，约合125万公斤，道光以后，贸易数额又大增。从道光十七年到十九年（1837—1839），每年销往俄国的茶叶平均为8071880俄磅，约合350万公斤，几乎全是晋商经销。咸丰初年，中俄茶叶贸易额仍然保持着良好的势头，每年销给俄国的茶叶达15万箱，有450多万公斤。这时，晋商对俄贸易尚保持着很大优势，具有贸易的主动权。可惜好景不长，由于沙俄强迫清政府签订《中俄陆路通商章程》，取得了天津通商权、低税率与内地采购土货以及加工制作等特权，使俄商运茶成本大大降低，山西茶商利权被夺，生机顿减。尽管山西商人在对俄商务衰退的过程中，曾进行过顽强的斗争，也取得过较好效果，但终究因当时国际环境不良和清政府的腐朽，未能持续发展。到宣统元年（1909），俄国又单方面宣布对在俄国的华商实行重税，使对俄贸易的山西茶商又陷入困境，直至清终。

尽管晋商的茶叶贸易在同治、光绪年间发展不顺利，步履维艰。但他们对于中国茶叶经济与文化的发展有过积极的作用。他们在湘鄂地区首先培植与加工制造红茶，供应华北、西北人民饮用，并使红茶饮誉俄国，把中国的茶文化传播到了海外。俄人记述道：中国红茶的贸易，使"涅而琴斯克边区的所有居民不论贫富、年长或年幼，都嗜饮砖茶（以红茶为原料）。（该）茶是不可缺少的主要饮料，早晨就面包喝茶，当作早餐。不喝茶就不去上工。午饭后必须有茶。每天喝茶可达五次之多，爱好喝茶的人能喝十至十五杯。不论你什么时候去到哪家去，必定用茶款待"（瓦西里·帕尔申《外贝加尔边区纪行》，商务印书馆，1976年版）。而且"所有亚洲西部的游牧民族均大量饮用砖茶（红茶），常把砖茶当作交易的媒介"（姚贤镐《中国近代对外贸易史资料》第2册，中华书局，1962年版）。晋商与湖广茶农培育和制作了最适合俄国和西亚人喝的红茶，并积极组织出口外销，使俄国与西亚、东欧国家人民之嗜茶风气与日俱增，"在较大程度上影响和改变了西亚与东欧游牧民族的生活习惯或饮食结构，使东方文化进一步'西渐'"（李三谋《近代晋商与茶文化》，《史志研究》，1996年1期）。可以说，历史上的晋商不仅对中国茶叶的生产、运销做出了贡献，而且对中国茶文化在海内外的传播发挥了积极的作用。

▣ 结束语 ▣

真正的智慧不仅在于能明察眼前，而且还能予见未来。关于明清晋商经营智慧的形成，笔者有如下三点认识。

首先，它是社会经济与文化发展历史大背景下的产物。"重本轻末"是中国封建社会统治者长期奉行的一项政策。《汉书·食货志》载："士农工商，四民有业。学以居位曰士，辟谷殖谷曰农，作巧取器曰工，通财鬻货曰商。"在士农工商的"四民"中，商被排在最末位。但是，我国的封建社会从宋代以来，尤其是明清以来，社会商品经济有了长足发展，社会文化也发生了显著变化。例如，在繁荣的都市中，随着工商业的发展，新兴的市民阶层逐渐形成。这一市民阶层包括居住城市的绅士、地主、商人、高利贷者、手工业者、车夫、城市贫民、失业流浪者、乞丐等，五花八门的市井人物。明代著名小说《金瓶梅》就非常生动、形象地反映了这个市民阶层的心理状态与活动。我们知道，意识是存在的反映。明清时期中国社会内部经济和社会变动折射到意识形态领域，即表现为正统的儒家观念遭到了挑战，贱商传统受到批判。如清人沈垚曾就宋以来这种变化说：

仕者既与小民争利，未仕者又必有农桑之业方得给朝夕，以专事进取，于是货殖之事益急，商贾之事益重。（《落帆楼文集》卷24）

明人李贽对治生与商贾的活动,更是给予了高度评价。他说:

> 穿衣吃饭,即是人伦物理。除却穿衣吃饭,无论物矣。世间种种皆衣与饭类耳。(《焚书》卷1《答邓石阳》)

他又说:

> 商贾亦何可鄙之有?挟数万之资,经风涛之险,受辱于关吏,忍诟于市易,辛勤万状,所挟者重,所得者末。然必结交于卿大夫之间,然后可以收其利而远其害。(《焚书》卷2《又与焦弱侯》)

明末清初人黄宗羲则指出:

> 古圣王之道,以工商为专,妄议抑之;夫工固圣王之所欲来,商又使其愿出于途者,盖其本也。(《明夷待访录·财计三》)

上述几位文人对明清社会治生与商贾的观念与看法,反映着明清社会理念的巨大变化,而这种重商,正是明清晋商经营智慧产生的社会背景。

其次,由于晋商经营活动中经营价值观与行为规范的需要而产生了晋商经营智慧。"天下熙熙皆为利来,天下攘攘皆为利往"。对于经商谋利和治生,特别是弃儒经商者来说,他们应当如何看待这个问题,需要有自己的认识和解释。如前述明代山西平阳府商人席铭所说:"大丈夫苟不能立功于世,抑岂为汗粒之偶,不能树基业于家哉。"(《苑落集》)曲沃人李明性,生而倜傥负气,稍长,叹道:"我为男儿业不能勤力,岂能坐食父兄?"于是携资本经商陕西、甘肃。蒲州人王文显,父官卑家贫寒,又有四个弟弟年幼,于是"弃士而就商,商四十余年,百货心历,足迹且半天下。"(《空同集》卷44)山西榆次富商常氏恪守"吾家世资商业为生计"的祖训,十二世常麒麟已选拔贡赴京入国子监,却弃儒为商,十三世常维丰考入国子监,实授"游击",而弃官经商。以上席氏、李氏、王氏、常氏都是把经商作为治生、兴家、立业的大事来对待，这应该说是一种值得重视的人生观念。在经商活动中还需要有信仰与精神追求，需要规范和约束商业行为，于是他们把关羽作为最崇奉的神灵，以关羽的"义"来团结同仁，摒弃"见利忘义"、"不仁不义"等不良观念与动机，以关羽的"信"来取信于顾主，摒弃欺诈、伪劣经商行为。同时制定了经理负责制、学徒制、股份制、号规、账簿制等来约束和规范商业行为。显然，晋商经营智慧就是在上述经营活动中而逐渐形成。

再次，晋商经营智慧是随着晋商经营活动的扩展而发展。晋商经营智慧的形成与发展，大体有如下四个阶段。明初，晋商作为开中商人而兴起于商界。明中叶后，晋商经营活动范围扩大，资本积累已相当雄厚，晋商经营智慧在商业活动中发挥了积极作用。入清后，晋商活动遍天下，并成为著名的国际贸易商，晋商经营智慧又迈上了一个新台阶。清季，晋商经营资本与金融资本相结合，首创东方独有的票号业，并一度执中国金融界牛耳，与此同时，明清晋商经营智慧内涵进一步丰富，义利相通观、儒贾相通观、谋略竞争观、经商爱国观、修身正己观等逐渐发展为较系统、完整的思想体系。

明清晋商经营智慧是一种地方商人文化，其内涵既包括中国传统文化特征，又具有地方与时代气息，归纳起来，主要有如下特征：

1. 继承性

晋商经营智慧是中国传统文化的组成部分，它继承了中国传统文化的内容。例如，克勤于邦，克俭于家，是中国人一贯提倡的节俭风尚，晋商完全继承了这一传统文化。明人谢肇淛说："新安奢而山右俭也。"王士性说："晋俗勤俭，善殖利于外。"康熙帝说："良由晋风多俭，积累易饶。"又如，中国古代思想家认为培养人才之道是"修身、正己、齐家、治国、平天下"的自我修养为前提。"知所以修身，则知所以治人；知所以治人，则知所以治天下国家矣"。这就是说，修身正己是使人具备担当治国、安天下重任的基本素质要求。明清晋商在这一人文思想的影响下，把修身正己放在很重要的位置，在人才问题上坚持用人唯贤。山西商业"虽亦以营利为目的，凡事则以道德信义为根据，大有儒学正宗之一派，故力能通有无，济公私……近悦远来"（颉尊三《山西票号之构造》），体现了对中国传统文化的继承性。

2. 改铸性

孔子曰："君子喻于义，小人喻于利。"看来中国传统观念是讲到"利"就要"谈虎色变"，似乎只有小人才讲利。但晋商提出了他们的义利观，即见利思义，先义后利，义利相通，把义和利由对立面改铸为一个统一体的两个方面。如前所述，明代蒲州商人王文显说："夫商与士，异术而同心，善商者处财货之场，而修高明之行，是故虽利而不污。善士者引先王之经，而绝货利之经，是故必名而有成。故利以义制，名以清修，各守其业，天之鉴也。"（《空同集》卷44）这就是说，士与商异术而同心，利是以义制，名是以清修，各守其业，并非言利者即是小人，这可以说是晋商经营智慧的一大展现。

3. 广泛性

晋商经营智慧，并不局限于经商一个方面，而是与社会各个方面有机结合，进而丰富了晋商经营智慧。诸如晋商与戏曲、建筑、武术、信仰、宗教、风俗、科技、书画、家规、号规等。就以饮食来说，山西是面食之乡，据统计面食品种有百余种，这些面食的发展与晋商的推动分不开。晋商还举办了许多戏剧班社，在各个晋商会馆建筑了许多戏台，还有不少商人是戏剧票友，等等，表现了晋商经营智慧与社会各个方面联系的广泛性。

4. 实用性

数学、地理、交通与晋商的经营活动有着密切关系，晋商很注意对数学、地理、交通等科技的应用。如前述明代晋商王文素撰成《新集通证古今算学宝鉴》，是一部包罗面广、实用价值高的数学著作。又如晋商早期使用的"龙门账"，其合"龙门法"，至今仍是科学的会计原理之一，有的会计学家甚至认为"龙门账"是我国会计的开端，晋商对科技应用的重视，充分反映了晋商的经营智慧。

5. 进步性

如前所述，中国封建社会历来把商人列为四民之末。但是晋商对四民提出了精辟的见解，他们认为："天地生人，有一人莫不有一人之业；人生在世，生一日当尽一日之勤。业不可废，道唯一勤。功不妄练，贵专本业。本业者，所身所托之业也。假如侧身士林，则学为本业；寄迹田畴，则农为本业；置身曲艺，则工为本业；他如市尘贸易，鱼盐负贩，与挑担生理些小买卖，皆为商贾，则商贾即其本业。此其为业，虽云不一。然无不可以养生，资以送死，资以嫁女娶妻……无论士为、农为、工为、商为，努力自强，无少偷安，则人力定可胜矣！安在今日贫族，且不为将来富矣！"（柳林县

《杨氏家谱》）。杨氏之四民论说，可谓有见地，这种近代意识，正是晋商经营智慧的时代性。

6. 封建性

晋商与封建官吏勾结，晋商与封建政府结托等，都是晋商存在封建性的一面。有的晋商在经营手法上，以假存真，以次顶好，放高利贷盘剥等都是不法和不良的商业行为。此外，还有的晋商表现了愚昧落后的一面，如汾阳商人崔崇圩亏赔主人资，以刃自剖其腹，太谷县商人田如碧，自焚身求雨，既反映了晋商对天地鬼神的信仰与崇拜，也反映了他们的愚昧无知。此可谓晋商经营活动中的封建落后面。

关于晋商经营智慧的社会价值，主要有三点：

一是近世民主启蒙思想产生的土壤。晋商经营智慧对传统的本末观是个否定，晋商的经营活动带来了社会风尚的变化，因而在山西出现了"养儿开商店，强如坐知县"，"买卖兴隆把钱赚，给个县官也不坐"的重商现象。其原因就是山西人把外出经商放在了首位。晋中平遥、祁县、太谷等县就是由于外出经营人多，致该地一时富甲一方。在这种环境中，官本位、士为上的观念受到了强大的冲击。人们追求的已不仅是封建等级，而是要求打破这个等级。明末清初思想家山西阳曲人傅山所提出的反对奴性，主张恢复人性；反对专制，主张平等；反对爱私，主张爱众；反对封建纲常，主张人欲合理的政治思想，正是包括晋商在内的市民阶层要求的反映。换言之，晋商经营智慧对于以傅山为代表的民主启蒙思想的产生有着一定影响。

二是近世企业家产生的温床。晋商经过 500 多年的经商活动，随着社会经济文化的发展，在清代涌现出渠本翘等很有远见、又有开拓精神的商人。特别是渠本翘创办了山西最早的民族工业和最大的采矿企业，可以说他是中国封建商人向近代工商业者转化最具有代表性的典型人物。此外，我们从明清晋商家族的发展中，还可以看到他们经历了一个由官与商结合（如张四维、王崇古家）到官与商游离的过程，并进而出现了绅商阶层的历史现象。这个绅商阶层即以商为主，正在向近代工商业者转化前的阶层，有时他们也有官衔，但多是捐来的，仅为了提高社会地位，满足荣誉感。这些绅商（如票号财东、经理）是中国近世社会值得注意的社会阶层。因此说，晋商经营智慧对近代企业家的产生有着一定影响。

三是丰富和发展了中国的传统文化。山西人文自古皆胜，以政治家、文学家、思想家来说，明代以前涌现出了晋文公、狐偃、赵盾、王昌龄、王维、白居易、温庭筠、柳宗元、司马光、元好问、关汉卿等名人。但是，在清一代山西无一人中文状元（武状元有 5 人），即使进士也是历朝减少。据统计，顺治时山西每科中进士 33 人，康熙时每科 16 人，乾嘉时每科不足 12 人，咸丰、同治朝每科不足 10 人，光绪时每科 10 人。这是为什么呢？原来晋商主张"学而优则商"。他们认为，"因贫求富，农不如工，工不如商……遂为商业人才之渊薮"（颉尊三《山西票号之构造》）。请看：清代山西大盛魁经理一个账期（三年）可分红 1 万两银子，而归化城将军一年才支使银 1133 两。一个经理一年收入等于三个将军的岁支。日升昌票号经理程大培说：中进士当官后，正常收入抵不上山西商号一个普通掌柜的收入。当官的要发财，就要靠贪污勒索百姓，而商人是靠辛苦赚钱。所以程大培让其聪明的儿子程清泮去经商。后来，程清泮也当上了日升昌票号经理。山西学政刘於义曾向雍正皇帝奏称："山右积习，重利之念，甚于重名。子弟之俊秀者，多入贸易一途，其次宁为胥吏，至中材以下，方使之读书应试。"雍正皇帝曾说："山右大约商贾居首，其次者犹肯力农，再次者谋入营伍，最下者方令读书。"（《明清晋商资料选编》）晋商针对"学而优则仕"提出"学而优则商"，把优秀子弟送去经商，晋商在封建社会中能有如此强的商品经济意识，应该说是丰富和发展了中国传统文化内容。

又曰：是不是晋商中之人是无知识和无才华之人呢？显然不是，在晋商中有知识有文化教养之人，不在少数。自视清高的清代文人刘大鹏承认，一些晋商"胜余十倍，如所谓鱼盐中有大隐，货殖内有高贤，信非虚也"（《退想斋日记》）。不仅如此，一些晋商家族家规也很严，很重视对其子弟的教育，以致后裔人才辈出，如祁县富商乔氏，其人字辈子弟共20人，其中有18人享受过每年960两的家族公项款的使用。这20人中就有大学生12人，内中包括1人获两个博士学位，3人获硕士学位，其中有两人留美，其余8人皆为铭贤、汇文、南开中学毕业。他们文化程度高、思想境界也高，并未躺在祖宗所积基业上成为庸人或纨绔子弟，而是靠自身奋勉，各自开辟事业前途，且恪守祖训，无一人涉足政界，大多在金融、教育、科技界工作，有好几位是高级工程师或大学教授。所以说，清代山西人参加科举人少，让优秀子弟去经商，并非不重视文化与教育，而是由于经商同样需要文化与教育，需要人才，这样才有了经商的成功和后裔人才之辈出。晋商的这种智慧，同样是对中国传统文化内容的丰富与发展。

主要参考书目

［1］梁启超. 饮冰室文集.

［2］沈思孝. 晋录.

［3］清实录.

［4］张正明,薛慧林. 明清晋商资料选编. 太原:山西人民出版社,
1989.

［5］军机处录副. 存第一历史档案馆.

［6］邓之诚. 骨董琐记全编.

［7］徐珂. 清稗类钞.

［8］［光绪］襄陵县志.

［9］［顺治］潞安府志.

［10］李燧. 晋游日记.

［11］黄鉴晖. 山西票号史料. 太原:山西人民出版社,1990.

［12］明史.

［13］明经世文编.

［14］河东盐法志.

［15］河东盐法备览.

［16］［光绪］平陆县续志.

［17］论语.

／主要参考书目

[18] 史记.

[19] 李梦阳. 空同集.

[20] 卫聚贤. 山西票号史.

[21] 张四维. 条麓堂集.

[22] 陈其田. 山西票庄考略.

[23] 李宏龄. 山西票商成败记.

[24] 郝汝椿. 晋商巨族二百年. 天津:百花文艺出版社,1995.

[25] 王士性. 广志绎.

[26] [光绪] 山西通志.

[27] 二程遗书.

[28] 两淮盐法志.

[29] 清盐法志.

[30] 徐继畬. 松龛全集.

[31] 山右丛书丛编.

[32] 内蒙古文史资料. 第12辑、第18辑.

[33] 滨下武志,李焯然等. 山西票商资料集·书简篇.

[34] 李希曾. 晋商史料与研究. 太原:山西人民出版社,1996.

[35] 史学资料研究委员会. 驰名京华的老字号. 北京：文史资料出版社,1986.

[36] 山西省文史资料研究委员会. 山西商人的生财之道. 北京:中国文史出版社,1986.

[37] 张正明. 晋商兴衰史. 太原:山西古籍出版社,1995.

[38] 李华. 明清以来北京工商碑刻选编. 北京:文物出版社,1980.

[39] [乾隆] 介休县志.

[40] 纪昀. 阅微草堂笔记.

［41］张仲伟,王夷典. 雷履泰.

［42］刘大鹏. 退想斋日记.

［43］武殿琦,胡育先. 在中堂——乔家大院. 太原:山西人民出版社,1993.

［44］定襄. 邢氏族谱.

［45］孟阳. 续修张氏族谱.

［46］汉口山陕西会馆志.

［47］卢明辉,刘衍坤. 旅蒙商. 北京:中国商业出版社,1995.

［48］施忠连. 传统中国商人的精神弘扬. 深圳:海天出版社,1993.

［49］刘光明. 商业伦理学. 北京:人民出版社,1994.

［50］吴慧. 经商智慧. 北京:中国青年出版社,1995.

［51］王兆祥. 中国神仙传. 太原:山西古籍出版社,1995.

［52］燕仁. 中国民神. 上海:三联书店,1990.

［53］陶富海. 平阳民俗丛谭. 太原:山西古籍出版社,1995.

/主要参考书目